U0099228

修訂版

經濟學(下)

黃柏農 著

三民書局

國家圖書館出版品預行編目資料

經濟學／黃柏農著. --初版. --臺北市
：三民，民88
面；　公分
ISBN 957-14-2891-4（上冊：平裝）
ISBN 957-14-2892-2（下冊：平裝）

1. 經濟

550　　87006865

網際網路位址　http://www.sanmin.com.tw

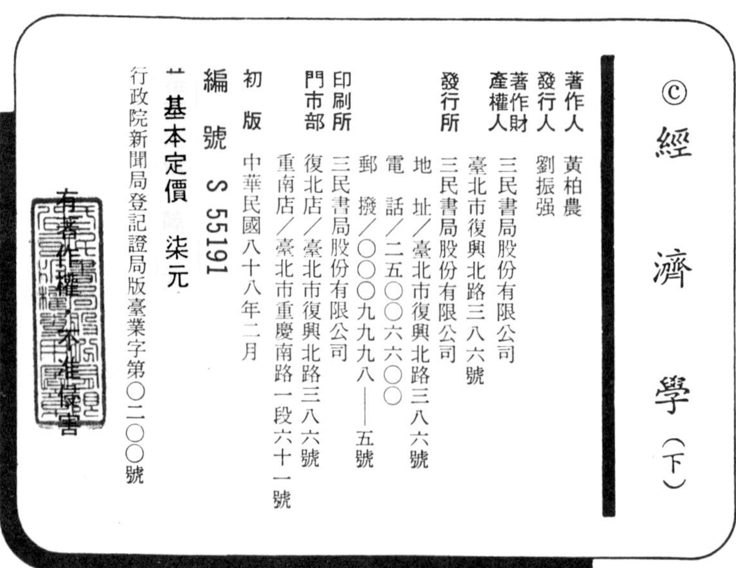
© 經濟學（下）

著作人　黃柏農
發行人　劉振强
著作財產權人　三民書局股份有限公司
臺北市復興北路三八六號
發行所　三民書局股份有限公司
地址／臺北市復興北路三八六號
電話／二五〇〇六六〇〇
郵撥／〇〇〇九九九八——五號
印刷所　三民書局股份有限公司
門市部　復北店／臺北市復興北路三八六號
重南店／臺北市重慶南路一段六十一號
初版　中華民國八十八年二月
編號　S 55191
基本定價　柒元
行政院新聞局登記證局版臺業字第〇二〇〇號

ISBN 957-14-2892-2（下冊：平裝）

自序

大約在近二年以前，三民書局邀請我撰寫一本經濟學原理的教科書，當時我第一個反應就是：以前在當學生時，也曾讀過由三民書局出版之經濟學原理，且獲益良多。因此，在當時就毫不猶豫的答應了。然而在這近二年的撰寫過程當中，才發現要寫出一本完整的經濟學教科書是多麼的不容易，而縱使已經完成了大部份的內容，也才發現仍有許多值得再補充的地方。

一本入門型的教科書，首重的是要如何以易懂的文字來敘述一些深奧的理論，以及如何使用實際的例子或資料來闡述經濟學的原理，如此才能使得剛要開始接觸本學門的同學或人士，能藉由簡易的文字說明及實際資料的應用當中來體會到經濟學門的奧妙。雖然坊間已有多本寫得非常不錯的中文經濟學教科書，然由我多年教授入門經濟學原理的經驗得知，對一位初次接觸經濟學領域的同學而言，有些教科書的內容似乎略為深奧了一點。因而在我心中一直期待撰寫一本較為淺顯易懂的經濟學原理教科書。此外，由於常年使用原文教科書，深知使用國外資料來解釋國內現象的困難，故而體會到撰寫一本使用自己國家資料的經濟學教科書的必要性。因此在整本書的撰寫過程當中，我嘗試朝這二個方向進行。

經濟學是一門非常唯美的社會科學，包含了許多推理與演繹的過程，而所討論的問題又多與日常生活息息相關。舉凡財政、金融、環境保護、醫療資源、社會福利、年金、景氣循環、產業競爭、國際貿易、犯罪及所得分配等等無一不是經濟學領域所能探討的範圍。由於經濟學所涉及的範圍非常廣博，因此經濟學領域應該是值得每一個人花一點時間去瞭解的，而本書採深入淺出的撰寫方式，亦是希望除了學經濟的同學可以來閱讀之外，一些非經濟相關科系的人士亦能藉由本書而瞭解經濟學之美。

除了在文字上著重以簡易的方式來撰寫外，本書的另一特色在於使用大量的統計圖表來說明國內的一些相關經濟現象。傳統經濟學教科書的內容由於大致沿襲美國的資料，因此造成同學對經濟學之認同感不夠。而在本書當中，所有資料或例子均盡可能以國內的情形來討論。特別是在下冊有關於總體經濟學的部份，均採用主計處所公佈的資料來製成相關圖表。

近幾年來，經濟學領域在某一些部門的理論有了長足的進步，而為了適當表示這些相關領域進步的情形，本書也適時的加入了這些新領域的訊息，例如個體經濟學當中的賽局理論 (game theory)，資訊經濟學 (economics of information)，及總體經濟學當中的景氣循環理論 (theory of business cycle)。

本書內容除了以淺顯的文字來撰寫之外，在每一章的後面均將該章當中的一些重點予以彙整，期望有助於同學對該章做一快速回顧，而在書中的每一個圖形中亦以文字對該圖形所要解釋的經濟現象做一說明，期望同學可很快由該說明來瞭解圖形所要解釋的現象。另外，在每冊最後，我們亦分別製作了中文及英文的索引，當同學需要迅速查詢某一經濟名詞的內容或說明時，可藉由索引很快的找到相關之標題與內容。而每章的練習題亦有助於同學對該章內容之掌握，希望能藉由以上種種系統性的編排來協助同學熟悉經濟學原理。

一本書在撰寫的過程難免出現一些錯誤，雖然本書費時近二年，而且在撰寫完成之後歷經了三次的校稿過程，但錯誤仍在所難免。祈望讀者、同好及先進隨時來函匡正與指教。

最後這本書的撰寫完成要特別感謝一些人：首先要特別感謝我的家人全力的支持，在這二年當中，為了順利完成這本書的內容，不得不利用許多週末時間，因而減少了與家人相聚的時間，在此特別感到抱歉。亦要特別感謝我的研究助理林秋娟小姐在稿子的打字及編排上的全力協助，若沒有林小姐的全力支持，本書要如期完成的機會可能非常渺小。而另外要感謝的是三民書局在編印上的全力配合。最後要感謝曾經教過我的師長，特別是引導我進入經濟學領域的林昇平教授，以及我的博士論文指導教授——已逝的Dr. C. K. Liew。

黃柏農

總目次

上冊

下冊

下 冊

目 次

22 總合支出

23 所得及支出均衡

24 貨幣與銀行

25 貨幣的需求與供給及貨幣市場均衡

26 均衡所得的決定—— *IS–LM* 模型

27 景氣循環、通貨膨脹與失業

28 經濟政策

29 經濟成長

30 經濟發展

31 國際金融與匯率

下冊

圖表目次

19 簡介總體經濟學與國內總體環境

20 國民所得帳

21 總合需求與總合供給模型

22　總合支出

23　所得及支出均衡

24　貨幣與銀行

25　貨幣的需求與供給及貨幣市場均衡

26　均衡所得的決定── $IS-LM$ 模型

27　景氣循環、通貨膨脹與失業

28 經濟政策

29 經濟成長

30 經濟發展

31　國際金融與匯率

第19章 簡介總體經濟學與國內總體環境

前　言

經濟學家開始研究有關於經濟成長 (economic growth)、通貨膨脹(inflation) 及國際收支 (international payment) 等問題，可以追溯至1750年代。然而現代總體經濟理論之產生，則是主要導源自1929～1939年代美國經濟大蕭條 (Great Depression) 時期。在大蕭條時期，全世界居高不下的失業率 (unemployment rate)，及停滯不振的生產，對當時人們的生活有著極大的衝擊，因而使得人們對市場經濟的機能抱持著極端悲觀的心理。在大蕭條最嚴重時期，甚至有許多人認為市場經濟機能已經徹底的失敗了。由於市場經濟機能的失敗，因此當時就有許多國家轉向採用以中央集權為主的經濟體系，以及採行社會主義的政治體系。在這一段政治及經濟情勢極端不穩定的時代中，現代總體經濟學之父——約翰・凱因斯出版了他的經典之作《就業、利率及貨幣之一般原理》。

凱因斯認為私人消費不足為形成大蕭條以及高失業率之主因，因此，他強調政府應該以增加支出的方式來刺激整體經濟。基本上，凱因斯所強調的是一種短期的經濟政策，因此，不管這些經濟政策是否長期會對經濟體系有任何的不良後果，衹要在短期內，這些政策能收到立竿見影的效果即可。凱因斯曾說過「長期而言，我們都已死亡了」(In the long run, we're all dead.) 的名言。換言之，凱因斯認為太過於注重政策的長期效果，似乎是不切實際的。

凱因斯相信，當景氣回復到正常水準以後，通貨膨脹與經濟成長等長期問題，才會逐漸成為中心的議題。而凱因斯亦猜想，他所強調的以增加政府支出的方式來刺激景氣的政策，在未來有可能為形成通貨膨脹上升，以及產出率下降的主因，而產出率的下降將導致失業率的上升。因此，一個在短期以強調減少失業率的經濟政策，長期將有可能成為失業率上升的主要來源。

在1960年代末期到1980年代之間，凱因斯之顧慮成為事實：由於通貨膨脹率上升，使得經濟成長減緩，某些國家的失業率經常維持在很高的水準，然而形成這些結果的原因是非常複雜的。一般而言，長期經濟問題如通貨膨脹、經濟成長及失業的持續性，與短期經濟問題如景氣衰退與經濟波動是經常糾纏在一起，因此，在討論經濟問題時，最好是同時考慮到長期與短期的經濟問題。雖然總體經濟學萌芽於經濟大蕭條時期，但今天我們在探討總體經濟學時，最好能夠同時將長期問題與短期問題一併討論。因此在本章當中，我們將從經濟成長 (economic growth)、失業問題及通貨膨脹等方面來探討目前臺灣的經濟情況。

第一節 經濟成長 (Economic Growth)

拜**經濟成長**之賜，我們這一代的生活比起上一代更好；出門有汽車代步，家中有多樣化的電氣設備、高品質的視聽設備。天氣熱時，有冷氣可吹，天氣冷時，可使用暖氣，這樣的生活品質在十年前幾乎是無法想像的，然而什麼是**經濟成長**呢？

經濟成長代表整體經濟體系在生產商品及勞務時的擴張能力。在總體經濟學當中，我們以透過計算實質國內生產毛額 (real gross domestic product, real GDP) **的變動來衡量經濟成長**。實質 GDP 定義為以某一年（稱為基期）價格水準為標準所計算出來之本國國內的總合 (aggregate) 或總生產值——即本國國內所有農、林、漁、牧、製造業及服務業的總產出。目前國內的實質國內生產毛額是以 1991 年當做基期所計算出來的總產值。使用某一年為基期價格的目的，在於避免因通貨膨脹（物價上升），而形成產品市場價值變動的影響。採用**實質**的意義乃在於瞭解產量的變化，是用來與名目 (nominal) 所代表的因為貨幣價值改變所形成價值改變的變化，做一區別。因為，貨幣價值上升所形成之產出增加，並非代表整體經濟體系產能的上升。唯有實質產出的增加，才能代表由於整體經濟體系產能的上升，所形成產量增加的成長現象。

雖然，我們使用實質 GDP 來衡量總產出，但由於在實質 GDP 當中並未包含我們日常在家中之工作（煮飯、洗衣及打掃等），及未包含一些避稅的生產（有時稱地下經濟）行為，因此，採用實質 GDP 做為衡量全體經濟的產出，並非是一個完美的衡量工具。儘管採用實質 GDP 有一些缺點，但基本上，由實質 GDP 之變化情形，我們仍可以瞭解在一個國家經濟體系內產出的變化情形。以下，我們就來看看臺灣歷年經濟成長變化的情形。

臺灣歷年經濟成長

在一國經濟體系的生產過程當中，如果已**充份**使用了體系內所能提供的勞動力、資本及企業家精神做為要素投入時，經濟體系內所能生產出來的產出，稱之為潛在 (potential) GDP。長期經濟成長率則是以計算潛在 GDP之變動率而得。然而在一般情況之下，由於經濟體系會經歷景氣繁榮與不繁榮時期，因此對要素投入之使用率，在有些時段可能會高於整體經濟之容量 (capacity)，而在有些時候，則又有可能會低於整體經濟體系之容量，因而，使得歷年實際的實質 GDP 會在潛在 GDP 的上下波動。因之，實質 GDP 的成長包含了二大部份：(1)潛在 GDP 之成長及(2)實質GDP沿潛在 GDP 上下波動的部份。圖 19.1 正顯示了我國歷年實質 GDP與潛在 GDP之關係。

圖 19.1　臺灣 1967～1997年實質國內生產毛額變動情形

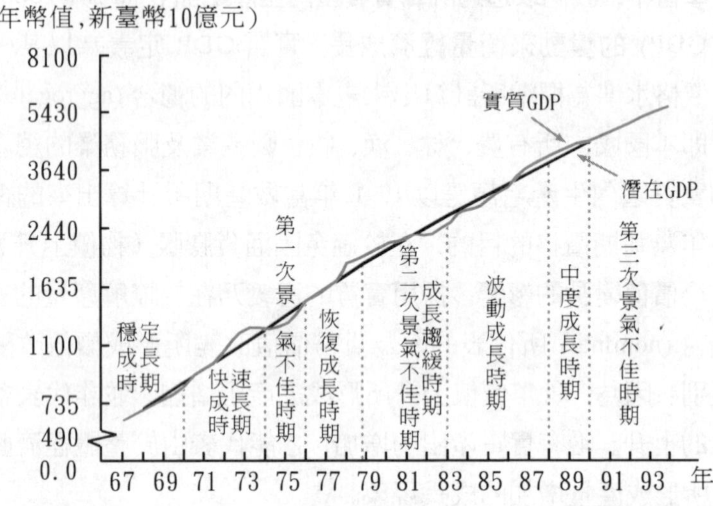

資料來源：《中華民國臺灣地區國民所得經濟動向統計季報》，行政院主計處編印。

觀察潛在 GDP 的變化，可以明白歷年我國國內生產成長變動的情形。由圖 19.1 中潛在 GDP 變動的情形，大體上我們可以發現，我國的經濟維持在一個高度成長的狀況。自 1967 年至 1994 年之間，我國經濟年平均成長率約在 9% 左右，為世界上少數經濟長期快速成長國家之一。雖然這三十年左右的平均經濟成長率約在 9% 左右，但在這一段時間之內，由於一些外在因素的影響（如石油危機），我國的經濟成長亦經歷了不同階段的成長率；在 1965 年到 1969 年之間，為一種穩定成長之時期，成長率平均在 10% 之間。1970 年至 1973 年則屬於快速成長時期，成長率約在 13% 之間。1974 年及 1975 年則屬於石油能源危機所引發的世界經濟不景氣時期，在這段期間內，曾連續三季出現負成長的成長率，並於 1975 年第一季跌至歷年各季之谷底——4.62%。而1976 年至 1978 年則屬於恢復成長時期，當中除了在 1977 年第三季，受賽洛碼與薇拉颱風南北夾襲的影響，成長率降為 7.32%，並促成 1978 年第三季之 18.84% 高成長之外，在這段期間內，其他各季成長率多維持在 12% 之間。自 1979 年至 1982 年則為成長率趨緩時期，由於國際油價再度上漲，世界經濟持續低迷達四年之久，國內成長率亦由平均每季 10%，逐季滑落至 3% 水準。1983 年至 1987 年則為波動成長時期，這段期間之內，各季成長波動較大，平均成長率約由 5% 到 13% 之間。1988 年之後，國內之成長率則屬中度成長時期，平均成長率約在 6.5% 左右。至 1990 年以後到 1994 年之間，則屬於另一段景氣不佳時期，實質國內生產毛額在 1990 年祇成長了 5.39%，之後，在 1991 年稍微攀升回 7.55%，但之後開始逐年下降。

實質 GDP 成長的第二部份則是實質 GDP 在潛在 GDP 上下波動(fluctuation) 的部份。在潛在 GDP 上下波動的部份，有時亦稱為景氣循環 (business cycle)。**景氣循環是一種不規則** (irregular) **經濟波動的周期** (periodic)。通常經濟學家是用實質 GDP，減去潛在 GDP 之後所剩下的部份，來衡量景氣的循環。因此，當二者相減以後所得到的數據為正的時候，代表實質產出大於潛在產出，表示景氣是處在一種較好的階段。反之，當實質產出小於潛在產出時，表示景氣是處在一種較差的時期，因為，在這段時期內，由於產能的使用不足，因而使得實際產出量會低於潛在產出量。

景氣循環是不規則而且無法予以正確預測的。它們出現的時間並無法正確的予以預測，此外每個循環周期時間的長短亦不一定，但是每一個完整的景氣循環均會包含二個轉捩點 (turning points):

1.**高峰**(peak),

2.**谷底**(trough)。

及二個時期 (phases):

1.**衰退期**(recession),

2.**擴張期**(expansion)。

圖 19.2 為自 1967～1994 年之間，臺灣地區歷年來景氣波動變化情形。在這將近三十年之間，臺灣至少經歷了三個景氣循環。最近的一次景氣衰退，大致從 1995 年開始，至 1996 年年底時，景氣仍舊尚未復甦。在圖 19.2 當中，我們可以很清楚的看到，代表景氣循環的幾個階段。首先在轉捩點部份，在第一次景氣循環時，高峰出現在 1973 年左右，而谷底則出現在 1975 年左右。在第二次景氣循環時，高峰出現在 1978 年左右，谷底則出現在 1982 年左右。第三次景氣循環之高峰出現在 1989 年左右，而谷底則

出現在1990年8月左右。因此，**高峰代表在潛在GDP上方之轉捩點，谷底則代表在潛在GDP下方之轉捩點**。

圖 19.2　臺灣 1967~1994 年之間，景氣波動變化情形

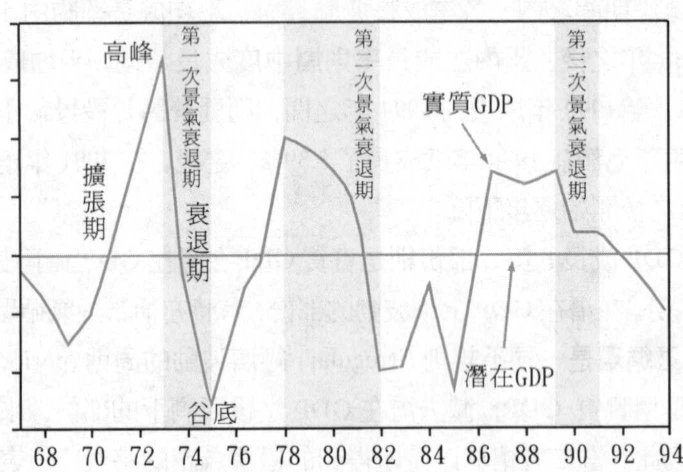

註：本圖製作方式係先以 Hodrick & Prescott (1980) 之方式來計算出潛在 GDP以後，以實質 GDP 減去潛在 GDP，得到繪製上圖所需資料。

資料來源：同圖 19.1。

衰退期代表景氣由高峰轉至谷底的期間，或是實質GDP連續二季減少之期間。近三十年來臺灣所面對到的三次景氣衰退時期分別為，從1973年到1975年間，從1978年到1982年間及從1989年到1990年等三段期間。

擴張期表示實質GDP成長之階段，或是景氣由谷底翻升至高峰的這段時期。由圖19.2可看出，最近這段景氣擴張時期，大抵出現在1985年到1989年之間。

第二節　失業 (unemployment) 問題

失業在臺灣經濟發展的過程當中，一直並不是一個非常嚴重的問題，然而隨著經濟發展的過程，失業將會逐漸為臺灣經濟帶來愈來愈深遠的影響。自1990年左右開始的經濟衰退，到1996年上半季時，幾乎已達谷底，而隨著景氣愈來愈差，失業率有愈來愈高的現象。此外，在這次失業率屢創歷史新高的時段，我們又可觀察到一些奇特的現象，⑴許多高學歷的年

輕人無法找到適當工作，(2)企業對外籍勞工的需求殷切，但許多本地勞工卻找不到工作。與一些在工業國家所面臨到的失業率上升之經驗相比較，臺灣在未來的經濟發展過程當中，將會逐漸開始面臨到失業的問題。在本節當中我們將介紹失業之定義，並回顧一下臺灣近三十年來失業率的變化情形，以及討論由於失業的問題，所將給社會帶來的一些成本。

一、失業之定義及衡量

失業代表一些在目前薪資水準之下符合工作條件，但是卻無法找到工作之工人。所有就業人口，加上所有失業人口即是所謂的勞動力 (labor force) **。因此，失業率代表在所有勞動力當中，失業人口佔勞動力的百分比**。臺灣地區有關於人力資源之統計調查，係以行政院主計處第四局為主要承辦調查單位，資料以抽樣調查的方式來取得。調查採派員訪問方式，由臺北市、高雄市暨臺灣省各縣市政府遴選調查員擔任，調查時間為每月辦理一次，以各月包含十五日的一週為資料標準週，而於次週填標準週內發生之事件，並以標準週最後一日午夜十二時正為分界，校正各種人口異動情況；在此時以前死亡或遷出者不予調查，而以後死亡或遷出者，仍應調查，所以勞動力定義在資料標準週內，年滿十五歲可以工作之民間人口，包括就業及失業者，而就業者則指在資料標準週內，年滿十五歲，從事有酬工作者，或工作在十五小時以上之無酬家屬工作者。而**失業者則是定義為在資料週內，年滿十五歲，同時具有下列條件者：(1)無工作者，(2)隨時可以工作者，(3)正在尋找工作者。此外，尚包括等待恢復工作者，及找到職業而未開始工作亦無報酬者**。而在資料標準週之內，不屬於勞動力之民間人口，則包括想工作而未找工作、求學、料理家務、衰老殘障及其他原因等而未工作，且亦未找工作者。

二、歷年臺灣地區失業率紀錄

近三十年臺灣地區失業率變動情形如圖 19.3 所示。由圖 19.3 看來，臺灣地區僅有在第一次及第二次能源危機時，失業率曾高達 2.5% 左右以外，其餘時間失業率大多維持在 1.5%～2.0% 之間變動，然而，1990 年以來之景氣衰退，使得失業率出現逐漸攀高的趨勢，由既有的資料顯示，在 1995年時，國內的失業率已逐漸攀升，在 1996 年 8月時，國內失業率已達 3.0%。一般而言，在景氣衰退時期失業率通常會上升，而在景氣擴張時期失業率會下降。根據圖 19.3 中經建會所定義的景氣衰退期間來看，國內失業率在景氣衰退時均會出現攀升的現象。

圖 19.3　歷年 (1967~1995 年) 臺灣地區失業率

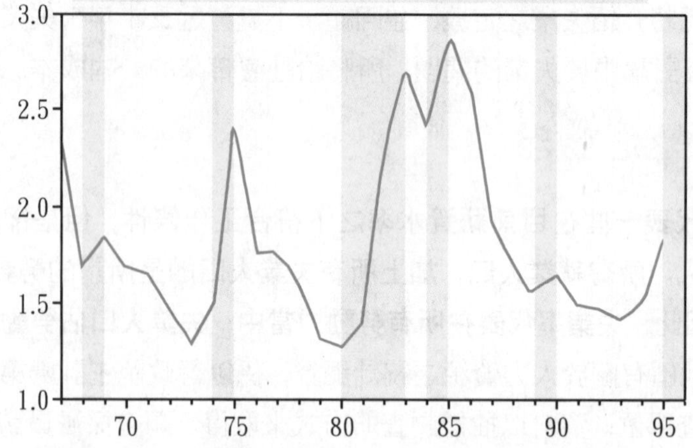

資料來源：國民經濟動向統計季報，行政院主計處(1995年11月)

資料來源:《國民經濟動向統計季報》，行政院主計處 (1995年11月)。

失業率居高不下，將會一直是一個熱門的話題。過度閒置的勞動力除了帶來生產減少，人們所得降低的問題以外，失業所引起的一些社會問題，亦將是另一個爭論之議題。失業所帶來的成本問題，我們將在以下繼續討論。依失業性質之不同，失業可再區分成以下三種:

1.摩擦性 (Frictional) 失業

來自於勞動市場內正常轉換 (turnover) 的失業現象，稱之為摩擦性失業。勞動市場正常轉換包括二類: (1)年輕人換工作，年老的人退休，或女性員工因為生育小孩而暫時離開勞動市場等現象，及(2)由於公司倒閉所形成的解僱現象，或由於新公司的成立所形成的新僱之現象。

在這兩類勞動市場內，經常性轉換的現象即形成了所謂摩擦性失業。由於資訊之不充份，經常使得公司雖然面臨勞工短缺現象，但卻找不到合適的工作者，或一些有意願工作的工作者，卻找不到合適工作之現象。因此，在正常經濟體系之內，由於資訊之不完全，所導致的摩擦性失業是不可避免的。在一個經濟體系之內，摩擦性失業之多寡，取決於人們進入，或離開勞動市場之比率，以及工作機會創造及摧毀之速率。

2.結構性 (Structural) 失業

如果失業是來自於因為經濟體系內的某一個產業 (industry)，或某一個地區 (region) 之工作減少，則此失業現象是屬於一種所謂的結構性失業。

結構性失業之發生可能是由於恆久的技術改變——如生產自動化，或是由於國際性競爭型態之改變——例如，來自於大陸紡織業之競爭，形成臺灣紡織業之沒落。

結構性失業與摩擦性失業之區分並不是非常明顯，但是，在某些情形之下，二者仍可以區分。例如，某人由鄉下一間便利商店離職，但在數週之後，該人在城市便利商店又找到新的工作，則稱此人的失業為一種摩擦性失業。某人原先在鞋廠工作，因為鞋廠關閉而失業之後，在歷經一段時間的進修與訓練之後，轉至電腦業服務時，則此種失業稱之為結構性失業。

3.循環性 (Cyclical) 失業

由於經濟景氣不佳所形成之失業現象，稱之為循環性失業。如同在前一節所提到的，經濟景氣具有循環的現象，在經濟狀況較好的時候，循環性失業會減少，當經濟進入衰退時，循環性失業會增加。

圖 19.4　歷年 (1967～1995 年) 經濟成長率與失業率的關係

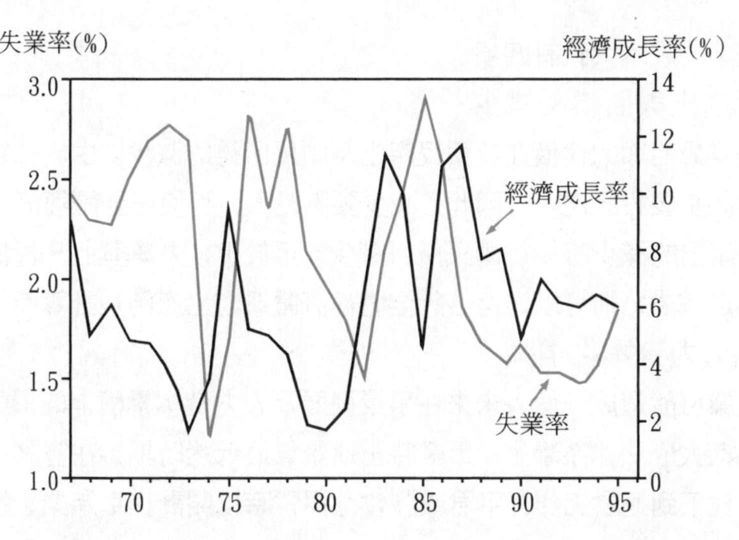

資料來源：取自 AREMOS 資料系統中的 MAN 資料庫與 NIAA 資料庫。

由臺灣歷年資料來看，失業率通常在經濟成長率下降時期有上升的傾向，而在經濟成長率上升的時期，則是出現失業率減少的現象。例如，在 1985 年我國經濟成長率祇有 4%左右，但失業率卻高達 3%左右。在 1985 年之後，經濟成長率逐漸上升之際，失業率亦明顯由 2.8%下滑至 1.6%左右。隨著 1991 年經濟開始再衰退以來，國內的失業率由 1.5%逐年攀升至 2.0%左右。

在摩擦性失業與結構性失業之下，空缺的工作數與失業人口數正好相等，失業之所以存在，主要係由於資訊的不充份，因而使得工作沒有能找到合適的工人。然而，在循環性失業之下，由於景氣衰退而使得一些工作機會喪失，導致失業人口數遠大於工作缺額。因而，無論失業的個人多努力去尋找工作，仍舊有許多人無法找到工作。

在任何時間下，永遠存在找工作的工人，以及公司嘗試僱用工人的現象。換句話說，在經濟體系之內，永遠存在失業與職位空缺的現象。因此，**經濟學家定義充份就業 (full employment) 為當失業人口等於職位空缺時之現象，而非採用當所有勞動力均就業之嚴格定義。換句話說，在經濟學充份就業定義之下，是允許結構性失業與摩擦性失業的存在。**

在充份就業水準之下的失業率稱之為自然失業率 (natural rate of unemployment)。自然失業率之所以會波動，主要係由於摩擦性失業與結構性失業波動的緣故。

三、失業之成本

失業的成本大致有四項:

1.產出與所得的減少

失業最明顯的代價在於國民產出及國民所得的減少。由於勞動力為生產要素的主要投入之一，因此，減少要素投入，將使得全體經濟之產出減少。而產出的減少將使得國民所得減少。至於 1% 失業率上升將會導致多少產出之減少，則可以透過估計全體經濟體系之生產函數計算而得。

2.人力資本之損失

失業可能造成一個人未來在事業發展及人力資本累積上的損失。假設甲君為某大學法律系學生，畢業時正逢景氣最低迷時期，在嘗試一段時間之後，找不到適當工作，甲君或許會選擇暫時以開計程車為業。然而甲君在開了一段時間的計程車之後，景氣有逐漸回復現象，此刻甲君若想再回到與法律相關的工作時，甲君將會發現，此時他在各方面已無法與學校法律系剛畢業的年輕人來互相競爭了。因此，由於前些日子的高失業率使得甲君可能一輩子要以開計程車為業，如此一來失業有可能會因而形成人力資本的損失。

3.導致犯罪上升

高失業率通常會導致高犯罪率。當人們無法從正常工作中，取得所需的所得來填飽肚子時，透過非法工作或犯罪來賺取所得的事件將會增加。此外，由於所得的下降或是失業將會導致個人的挫折感上升，如此一來，極易形成家庭的不和諧。因之，一些如虐待兒童及家庭暴力事件發生的機率將會上升，中國俗話說得好，「貧賤夫妻百事哀」即是類似的道理。

4.人性尊嚴 (dignity) 之喪失

失業最後一個成本是一種較難予以量化的損失，稱之為人性尊嚴的喪失。想像一位長期失業在家的人，在任何場合或在朋友及親人面前均無法自尊的抬起頭來時的痛苦，便可以感覺到，失業對人性自尊所帶來之傷害將會有多大。

第三節　通貨膨脹 (inflation)

通貨膨脹表示平均價格水準上漲之情形，通貨緊縮 (deflation) **用來表示平均價格水準向下之走勢，而介於通貨膨脹與通貨緊縮之間的關係，稱之為價格穩定**。價格穩定通常表示平均價格水準並未上升或下降，**平均價格水準稱為物價** (price level)，**物價通常以物價指數** (price index) **來代表**。物價指數可以用來與先前某一時期（通常稱為基期）的平均價格進行比較。國內目前經常使用之物價指數包括有，消費者物價指數 (consumer price index, CPI)、躉售物價指數 (wholesale price index, WPI) 及國內生產毛額平減指數 (GDP deflator)。

一、通貨膨脹計算方式及歷年臺灣地區通貨膨脹之紀錄

通貨膨脹代表物價水準之變動百分比 (percentage change)，年通貨膨脹率之計算公式如下:

$$\text{年通貨膨脹率} = \frac{\text{當年物價水準} - \text{前一年物價水準}}{\text{前一年物價水準}} \times 100\%$$

一般計算通貨膨脹率所使用之物價水準為 CPI。CPI 由於較能代表一個居住在都市地區消費者，日常生活所必需消費到商品之價格，因此經常被用來當成計算通貨膨脹率之物價水準。雖然有部份人士建議採用 WPI 或 GDP 平減指數來計算通貨膨脹率，但由於使用 CPI 指數為通常的做法，因

此，我們的討論以使用 CPI 為主。如果在 1995 年 11 月 CPI 為 117.38，而在 1994 年 11 月 CPI 為 112.61 時，根據上述之公式，年通貨膨脹率應該為

$$年通貨膨脹率 = \frac{117.38 - 112.61}{112.61} \times 100\% = 4.24\%$$

根據上式所計算得到的歷年臺灣地區年通貨膨脹率之紀錄見圖 19.5。

圖 19.5　歷年 (1967~1994 年) 臺灣地區年通貨膨脹率

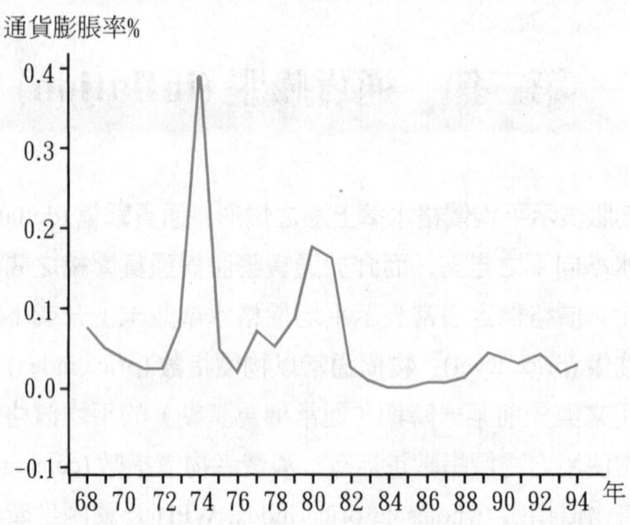

資料來源：同圖 19.3。

註：通貨膨脹率的計算方式，係採用消費者物價指數計算而成。

由圖 19.5 的關係看來，臺灣地區除了在第一次能源危機及第二次能源危機時，物價上漲率曾高達二位數字以外（約 40% 與 20%），其餘時期的物價水準大致控制在 10% 以下。在第二次能源危機之後，我國物價大抵多能控制在 3% 左右。

二、通貨膨脹會不會是一個問題呢？

如果因為物價一直持續在上升，而使得使用貨幣 (money) 來購買商品的價值一直在下降，那麼通貨膨脹將會形成一個問題。為了更進一步瞭解通貨膨脹對我們的影響，經濟學家通常會區分所謂**被預期** (anticipated) 及**不可被預期** (unanticipated) 通貨膨脹等二部份。當物價開始在上揚時，大部份的人均會觀察到這一個事實，人們對於到底物價會上升多少，在心中

亦大致有個範圍，因此，**人們相信物價會上升的比例稱之為預期的通貨膨脹率**(expected inflation rate)。然而預期總是有正確或不正確的時候，**如果真實的通貨膨脹率，正如同人們所預期的通貨膨脹率時，稱之為被預期的通貨膨脹**。換句話說，**如果通貨膨脹能被正確的預測到時，稱之為被預期通貨膨脹**。反之，**當通貨膨脹如果無法被正確預測到時，稱之為不可被預期通貨膨脹**。

由於不可被預期的通貨膨脹將會造成人們無法預知的貨幣價值下降，因此，使得不可被預期的通貨膨脹對借貸或勞資雙方各有不同的影響。通常，人們習慣說，通貨膨脹對債務人 (borrowers) 有利，而對於債權人 (lenders) 不利。事實上，這句話祇對了一半。透過以下之例子，我們可以明白何以這句話祇對了一半。

假設甲為債權人，甲將 100 萬元現金存到銀行一年，可以賺取 10% 之年利息收入。預計在一年以後，本金加上利息共有 110 萬元，屆時，甲便可運用此筆錢來購買目前車款 110 萬元之奧迪 A4型汽車。

如果物價在這一年當中並沒有任何改變時，在一年以後，甲至銀行領取本金加上利息正好可用來購買 A4 型汽車。然而如果在一年以後，因為通貨膨脹的關係，車價上漲到 120 萬元，雖然甲在儲蓄到期以後可領到 110 萬元，但由於物價上漲關係，一年以後，甲仍無法購買到該車。甲雖然經由儲蓄累積了更多的財富，然而卻由於物價上漲的關係，一年以後，甲的財富卻如同在一年以前一樣，仍舊無法購買到奧迪 A4型汽車。雖然甲將 100 萬元存在銀行當中賺取 10% 利息收入，但由於物價上漲超過或等於 10%，因而在一年以後，銀行如同未付出任何的利息。此一例子，顯示了對債權人（甲君）不利，而對於債務人（銀行）有利的情形。

在通貨膨脹時期，債權人未必是完全居於下風的。如果甲與銀行均能預期到通貨膨脹的存在，因而雙方在建立借貸合約時，便可以將可能的貨幣價值下降部份加到利息上。如果到期時，真實的通貨膨脹如同雙方面所預期時，借貸雙方面均不會吃虧。例如，如果預期未來的物價將會上升 10%時，此刻雙方面應可將存款利息訂在 20%，使得甲在一年以後，本金加上利息共計有 120萬元收入，正好足以支付一年以後 A4型汽車之新的市價。在這 20%之利息當中，則是包括了 10%之實際的利息與 10%用來補償因通貨膨脹所產生的貨幣價值喪失的部份。歷年以來，國內有關通貨膨脹率與利率的關係見圖 19.6。

圖 19.6 利率與通貨膨脹率的關係

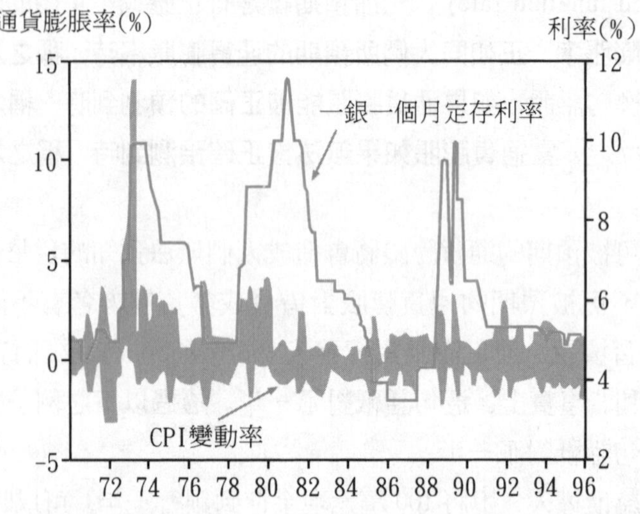

資料來源：取自 AREMOS 系統中 FSM資料庫。

圖 19.6為我國歷年物價上漲率（CPI 變動率）與利率（一銀一個月定存利率）之間的關係。很明顯在物價上漲率較高的時期，利率水準通常亦會較高。在第一次及第二次能源危機時，國內的利率水準曾達到 10% 以上，而在 1988～1990 年之間，由於股市飆漲，臺幣升值，導致國內物價亦有上升現象，此時國內利率水準亦呈現上升的現象。

當債權人與債務人無法正確的預測到通貨膨脹時，才會形成對某一方不利，而對另一方有利的情形。但不利的一方未必永遠會是債務人，而是取決於所預測到的通貨膨脹是高於或低於真實通貨膨脹。如果真實的通貨膨脹率比預期通貨膨脹率來得高時，將會對債務人有利；因為，債務與債權雙方以將預期通貨膨脹率加到利息上的方式來訂定借貸合約，在一年以後，當真實物價高於預期物價時，債權人並無法因為物價較高，而有較多的利息收入，因為，合約早已訂於一年以前，所以在這一個情況之下，對債務人較為有利。反之，當真實物價上漲率低於預期通貨膨脹率時，由於債務人必需支付較高的利息費用，因此，在此一情況之下，對於債權人較為有利。

由於勞資雙方在薪資合約上，有點類似債權人（勞方）與債務人（資方）之關係，因此通貨膨脹對勞資雙方的影響，亦取決於預期通貨膨脹是高於真實通貨膨脹，或是低於真實通貨膨脹。薪資合約早訂於真實物價上漲以前，如果真實物價高於預期物價時，對勞方較為不利。因為，在合約之下，勞方所得到的薪資水準，遠低於市面上商品價格上漲的幅度，使得勞方在原有工資水準時的購買力會下降。反之，當真實通貨膨脹率較預期通貨膨脹率低時，則對資方較為不利，因為，根據合約此時資方必需付出較真實為高的薪資水準。

無法被預期到的通貨膨脹對我們的日常生活有著深切的影響，那麼，可以被預期到的通貨膨脹對我們日常生活又有何種的影響呢？在通貨膨脹率非常低的時期，可以被預期到的通貨膨脹並不會是一個問題。但隨著通貨膨脹變得愈來愈高時，可以被預期到的通貨膨脹也會逐漸變成一個問題。

在通貨膨脹非常高的時期，人們知道貨幣的價值貶值得非常快。由於貨幣價值下降，為持有貨幣的機會成本之一，因此，當持有貨幣之機會成本愈高時，人們持有貨幣的意願就會愈低，所以，一旦人們手上持有貨幣時，便馬上會以購買商品方式予以消費掉。同樣的，廠商從銷售商品及勞務所得到的金錢，亦會立即轉成工資發放給勞工，如此一來，更加劇市場上通貨膨脹之壓力。在 1920 年代，德國、波蘭及匈牙利所面對到每個月 50% 之通貨膨脹的主要原因，即類似上述所討論的過程。

重點彙整

1.經濟成長代表整體經濟體系在生產商品及勞務時的擴張能力。在總體經濟學當中，我們以透過計算實質國內生產毛額的變動來衡量經濟成長。

2.景氣循環是一種不規則經濟波動的周期。

3.高峰代表在潛在GDP 上方之轉捩點，谷底則代表在潛在 GDP 下方之轉捩點。

4.衰退期代表景氣由高峰轉至谷底的期間，或是實質 GDP 連續二季減少之期間。

5.擴張期表示實質GDP 成長之階段，或是景氣由谷底翻升至高峰的這段時期。

6.失業代表一些在目前薪資水準之下符合工作條件，但是卻無法找到工作之工人。所有就業人口，加上所有失業人口即是所謂的勞動力。因此，失業率代表在所有勞動力當中，失業人口佔勞動力的百分比。

7.失業者則是定義為在資料週內，年滿十五歲，同時具有下列條件者：⑴無工作者，⑵隨時可以工作者，⑶正在尋找工作者。此外，尚包括等待恢復工作者，及找到職業而未開始工作亦無報酬者。

8.來自於勞動市場內正常轉換的失業現象，稱之為摩擦性失業。勞動市場正常轉換包括二類：⑴年輕人換工作，年老的人退休，或女性員工因為生育小孩而暫時離開勞動市場等現象，及⑵由於公司倒閉所形成的解僱現象，或由於新公司的成立所形成的新僱之現象。

9.如果失業是來自於因為經濟體系內的某一個產業，或某一個地區之工作減少，則此失業現象是屬於一種所謂的結構性失業。

10.由於經濟景氣不佳所形成之失業現象，稱之為循環性失業。

11.經濟學家定義充份就業為當失業人口等於職位空缺時之現象，而非採用當所有勞動力均就業之嚴格定義。換句話說，在經濟學充份就業定義之下，是允許結構性失業與摩擦性失業的存在。

12.在充份就業水準之下的失業率稱之為自然失業率。

13.通貨膨脹表示平均價格水準上漲之情形，通貨緊縮用來表示平均價格水準向下之走勢，而介於通貨膨脹與通貨緊縮之間的關係，稱之為價格穩定。

14.平均價格水準稱為物價，物價通常以物價指數來代表。

15.人們相信物價會上升的比例稱之為預期的通貨膨脹率。
16.如果真實的通貨膨脹率，正如同人們所預期的通貨膨脹率時，稱之為被預期的通貨膨脹。
17.如果通貨膨脹能被正確的預測到時，稱之為被預期通貨膨脹。
18.當通貨膨脹如果無法被正確預測到時，稱之為不可被預期通貨膨脹。

練習題

1.什麼是景氣循環，試討論之。
2.討論失業率的定義，失業的種類以及失業將對社會帶來什麼樣的成本？
3.討論通貨膨脹率對勞資雙方的影響。
4.利用我國的消費者物價指數與經濟成長率，試著觀察二者之間是否呈現任何的關係？

第20章 國民所得帳

前　言

在 1970 年到 1991 年之間，臺灣經濟的年平均成長率約在 8.94% 左右，若與臨近的韓國相比較，在這一段期間之內，韓國的經濟以年平均 8.4% 之成長率成長，而若與美國相比較，在這段期間內，美國經濟以每年平均 3.3% 的成長率成長。然而，美國經濟體系的規模是遠大於臺灣與韓國，美國經濟體系的規模甚至遠大於世界上五十大發展中國家之總合。為了便於互相比較不同經濟體系的規模，有必要使用一套相同的衡量標準。經濟學家透過編製國民所得帳 (national income accounting)，來瞭解及評估一個國家的經濟狀況，此外，透過這一套標準，經濟學家亦可以來進行不同國家之間跨時經濟情況之比較。因此，在本章當中，我們將討論在整體經濟體系當中，所得及產出如何來計算的過程。

第一節　產出 (Output) 及所得 (Income) 之衡量

在本節當中，我們將首先討論國內生產毛額 (Gross Domestic Product, GDP)，國民所得(National Income, NI)，以及其他一些用來衡量國民經濟表現的衡量工具之定義，這些定義統括在所謂的「國民所得帳」當中，而國民所得帳則是提供了討論總體經濟學的一些必要資料。圖 20.1 為經濟組織的周流循環圖，在經濟組織中的四個不同部門之間，我們除了看到商品及勞務之間的實質流動外，也看到不同部門之間貨幣支出 (expenditure) 的流動。國民所得 (National Income) 即是用來計算各部門之間，各項商品及勞務的交換流通行為，最後以加總所有部門的方式來表示整體經濟活動的價值。所以國民會計帳之目的，就是將經濟周流內部門與部門之間的交換行為加總之後，以金錢的價值來表示。

國民所得會計帳除了可以用來衡量整體經濟的產出以外，亦可以用來衡量不同部門之間的周流支出。此外，國民所得會計帳通常亦可用來登錄某一段時間內（通常一年），**整體經濟的表現。**

一、國內生產毛額 (Gross Domestic Product)

現代經濟體系之內，由於所生產之商品及勞務的種類繁多，為了估計整體經濟體系的總產出，經濟學家將經濟體系內所生產出來的汽車、電腦、橘子、柳丁……及其他商品及勞務的數量予以加總，而成為計算產出的標準。然而，僅以計算商品及勞務生產數量，並不足以反應出整體經濟所生產出來的價值 (Value)。如果在一個經濟體內，今年較去年多生產出來一百萬臺電腦，而減少一百萬顆橘子的生產，雖然總產量與去年相較仍維持不變，但由於每單位電腦的價值遠高於橘子，因此，今年所生產的總價值應遠高於去年所生產出來的總價值。價格 (Prices) 因而反應了市場上所生產出來商品及勞務的價值。所以，經濟學家使用商品及勞務的貨幣價值來衡量整體經濟的產出，而非以計算商品及勞務生產數量的方式來衡量。

最經常被使用來衡量整體經濟體系內產出的變數即是國內生產毛額（簡稱 GDP）。**GDP定義為在一個國家內的某一年之間，所生產出來的最終 (final) 商品及勞務的總市場 (market) 價值稱之。市場價值、最終商品勞**

圖 20.1 經濟組織的周流循環

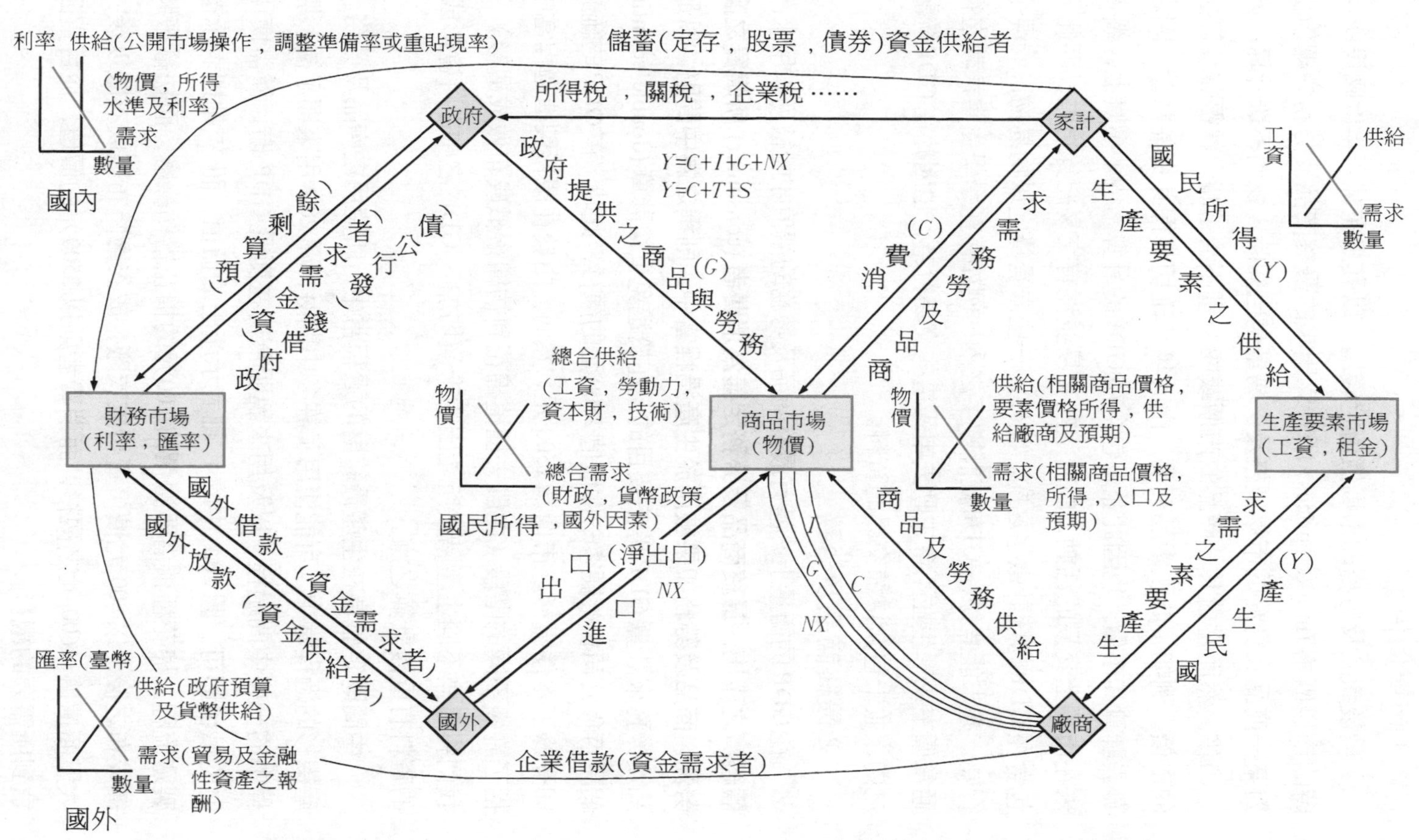

務及一年之間等為GDP定義之三個主要成份。以下分別說明之:

1.市場價值

最後商品及勞務的市場價值定義為，以登錄在某一年度國民所得帳當時的市場價格 (market prices) 所計算出來的**最終**商品及勞務的總價值。當對某一商品及勞務的市場價格及交易量是已知時，我們不難計算出該商品之市價。然而當對某一商品的市價或成交量不清楚時，就很難計算出它們的市價。例如，非法毒品交易，由於無法確切掌握其交易數量，因之，很難去計算其市價，也因此並未包含在GDP的計算之內。事實上，幾乎所有未在市場上交易的活動，由於這些交易並沒有交易紀錄可循，因此，並未包含在GDP的統計數字之內。此外，一些未登錄之以物易物，或現金交換行為，亦未能登錄在GDP統計數字之內。例如，在學學生當家教之行為:通常僱主或學生並不會主動去申報這些交易行為，也因此在GDP統計數字之內，並未包含這種交易的資料。

2.最終商品及勞務

在GDP的衡量上，僅有最終商品及勞務的價值才能被列入用來計算整體經濟之產出。**最終商品及勞務定義為消費者** (consumer) **所購買之商品及勞務**。**商品及勞務如果被用於生產過程當中，則稱之為中間財**。以最終商品及勞務來計算GDP的主要目的，在於避免重複計算 (double counting)。假設百貨公司賣給顧客一件價值2500元的襯衫，此時，在GDP的統計上，即登錄了本件襯衫之市價為2500元。然而，由於在襯衫製造過程當中，包括了許多不同的階段（由農夫種植棉花到紡織廠織成布做成襯衫），如果我們將這些不同生產階段所產出的市價均加入GDP之中，將會形成GDP的資料有重複計算之嫌。

中間財定義為在生產最終財的過程當中，所使用之商品及勞務。在生產襯衫的過程當中，可能使用了許多中間財，圖20.2用來顯示襯衫製造過程中的一些中間過程，以及用來說明為何在衡量GDP時，僅需使用最終財的價值即可。圖20.2中的Y軸表示產出的價值，而X軸則表示襯衫的製造流程。棉花種植者販賣價值200元的棉花給紡織廠，而紡織廠將棉花織成布之後，以800元價值賣給成衣廠，成衣廠將布織成衣服以後，賣給大盤商價值 1600元之襯衫，而消費者則以2500元的價值，從百貨公司購買到所需要的襯衫。

圖 20.2　襯衫製造之不同階段及附加價值

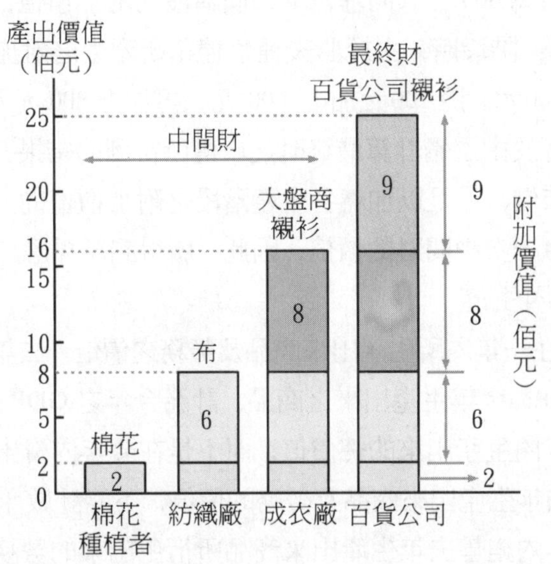

農夫以 200元的價值將棉花賣到紡織廠，而紡織廠透過製造過程，將棉花製成布以後，以 800 元價值賣給成衣廠。成衣廠再將布做成襯衫以後，以 1600 元賣給大盤商。而百貨公司以 2500 元之價值，將襯衫賣給消費者。GDP 以計算最終財之市價為主，因而此時加入 GDP 之價值為 2500 元。若採用附加價值法計算，則以每一階段所產生之附加價值加總而得 GDP，而所得到的結果應與採計最終財方式之結果相同。

由於在百貨公司所賣的襯衫已經包含了中間商品的價值，因此，為了避免重複計算起見，僅計算最後一個階段之市場價值便足以代表 GDP。通常在計算 GDP 時，以計算最終商品及勞務的市場價值而得。如果以每一階段之市價來計算 GDP 時，將由於重複計算的關係，而形成 GDP 高估 (overstate)；例如將第一階段到第四階段之市價加總得到 5100 元，明顯遠高於每件 2500 元之市價，主要原因是因為重複計算了棉花的市價、布的市價及大盤商襯衫的市價各一次的關係。

除了採用最終消費財的方式來計算 GDP以外，亦可採用在每一製造階段所產生之**附加價值**(Value added) 的方式來計算 GDP。**附加價值為在某一製造階段之產出價值與中間財要素投入價值間的差異**。換句話說，在扣除成本以後，經由某一階段的製造過程所增加出來的價值，稱之為附加價值。例如，在圖 20.2 當中，在紡織廠階段所衍生出來之附加價值為布的市價800元，減去此一階段中間財（棉花）投入的成本200元，因此，在這一階段的附加價值為600元。同理，下二個階段的附加價值，分別是800元及900元。在第一階段時，由於農夫種植棉花所產生之附加價值即是棉花市價，因此為200元。將200元加上600元，再加上800元及900元，共為2500元，正好等於由透過計算最終財之市價所得到的結果。無論是採用計算最終商品的市價，或是以加總各生產階段之附加價值的方式，由於這二種方式均祇計算一次中間財的價值，因此，所得到結果應該相同。

3.在一年內生產

GDP衡量在一年內所生產出來商品及勞務之價值。去年所生產之商品計成去年之GDP；今年生產出來之商品，計為今年之GDP。今年GDP所計算的是在今年內生產出來的總價值，而不是在今年內賣出去的商品及勞務價值。雖然去年生產出來商品及勞務的價值，不能計做今年的GDP，但是，由於在今年內銷售去年生產出來商品所衍生出來的勞務價值，卻可以計算在今年GDP之內。例如，去年建造的房子無法列入今年GDP當中，但是房屋仲介公司在今年內賣出該房子時所賺取之佣金，卻需要計算在今年的GDP當中。二手車的價值，無法列入今年GDP的計算之中，但中古車商轉手二手車所得到的收入，卻應該計入在今年GDP之中。

經濟學家以存貨變動(change in inventory)來計算在某一年內生產但卻未在同一年內賣出商品的價值，存貨(inventory)為公司未能售出商品之存量(stock)。如果今年生產出來在百貨公司一件售價2500元的襯衫，到了年底仍未售出時，就表示百貨公司今年的存貨上升了2500元。透過計算存貨的變動，經濟學家得以瞭解生產出來商品的銷售狀況。

存貨之改變可能是已計劃性的(planned)或未計劃性的(unplanned)。透過計劃性的存貨改變，商店可調整不同時期的需求。而未計劃性的存貨改變可能源自於市場上一些無法預期到因素改變之故。例如，老王為冷氣經銷商，為了滿足需求，老王計劃在年終維持10臺冷氣機的存貨。假設老王預估今年可賣出150臺冷氣，因此他共製造了150臺冷氣。又假設，很不幸的今年的氣候特別涼爽，因此，老王僅能賣出100臺冷氣。此時，應該如何來計算老王沒有能賣出去的50臺冷氣呢？這50臺冷氣可視為存貨之變動。由於，去年年底冷氣機之存貨為10臺，而在今年之內，老王之冷氣存貨又增加了50臺，因此今年之存貨為60臺冷氣。在存貨改變中的50臺（年終存貨60臺，減去年初存貨10臺）則列入在本年度之GDP內。在老王這個例子當中，存貨的改變是未計劃的，因為，根據他的預估，在期末他應該可以售出額外的50臺冷氣。然而不管存貨是計劃性的或未計劃性的，透過計算存貨改變，可以瞭解在當年生產出來但未售出商品之數量。

二、 GDP可以用來計算產出 (output)

GDP由於用來衡量在一個國家內，全部產出之市場總價值，因此GDP為商業部門、政府部門、家計部門及國際部門（見圖 20.1 周流循環圖）產出之加總。圖 20.3 表示在 1994 年臺灣名目 GDP 與各部門之間的關係。

圖 20.3　1994年臺灣名目 GDP 按各部門產出分

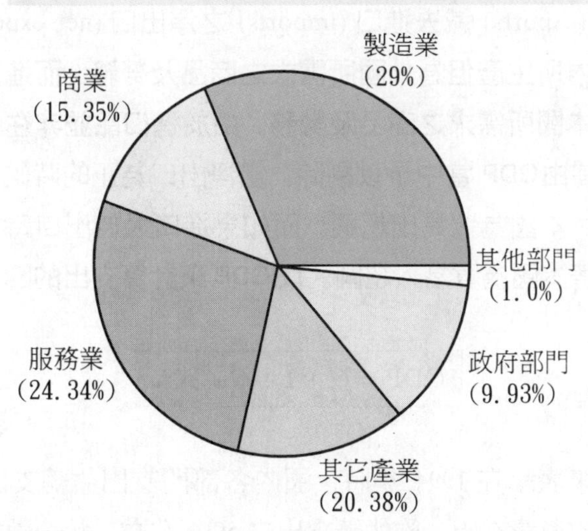

在 1994 年時，企業部門產出約佔全體產出 90%，而政府部門之產值則佔全體產值之 10%左右。

資料來源：《國民經濟動向統計季報》(84 年 11 月)，行政院主計處。

毫無疑問的，在一個資本主義的經濟體系當中，私人擁有企業的產值，應佔全體經濟總產出的多數。根據圖 20.3 在 1994 年時，在國內總產值 63760 (億臺幣)當中，約有 89% 的產值是由民間企業所生產出來的，而政府部門的產值約佔該年 GDP 之 10% 左右，而其他部門的產出則佔該年 GDP 之 1% 左右。

三、 GDP可用來計算支出 (expenditure)

產出代表經濟體系內各部門之供給，而各部門之需求則視成支出。在會計帳中，借方等於貸方，而在經濟均衡中，供給等於需求。既然供給代表產出，而需求代表支出，當供給等於需求，即意謂著產出等於支出。在國民所得帳當中，我們以 GDP 來衡量產出，當然，從另一個角度來看，GDP 亦可用來衡量支出。圖 20.1 亦明白的表示出，此種產出與支出的關係，在圖內的四個部門當中，分別有供給（產出）與需求（支出）二部份。**對家計部門而言，對商品及勞務之需求定義為消費 (consumption, C)，而由廠商部門來看，對商品及勞務之需求，則表示為投資 (investment, I)，投資表示為廠商對資本財之需求，而政府部門對商品及勞務之需求，則定義為政府消費 (government spending, G)，最後國外部門對商品及勞務之需求，則定義為出口 (exports) 減去進口 (imports) 之淨出口 (net exports, NX)。出口為在本國國內所生產但為外國所需求之商品及勞務，而進口則表示為外國所生產但為本國所需求之商品及勞務。由於進口品並非在本國國內生產的，因此，必需由GDP 當中予以剔除。**當淨出口為正的時候，代表出口大於進口，因此，本國為貿易出超國。而如果進口大於出口時，表示淨出口為負，或意謂著本國為貿易入超國。**以 GDP 來計算支出的關係，可表示成**

$$\text{GDP} = C + I + G + NX$$

圖 20.4用來表示在 1994 年時，國內各部門支出佔總支出百分比的關係。家計部門的消費支出，約佔總支出之 59% 左右，此一數據若與美國之數字比較（在 1991 年，美國國民的消費約佔總支出之 68.5% 左右），臺灣的家計部門之消費佔總支出之比例略低於美國，但與臺灣早期資料來比較（例如在 1988 年時，此一數據約為 51.29%），則顯示近年來臺灣人民的消費有逐漸攀升之勢。政府消費在1994 年佔總支出之 15% 左右，淨出口則是佔總支出之 1.9%，而投資則大約佔 23% 左右。

圖 20.4　1994年臺灣名目 GDP 按支出項分

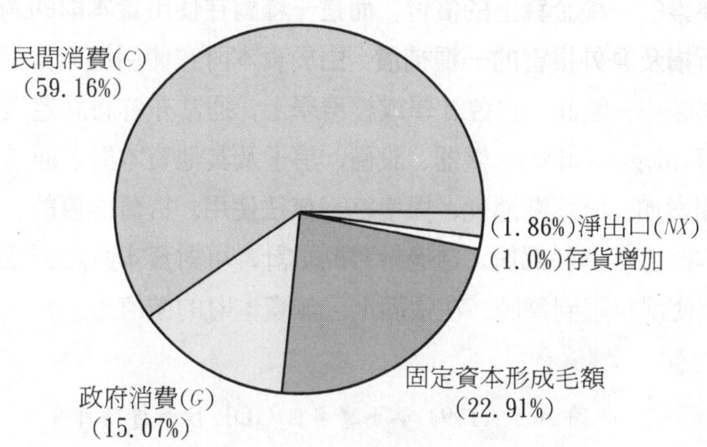

在 1994 年時，家計部門的消費佔全體 GDP 之支出約 59% 左右，政府的消費支出則佔約 15%，淨出口則佔支出之 1.9%，而企業投資則佔約 23% 左右。

資料來源：《國民經濟動向統計季報》(84年11月)，行政院主計處。

四、GDP可用來計算所得 (income)

由於一個人的支出為另外一個人的所得，既然 GDP 可以用來計算支出，當然 GDP 也可用來計算所得。由圖20.1 之周流循環圖的關係，亦明白的表示了這一層的關係，因為在每一個部門的外緣，就表示了部門之間的所得關係。

由於所得來自於廠商使用生產要素所付出的代價，因此，以 GDP 來計算所得通常會以加總在整體經濟體系中，因為使用生產要素所產生所得的總合。使用生產要素之代價分別為工資、利息、租金及利潤。**工資為使用勞動力之代價，含福利金、保險金及退休金等。利息表示企業付給家計部門之淨利息，加上由國外所收到之淨利息。租金則是使用實質財產** (real property) **之收入，實質財產如房子、店面、農場等。利潤則為公司利潤與私人企業主（包括合夥或獨資）之所得。**

圖 20.5 列出按所得法估計所得到 GDP 的一些主要成份。在 1994 年六兆三仟七佰六十億的國內總生產毛額當中，約有 53.5% 是來自於受僱人員的報酬，26.7% 是屬於營業盈餘（含利息、租金及利潤等），而間接稅與固定資本消耗則分佔 10.8% 與 9.0%。

在所得法當中，包含了固定資本消耗 (capital consumption allowance) 及

間接稅 (indirect business taxes) 二大項。所謂**固定資本消耗並不是對生產所使用要素的一種金錢上的償付，而是一種對在使用資本財的過程當中，所產生折損及意外損害的一種補償**。由於資本財在使用過程當中，意外損害的機率較小，因此，在會計學或經濟學上，通常亦會將固定資本消耗稱之為折舊 (depreciation)。機器、設備、房子及其他資本財，通常會隨著使用的時間增加，而逐漸消耗、損壞終至無法使用。折舊的目的，便是用來估計資本財每年消耗部份。透過折舊的估計，可對資本財之價值逐年予以減少，至使用年限到達時，在帳面上已無資本財的價值。

圖 20.5　1994 年臺灣名目 GDP 按所得項目分

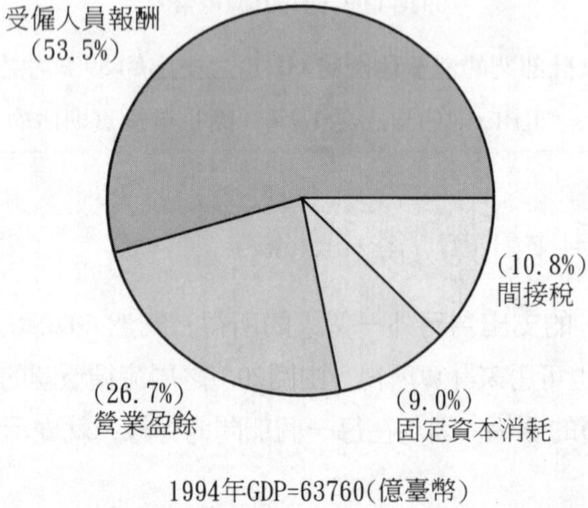

在 1994 年時，薪資所得佔全體所得的 53.5%，而營業盈餘則佔所得之 26.7%，此外，固定資本消耗及間接稅分佔所得之 9%及 10.8%。

資料來源：同圖 20.4。

縱使固定資本消耗不是代表生產所使用要素的所得，但在計算 GDP 時，仍必需將此項視為所得而列入GDP 當中，主要原因乃在於以產出法計算的GDP 當中，投資亦是採用包含固定資本消耗之毛投資的方式來計算，因此，在所得法當中，亦必需加入固定資本消耗，否則，採用產出法所計算出來之 GDP 將會大於以所得法估計出來的GDP。折舊可視為對使用資源的一種償付，而其他所得項目（含工資、利息、租金、利潤及固定資本消耗）則可視為在生產過程當中所衍生出來的費用。

間接稅與固定資本消耗類似，均不是對生產所使用要素的一種償付。

間接稅通常由企業先行徵收之後，再轉給政府部門，如貨物稅 (sales tax) 及營業稅 (excise tax)。

總之，**將 GDP 視為所得時，共包含了四種使用生產要素之所得：工資、利息、房租及利潤**，這些項目代表在生產過程中所衍生出來的費用。此外，由於 GDP所計算的是國內生產毛額，因此由國外所移轉進來的淨要素所得，亦必需予以扣除。除此以外，所得法之 GDP亦包含了二項非所得項目；即固定資本消耗與間接稅。以**所得法計算的 GDP 為**：

GDP=受僱人員報酬＋營業盈餘（含利息、租金及利潤）＋固定資本消耗＋間接稅－淨國外要素所得

GDP 代表在經濟體系中一年內所生產出來的總值，總支出則是代表各部門在這一年內的總消費，而總所得則是代表在這一年內在生產過程當中使用總生產要素的總代價，以及生產所使用要素的總所得。由於 GDP 具有總生產、總支出及總所得等三種意義，因此，採用這三種方式估計所得到的結果應該是相同的。

第二節　其他衡量產出與所得的標準

GDP 可以說是用來衡量一國產出的最佳衡量標準，然而除了使用 GDP 以外，經濟學家亦嘗試以其他一些不同的標準，來衡量國民經濟的表現。以下就分別予以介紹（圖 20.6列出一些常用衡量產出標準之間的關係）。

一、國民生產毛額 (Gross National Product, GNP)

國民生產毛額等於 GDP，加上國外要素所得之收入，再減去支付給國外的要素所得（即國外要素所得淨額）。如果一個國家在海外投資金額很大，而外國在本國投資金額不大時，則該國 GNP 會大於GDP，如1994 年臺灣資料所顯示的。如果 GDP 大於 GNP 時，表示該國海外投資金額小於外國人在該國之投資。GNP 定義為：

GNP=GDP+國外要素所得淨額

圖20.6 1994年不同衡量國民產出的標準及其關係圖

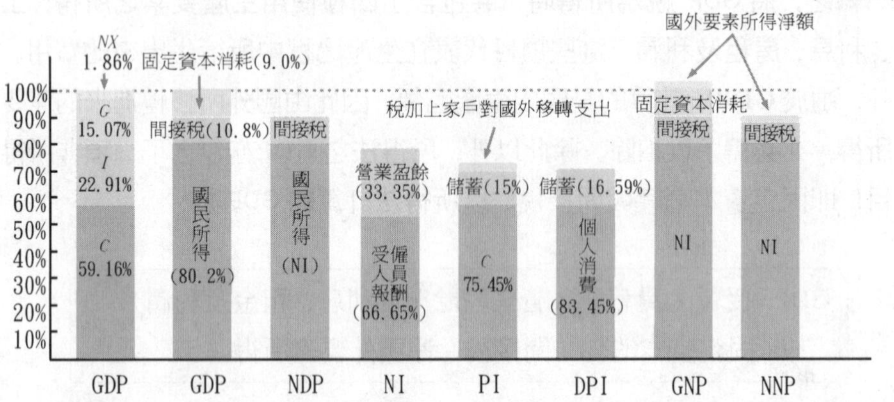

GDP 表示國內生產毛額， NDP 為淨國內生產毛額 = GDP − 固定資本消耗。NI 表國民所得為受僱人員報酬加上營業盈餘，或 NDP − 間接稅的部份。 PI 為個人所得，定義為個人消費加上個人儲蓄再加上直接稅與家戶部門對國內外的移轉支出。而 GNP 定義為國民生產毛額， GNP=GDP+國外要素所得淨額。NNP則是淨國民生產毛額， NNP=GNP−固定資本消耗。

資料來源：《國民所得年刊》(1995年9月)，行政院主計處。

然而，GNP 之計算仍有一些問題：在外匯管制較鬆的國家中，由於計算國外要素所得淨額的行政費用很高，因此，多以採用 GDP 來計算該國生產總值。此外，在計算 GNP 時，仍需清楚界定外國居民與本國居民，但在一些較自由的國家當中，外國居民與本國居民之間的界定則不是那麼清楚。若經常會遇到這些定義上的問題時，一國仍宜採用 GDP 的概念來衡量該國的產出。

二、國民生產淨額 (Net National Product, NNP) 或國內生產淨額(Net Domestic Product, NDP)

NNP 或 NDP 為將固定資本消耗部份，由 GNP 或 GDP 當中去除之後，所得到的關係。NNP 或 NDP 可用來衡量在某一年內，在國民生產或國內生產過程當中，扣除因為使用資本消耗之後資本財的價值。由於 NNP 或 NDP 所表示的是淨資本財產出，因此用來衡量一國經濟之擴張與產出似乎較為恰當。

NDP=GDP−固定資本消耗

在以支出法計算的 GDP 當中，投資採用毛投資額(gross investment) 的方式來計算。毛投資通常亦包含了重置目前生產用資本財消耗的部份，因此，在 NDP 當中，僅考慮了淨投資 (net investment) 的部份。淨投資為毛投資當中扣除固定資本消耗的部份。根據圖 20.6 得知，在 1994 年的 6 兆 3 仟 7 佰 6 拾億的總產出當中，資本消耗大約佔了 9%。意謂著在 1994 年時，大約有 5 仟 4 佰 7 拾億的資本財損耗掉。

三、國民所得(National Income, NI)

國民所得為 NNP (NDP) 中，扣除間接稅加上補貼後的部份。NI描述了在產出過程當中，要素投入的成本。由於以所得法所計算的 GDP 當中，包含了二項非所得部份——間接稅與固定資本消耗，因此將這二項由 GNP (或 GDP) 中扣除，便能充份代表使用生產要素的成本，圖 20.6 中亦顯示這之間的關係。在 1994年，臺灣地區的 NI 大約為 5 兆 1 仟 1 佰 4 拾億元，約佔 GDP 的 80.2% 左右。

NI = NNP − 間接稅 + 補貼

四、個人所得(Personal Income, PI)

個人所得為將國民所得當中，在當年內收到 (received)，但並非賺取 (earned) 而得到的收入，以及賺到而未收取到的所得等二部份，予以調整之後所得到的衡量標準稱之。所以，

NI = NNP − 賺取但未收到之所得 + 收到但並非賺取而來之所得

收到但並非賺取而來之所得，如社會福利金，或是一些移轉收入 (transfer income)。而賺取到但並未收到之所得則如社會保險捐、未分配盈餘及營利事業所得稅等。

五、可支配個人所得 (Disposable Personal Income, DPI)

可支配個人所得為將個人所得扣除了個人稅（如所得稅、房稅等）後的部份。DPI 為個人可以用來消費與儲蓄的部份，所以，個人部門的消費 (C)，加上個人儲蓄 (Saving, S) 應該等於 DPI。即

$$\text{DPI} = C + S = \text{PI} - \text{個人稅}$$

或

$$\text{PI} = C + S + \text{個人稅}$$

在圖 20.6 當中的 PI 即是依上式計算而得。在 1994 年時，我國個人所得為 5 兆億元，約佔當年 GDP 的 78.42% 左右。

第三節　實質 GDP 與名目 GDP

GDP表示為一個經濟體系在某一年之內，所生產出來的最終商品及勞務的總市場價值。由於價值通常是採用市場的貨幣價值來表示，因之，臺灣的 GDP便是以新臺幣來衡量，美國的 GDP則是以美金來衡量。市場價值的計算方式是以商品價格乘上所生產的數量而得。

名目 (nominal) GDP 是以當年價格水準來衡量當年總產出。而實質 (real) GDP 則是考慮了因為市場價格變動所引起的改變，而以基期價格來衡量當年的產出價值。例如在1986 年時，臺灣GDP 為 2 兆 8 仟 5 佰 5 拾億元，而到 1994 年， GDP 上升至 6 兆 3 仟 7 佰6 拾億元，上升了近 123%。此是否意謂著，在近八年之間，臺灣增加了 123% 的商品及勞務的產出呢？如果上面的數據所代表的是名目 GDP，那麼我們便無法很確定的說，在這八年之間產出上升了 123%。採用名目 GDP 無法讓我們清楚瞭解到整體經濟在商品及勞務的產出量是否增加了，原因是我們並無法確認到底總價值的增加是由於價格的改變，或是由於數量的改變。由於價格或產量的改變均會使得名目 GDP 變動，因之，當名目 GDP 變動時，我們無法確認到底是產出數量在改變，或是商品及勞務的市價在改變，或是二者皆

在改變。

然而若在價格固定的條件之下，如果 GDP 在改變，我們就可以很清楚的瞭解到 GDP 的改變，是來自於商品及勞務數量上的改變。而使用實質 GDP 的目的，便是在於先排除價格變動因素以後，用來瞭解實際商品及勞務在生產數量上的變化。在 1986 年時，實質 GDP（按 1991年物價）為 3 兆2 仟 2 佰 5 拾億元，而在 1994 年之實質 GDP（亦按 1991年物價）為 5 兆 8 仟1 佰 7 拾億元，八年之間，按實質 GDP 之估計，我國經濟體系成長了 80.38%，與以名目 GDP 所估計之成長率 123% 來比較，可以看出，在這八年當中，在名目 GDP 的上升中，亦有一大部份是來自於物價上升的關係。自 1960 年以來，我國名目 GDP 與實質GDP 之關係則如圖 20.7 所示。

圖 20.7　歷年名目 GDP與實質 GDP之關係 (按 1991 年物價)

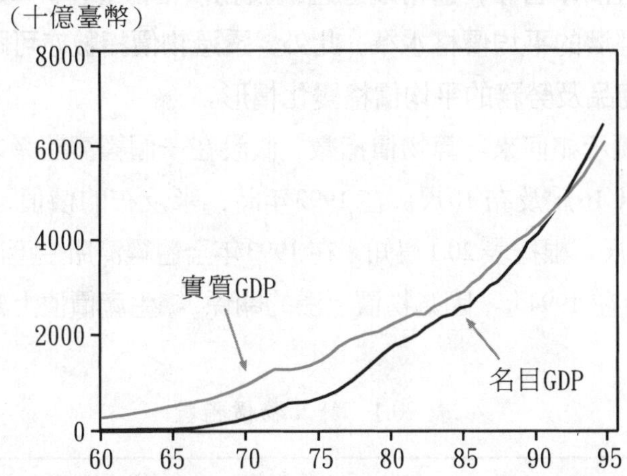

資料來源: AREMOS系統中 NIAA資料庫。

由圖 20.7的關係可以明顯看出，三十多年以來，我國 GDP 無論是在實質或名目上，均有著快速成長的關係，然而名目 GDP 成長的速度，似乎又快過於實質 GDP 成長的速度，意味著這三十多年以來，我國國內的物價亦呈現某種幅度的成長，而在下一節當中，我們將針對物價水準之衡量做一說明。

第四節　物價水準

總產出或總所得之貨幣價值定義為，價格乘上所生產出來的商品及勞務的數量，即

$$產出的市價 = 價格 \times 數量$$

或者，數量為

$$數量 = \frac{產出的市價}{價格}$$

在總體經濟學當中，通常以透過編製物價指數 (price index) 的方式，來代表總合經濟的平均價格水準。此外，透過物價指數亦可瞭解整體經濟環境當中，商品及勞務的平均價格變化情形。

表 20.1 顯示如何來計算物價指數。假設在一個經濟體系之內，祇生產二種財貨，米 16斤及布 10尺。在 1993年時，米及布的價值，分別為 30元/斤及 200元/尺。根據表 20.1 得知，在 1993年全體經濟所生產出來的總價值為 2480元。而在 1994年，因為物價上漲的關係，總生產價值上升至 2660元。

表 20.1　計算物價指數

		1993（基年）		1994（當年）	
生產商品	數量	價格	市價	價格	市價
米	16斤	30元/斤	$ 480	35元/斤	$ 560
布	10尺	200元/尺	$2000	210元/尺	$2100
			$2480		$2660

$$1994\ 年平均物價指數 = \frac{\$2660}{\$2480} \times 100 = 107.25$$

1994 年物價指數之計算方式為：首先計算 1993 年所生產商品之市場價值。之後，以 1994 年同樣商品的物價，乘上生產數量得到 1994 年所有商品之市價。接下來，將 1994 年市價除以 1993 年市價之後，再乘以 100，得到物價指數。

如果以 1993年為基 (base) 期，則 1994年之物價指數為

$$\frac{\$2660}{\$2480} \times 100 = 107.25$$

如果視 1994年為基期時，則 1994年物價指數會等於 100。

通常有二種物價指數較經常被人們所使用；消費者物價指數 (CPI)，及 GDP 平減指數 (GDP deflator)。消費者物價指數用來衡量一位居住於都會地區的消費者，日常消費商品與勞務的平均價格。而 GDP 平減指數則是用來代表在計算 GDP 的過程當中，所包含所有的商品與勞務的平均價格。

使用 CPI 指數最大的優點在於，它包括了進口的價格。當處在一段匯率波動劇烈的時期， CPI 指數較能反應國內物價的變動情形，但 CPI 最大缺點在於，它所涵蓋商品的範圍太小。而 GDP 平減指數由於包含所有用來計算 GDP 之商品及勞務的價值，因此，它最大優點在於涵蓋商品的範圍相當大，但最大缺點則在於，由於祇計算國內所生產出來的商品及勞務，因此， GDP 平減指數並未反應出進口商品價值的變動。國內近三十年來的 CPI 指數及 GDP 平減指數之走勢如圖 20.8 的關係所示。

由圖 20.8 可看出，在我國無論使用 GDP 平減指數或 CPI 指數來描述物價上漲的過程，均頗為恰當，因為二者的差異並不算太大。在有些時候

圖 20.8　歷年（1967～1994 年）GDP 平減指數與 CPI 指數之走勢

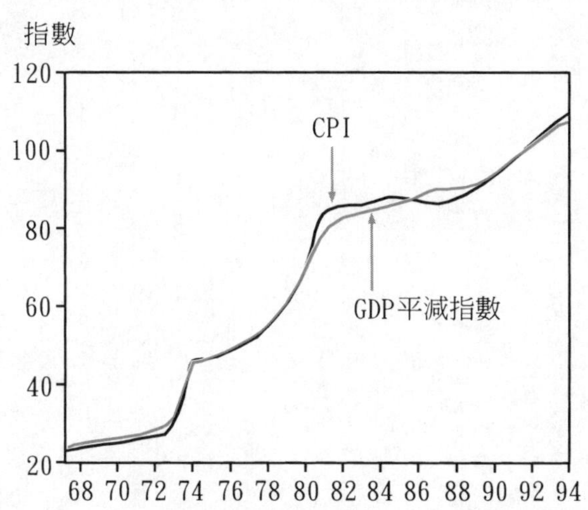

資料來源：AREMOS 系統之下，NIAA 資料庫及 FSM 資料庫。

CPI 指數略低於 GDP 平減指數(如1967~1974年，1976~1980年及1986~1990年)，而在有些時候則是CPI 指數略高於 GDP 平減指數。基本上，在第一次及第二次能源危機之間，國內歷經了較劇烈的物價上漲過程，其餘時段物價尚稱穩定。

重點彙整

1.國民所得會計帳除了可以用來衡量整體經濟的產出以外，亦可以用來衡量不同部門之間的周流支出。此外，國民所得會計帳通常亦可用來登錄某一段時間內（通常一年），整體經濟的表現。

2.GDP 定義為在一個國家內的某一年之間，所生產出來的最終商品及勞務的總市場價值稱之。市場價值、最終商品勞務及一年之間等為 GDP 定義之三個主要成份。

3.最終商品及勞務定義為消費者所購買之商品及勞務。商品及勞務如果被用於生產過程當中，則稱之為中間財。

4.附加價值為在某一製造階段之產出價值與中間財要素投入價值間的差異。

5.經濟學家以存貨變動來計算在某一年內生產但卻未在同一年內賣出商品的價值，存貨為公司未能售出商品之存量。

6.存貨之改變可能是已計劃性的或未計劃性的。

7.對家計部門而言，對商品及勞務之需求定義為消費，而由廠商部門來看，對商品及勞務之需求，則表示為投資，投資表示為廠商對資本財之需求，而政府部門對商品及勞務之需求，則定義為政府消費，最後國外部門對商品及勞務之需求，則定義為出口減去進口之淨出口。出口為在本國國內所生產但為外國所需求之商品及勞務，而進口則表示為外國所生產但為本國所需求之商品及勞務。由於進口品並非在本國國內生產的，因此，必需由 GDP 當中予以剔除。

8.以 GDP 來計算支出的關係，可表示成：GDP$=C+I+G+NX$。

9.工資為使用勞動力之代價，含福利金、保險金及退休金等。

10.利息表示企業付給家計部門之淨利息，加上由國外所收到之淨利息。

11.租金則是使用實質財產之收入，實質財產如房子、店面、農場等。

12.利潤則為公司利潤與私人企業主（包括合夥或獨資）之所得。

13.固定資本消耗並不是對生產所使用要素的一種金錢上的償付，而是一種對在使用資本財的過程當中，所產生折損及意外損害的一種補償。

14.將 GDP 視為所得時，共包含了四種使用生產要素之所得：工資、利息、房租及利潤。

15.所得法計算的 GDP 為：GDP=受僱人員報酬＋營業盈餘＋固定資本

消耗＋間接稅－淨國外要素所得。

16.國民生產毛額等於 GDP，加上國外要素所得之收入，再減去支付給國外的要素所得（即國外要素所得淨額）。

17.NNP 或NDP 為將固定資本消耗部份，由 GNP 或 GDP 當中去除之後，所得到的關係。NNP 或 NDP 可用來衡量在某一年內，在國民生產或國內生產過程當中，扣除因為使用資本消耗之後資本財的價值。

18.國民所得為 NNP (NDP) 中，扣除間接稅加上補貼後的部份。

19.個人所得為將國民所得當中，在當年內收到(received)，但並非賺取(earned) 而得到的收入，以及賺到而未收取到的所得等二部份，予以調整之後所得到的衡量標準稱之。

20.可支配個人所得為將個人所得扣除了個人稅（如所得稅、房稅等）後的部份。

21.名目 GDP 是以當年價格水準來衡量當年總產出。而實質 GDP 則是考慮了因為市場價格變動所引起的改變，而以基期價格來衡量當年的產出價值。

22.在總體經濟學當中，通常以透過編製物價指數的方式，來代表總合經濟的平均價格水準。此外，透過物價指數亦可瞭解整體經濟環境當中，商品及勞務的平均價格變化情形。

練習題

1.比較 GDP 與下面一些定義之不同？

(1) GNP

(2) NNP

(3) NI

(4) PI

(5) DPI

■ 使用下列國民所得帳的資料來回答問題 2～6:

消費	$40000
進口	1000
淨投資	2000
政府採購	10000
出口	2000
固定資本消耗	2000
間接稅	500
國外要素所得收入	1200
國外要素所得支出	1000

2.試計算本經濟體系之 GDP?

3.試計算本經濟體系之 GNP?

4.試計算本經濟體系之 NNP?

5.本經濟體系之 NI 為何?

6.本經濟體系之毛投資為何?

7.為什麼名目 GDP 增加快於實質 GDP? 如果一個經濟體系之內,實質 GDP 的成長速度大於名目 GDP 時,代表什麼樣的意義?

8.

	1995		1996	
	數量	價格	數量	價格
電腦	100	$50000	150	$50000
橘子	100	20	75	25

(1)使用 1995年當成是基期,試計算 1996年與 1995年之間,實質 GDP 之成長率?

(2)使用 1996年當成是基期,試計算 1996年與 1995年之間,實質 GDP 之成長率?

第21章 總合需求與總合供給模型

前　言

在第19章及第20章當中，我們曾經分別介紹過，經常被用來衡量整體經濟表現的三個主要總體經濟學的變數：總產出（或總所得或實質 GDP）、物價及失業率。這三個總體變數如何變化？透過經濟模型的使用，我們可以更深入一層的瞭解。近一個世紀以來，經濟學家對於使用個體經濟學上所討論的供需模型（見第3章），來決定個別商品的價格與數量等問題，大體上有一致性的看法。然而，在討論總產出、物價及失業率時，經濟學家對於應該採用那一種模型來解釋這些現象，卻有著不同的看法。由於總合需求 (aggregate demand) 與總合供給 (aggregate supply)，為由加總整體經濟體系內商品及勞務的總產出所形成，因此以總合供給與總合需求的經濟模型來討論總體經濟學，具有簡單而且可推測的特點。在本章中，我們將首先透過介紹總合供需模型方式來探討總體經濟學。

第一節　總合需求 (Aggregate Demand)

在個體經濟學當中所強調的需求曲線為當其他條件不變時，消費者對市場上某一商品，在不同的市場價格之下的數量需求關係。而在總體經濟學上的總合需求曲線，則是用來表示在不同價格水準之下，全體經濟體系當中，所有消費者所能採購的實質總產出，圖 21.1 表示了產出與價格之間的總合需求曲線 (*AD*)關係。在圖 21.1 中，以 *Y* 軸表示物價水準 (*P*)，通常以物價指數來代表整體經濟體系內的平均物價，而 *X* 軸所表示的即是實質產出。一般而言，經濟學家相信總合需求曲線具有負斜率如圖 21.1 所示的關係。即當價格愈高時，消費者所願意購買的數量就愈少；反之，當商品及勞務的價格愈低時，消費者所願意購買的商品及勞務的數量就會愈多。

圖 21.1　總合需求曲線

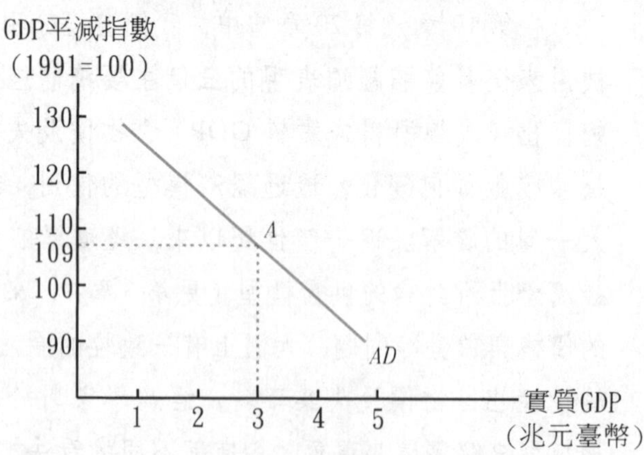

總合需求曲線 (*AD*) 描述了在其他條件不變之下，當物價改變時，整體經濟對實質產出需求變動之關係。例如在圖中 *A* 點所表示的為，當物價水準在 109 時，全體消費者對實質產出的需求為 3 兆元臺幣。

一、總合需求曲線為負斜率

單一商品的需求曲線具有負斜率的主要原因為：當商品價格改變時，消費者可以以購買其他商品的方式，來替代原來商品之緣故。總合需求曲線具有負斜率的主要原因，是因為有替代效果 (substitution effects) 之故。

有那些商品及勞務為總合商品與勞務之替代品呢？一般而言，**大體上有三類商品及勞務，可為實質 GDP 之替代品，它們分別為：**

1.**貨幣及財務性資產** (financial assets)，

2.**未來的商品及勞務，及**

3.**其他國家所生產的商品及勞務。**

人們可能選擇祇購買少數之商品及勞務，而將剩餘的所得以貨幣或財務性資產方式來保存。人們或有可能選擇在今日消費較少的商品及勞務，而留待至未來消費較多的商品及勞務。除外，人們亦有可能選擇消費較少的本國製商品及勞務，而消費較多的國外製商品及勞務。以上這些決策，毫無疑問將會因為價格的改變而變動，因而使得總合需求曲線具有一種負斜率的關係。而由以上三種替代品的關係，將會衍生而成以下的三種效果：

1.實質貨幣餘額效果 (real money balance effect)

實質貨幣餘額效果為透過實質貨幣數量的改變，來改變實質GDP 數量的一種效果。貨幣數量(quantity of money) **定義為通貨** (currency)，**銀行存款** (bank deposits) **及其他非銀行之存款**（見第 25章）。**實質貨幣則定義為可以購買商品及勞務數量之貨幣**。換言之，實質貨幣為貨幣數量除以物價指數。當物價水準較高時，相同貨幣數量祇能購買較少的商品及勞務，此時實質貨幣下降，或貨幣的購買力下降。反之，當物價水準較低時，相同貨幣數量可以購買較多的商品及勞務，此時，實質貨幣上升，或貨幣的購買力上升。

因而實質貨幣餘額效果為：當物價水準下降時，由於實質貨幣餘額上升，使得消費者感覺上所得好像上升了，因此，對所有商品及勞務的需求將會增加。反之，當物價水準上升時，由於實質貨幣餘額下降了，因此，消費者對商品及勞務的數量需求將會因此而下降。所以由實質貨幣餘額的關係，可以觀察到價格與商品及勞務數量之間應該存在一種負向關係。

總合需求曲線具有負斜率的第一個理由即是因為實質貨幣餘額效果的關係，由於實質貨幣餘額的效果，使得物價水準與產出之間具有負向關係。

2.跨期替代效果 (intertemporal substitution effect)

跨期替代效果意味著將今日對商品及勞務的消費，遞延至未來消費，或是對未來商品及勞務的消費，移前至今日來消費的一種替代效果。影響跨期替代效果最重要的因子為利率。低利率將鼓勵人們借錢，及改變對資本財消費之時間。在低利率時期，人們將消費習性由未來改變至今日，反之，當利率較高時，人們之消費習性將由今日移到未來，原因是高利率會阻撓人們借錢消費而卻可使得儲蓄增加，而儲蓄的增加代表未來的消費將會增加。

雖然跨期替代效果主要受到利率的影響，然而在總合需求曲線當中，我們並未見到利率變數。如何從利率連結到物價，或實質產出呢？事實上貨幣數量除了影響到物價以外，亦會影響到利率。當物價下降時，透過實質貨幣餘額效果，使得實質貨幣增加，市場上由於資金較為寬鬆，對貨幣需求將會減少。由於，市場上有多餘資金，因而，此時資金之價格——利率，必然會下降以吸引人們來借用多餘的資金。反之，當物價上升時，則由於實質貨幣數量下降，使得市場上呈現資金不足情形，透過利率的上升，可來調整資金不足的現象。由此可見利率與物價之間呈現一種正向關係。而由前面所討論的實質貨幣餘額效果得知，物價與產出之間具有負向關係，而由於利率與物價之間呈現一種正向關係，因此，利率與產出之間亦將會呈現一種負向關係。雖然跨期替代效果是受到利率的影響，但透過利率與物價及物價與產出間的間接關係，使得物價與產出之間呈現一種負向關係。

因而，總合需求曲線具有負斜率的第二個理由，即是由於跨期替代效果：當利率上升時，人們當期消費會減少，正如同物價上升的效果一般，使得物價與產出之間呈現一種負向關係。

3.國際性替代效果 (international substitution effect)

以國內生產出來的商品或勞務去替代由國外所生產出來之商品與勞務，或是以國外所生產出來之商品及勞務，來替代由國內所生產出來之商品與勞務間的關係，均稱之為國際性替代效果。當本國商品及勞務的價格下降，而其他條件不變時，由於，本國製造的商品及勞務，將相對較國外所生產製造之商品及勞務便宜，因此，本國所生產出來之商品及勞務變得更具有吸引力，使得本國人民對本國製產品及勞務的需求會上升，因此，本國實質 GDP 將會增加。反之，當本國製商品及勞務價格上升時，由於國外所製造的商品及勞務較具吸引力，因此，對本國產出之需求將下降，換言之，實質 GDP 將會減少。明顯的，透過國際性替代效果，價格與實質 GDP 之間，亦呈現一種負向關係。因而，總合需求曲線之所以為負斜率的第三個理由，即是由於國際性替代效果之關係。

如果其他條件不變，而物價水準改變所引起之需求的變動，我們稱之為需求量的變動，圖 21.2則是用來表示需求量變動的關係。表 21.1則是將前述三個形成總合需求曲線具有負斜率關係的原因，歸納在一起用來說明

圖 21.2　需求量之改變

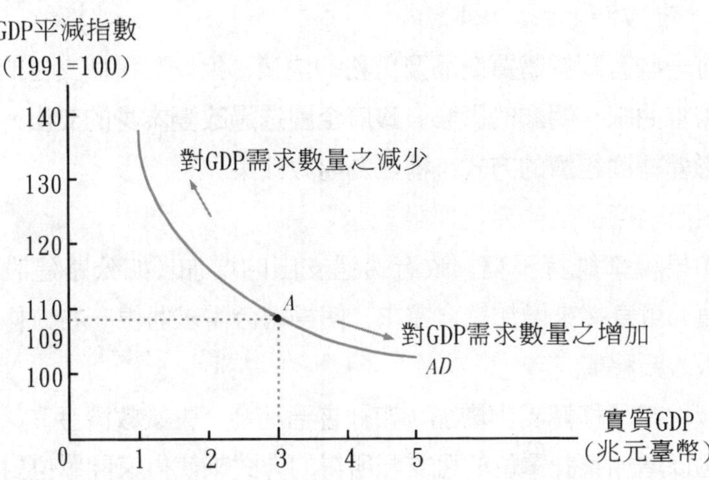

當其他條件不變時，由於物價水準所引起的需求數量的改變，稱之需求量的改變。需求量的改變意味著需求價格與數量的關係，仍沿著原來的需求曲線做上下的移動。

表 21.1　需求量之改變

對實質GDP 之需求數量會	
A.減少（如果價格上升）	B.增加（如果價格下跌）
因為	
1.實質貨幣餘額效果	
・物價上升導致實質貨幣餘額下降	・物價下降形成實質貨幣餘額上升
2.跨期替代效果	
・物價上升導致利率上升，而使得對當期需求減少	・物價下降使得利率下降，而導致對當期的需求上升
3.國際性替代效果	
・本國所生產之商品及勞務的價格相對於國外所生產商品上升，導致對本國商品之需求減少	・本國所生產商品及勞務價格相對於國外所生產商品及勞務的價格下降，導致對本國所生產商品及勞務的需求上升

需求量之變化情形。

二、總合需求之變動

當價格維持不變，而其他條件改變時，稱之為總合需求之變動。**影響總合需求之變動的因素，一般而言有以下幾點：**

1.財政政策 (fiscal policy)

政府一些有關於購買商品及勞務的決策，稅收及移轉支付的決策等，對總合需求曲線有明顯的影響。**政府企圖透過改變本身的支出，或以稅收方式來影響總體經濟的方式，稱之為財政政策。**

⑴政府對商品及勞務之採購

如果稅率維持不變，政府透過支出的增加（如公路建設、武器購買）可直接來增加總合需求，使得總合需求曲線向右方移動出去。

⑵稅收及移轉之支出

減稅或是移轉支出增加（如社會福利金、失業救濟金），主要係透過以增加家計單位的可支配所得的方式來使得家計單位對商品及勞務的消費增加，進而增加總合需求數量。

2.貨幣政策 (monetary policy)

由中央銀行所做的有關於貨幣供給 (money supply) 及利率的改變，且對於總合需求有影響的決策稱為貨幣政策。換言之，中央銀行透過改變貨幣供給及利率，因而企圖影響總體經濟之政策稱貨幣政策。

⑴貨幣供給

中央銀行掌控全國之貨幣供給。當貨幣供給的數量愈多時，總合需求之數量就愈大。實務上，貨幣供給的改變除了因為貨幣數量改變會對總合需求有所影響以外，透過改變利率的大小，亦可影響投資需求及影響消費者對耐久財之需求，因此，也會形成對總合需求的影響。

⑵利率

有許多原因皆可能會形成利率的改變。在先前我們看到，當價格改變時，利率亦會跟著改變，因為利率的變動將使得總合需求量跟著改變。如果中央銀行的政策在於維持物價不變，而以增加利率方式來緊縮貨幣時，透過跨期替代效果，總合需求將會因而減少。亦即當家計單位或廠商面對到一個較高的利率水準時，將會減少支出，特別會是在投資支出上的減少。在另一方面，當利率比較高的時候，家計單位一方面會增加儲蓄以賺取利息收入，一方面亦會減少消費支出，特別是一些用貸款來消費的耐久財（如汽車、房子）。由於以上二個原因，總合需求將會減少。

3.國際性因素 (international factors)

二個主要影響總合需求的國際性因素分別為匯率及國外所得。

⑴匯率 (exchange rate)

我們已經看到當其他條件維持不變時，當國內生產商品及勞務的價格相對於由國外生產商品及勞務的價格之間有所改變時，總合需求亦將會跟著改變。而改變國內外商品及勞務價格的方式之一，就是可以透過改變匯率的方式來達成。**匯率之所以能夠影響到總合需求的主要原因為：匯率可以改變國外對本國所生產出來商品及勞務所必需付出的購買價格，或是改變本國對國外所生產出來商品及勞務所必需支付的價格**。例如，當臺幣兌美金為 30:1 時，我們可以以新臺幣 60 萬元，購買一部美製價值美金 2 萬元的汽車，如果國產裕隆汽車為價值臺幣 55 萬元時，您將會購買美製或臺裝汽車？（在品質、性能及安全性假設均相同情況之下，純粹從價格角度來看，當然會選購裕隆汽車。）如果匯率改變成為 25:1 時，此刻，您將會購買美製汽車或臺裝汽車呢？由於臺幣升值，使得進口商品的價格變得相對較低，當然，此時以購買美製汽車較為便宜，因為，此刻美製 2萬美元的汽車，價值50 萬元臺幣，較裕隆汽車還低 5 萬元。由本例可明顯看出商品與勞務的價格，將會受到匯率的變化而有明顯的改變。

⑵國外所得

國外所得亦會影響到國內所生產商品及勞務之總合需求。當國外所得較高時，對本國所生產商品及勞務的需求較高，因而使得本國商品出口數量增加，連帶的使得總合需求增加。

4.預期 (expectation)

對未來經濟的一些預期，將會對現在的需求決策有明顯的影響。這些預期包括對將來通貨膨脹、將來所得及將來利潤之預期。

⑴預期未來通貨膨脹

在其他條件不變之下，預期未來通貨膨脹上升，將導致對目前總合需求的增加。當預期未來通貨膨脹將會上升時，代表未來商品及勞務之價格將會上升，因而，將會使得未來資產及實質貨幣之價值下降，結果將導致人們增加目前對商品及勞務之消費，而減少對貨幣與金融性資產數量之持有。

(2)預期未來所得

在其他條件不變之下，如果預期未來所得將會上升時，家計部門將會增加對耐久財之消費數量。

(3)對未來利潤之預期

廠商對利潤預期之改變，將會導致廠商對新資本需求數量之改變。當廠商對未來利潤的預期上升時，廠商將會增加對新資本的需求，由於投資支出的增加，而使得總合需求上升。反之，若廠商對未來利潤預期降低時，對新資本之需求將會減少，由於投資支出之減少，而使得總合需求曲線將往左方移動。將影響總合需求變動之因素歸納如圖 21.3 的關係所示。

圖 21.3　總合需求的改變

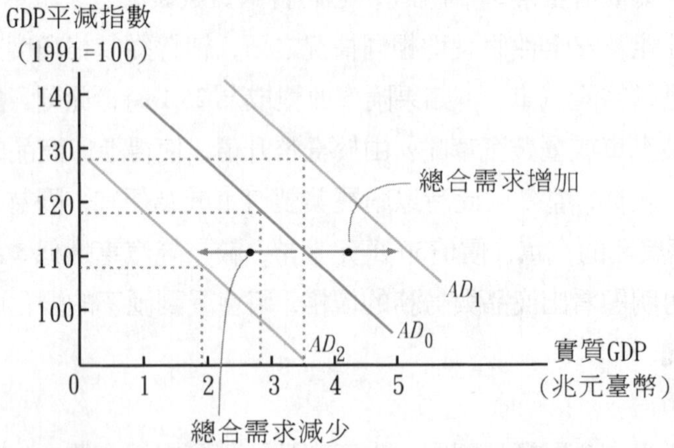

總合需求

減少 ($AD_0 \rightarrow AD_2$)，如果	增加 ($AD_0 \rightarrow AD_1$)，如果
・政府支出減少，增稅或移轉支出減少	・政府支出增加，減稅或移轉支出增加
・貨幣供給額減少或利率增加	・貨幣供給額增加或利率降低
・匯率升值或國外所得減少	・匯率貶值或國外所得上升
・預期通貨膨脹下降，預期所得或預期利潤減少	・預期通貨膨脹上升，預期所得或預期利潤增加

第二節　總合供給 (Aggregate Supply)

總合供給為全體經濟體系內所有廠商所生產出來的商品及勞務的加總，總合供給以實質 GDP 供給為衡量標準。在討論總合供給的過程當中，我們將區分短期 (short run) 及長期(long run) 之不同。

在總體經濟學當中，**短期定義為當供需情況改變時，商品與勞務的價格變動，但要素（工資、原料成本）價格卻沒有變動的時間**。**長期則定義為：當所有生產要素的價格均能充份調整以反應市場失衡現象的時間**。在總體經濟學的長期均衡之下，所有市場包括勞動市場、要素市場及商品市場均處於均衡的狀態。由於在長期之下，工資亦會調整到勞動供給等於勞動需求的狀態，因此經濟體系將會處在一種充份就業的狀態。換言之，在長期均衡時的失業為一種自然失業率之狀態。

一、短期總合供給曲線

短期總合供給曲線代表在其他條件不變的情況之下，最終商品與勞務的總合數量（實質 GDP）與價格（ GDP 平減指數）之間的關係。

圖 21.4 所表示的是短期總合供給曲線 (short-run aggregate supply curve, 簡稱 *SAS*) 的關係。在圖 21.4(a)中所顯示的是整條 *SAS* 之關係，而圖(b)則顯示*SAS* 在正常經濟環境時的關係。首先在圖(a)當中，我們發現 *SAS* 曲線具有三段區間：在景氣衰退期間， *SAS* 曲線呈現水平形狀，而在正常經濟環境之下， *SAS* 曲線呈現一種正斜率的關係，而到達整體經濟體系之產能極限時， *SAS* 曲線幾乎呈現一種垂直狀態。

1.在景氣衰退期時

當經濟處在非常嚴重的蕭條期時，廠商的產能出現非常大的閒置狀態，因此，廠商願意在任何的價格之下，提供任何數量的商品及勞務。由於經濟體系內的每一個廠商均具有水平的供給曲線，因此整體經濟體系加總以後，總合供給曲線即呈現一種水平的型態。

2.在中間區域

在正常經濟的情況之下，整體經濟體系是處在 *SAS* 曲線具有正斜率之中間區域當中來運作，將中間區域予以放大，即如同圖 21.4(b)所表示的關係。短期總合供給曲線為何具有正斜率呢？根據個體經濟學上的討論得

圖 21.4　總合供給曲線

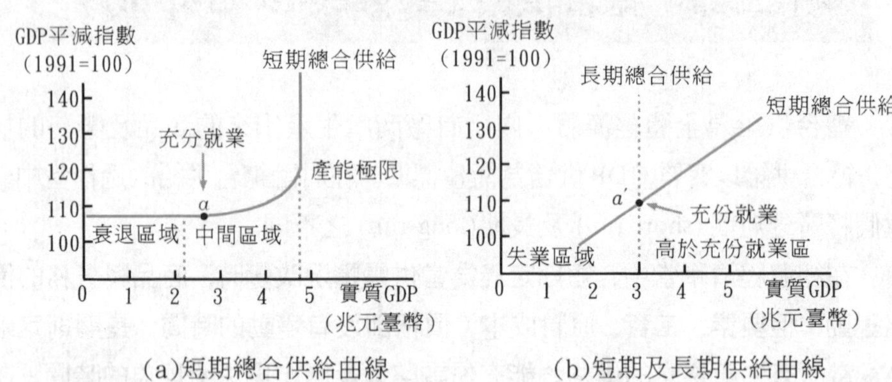

在其他條件不變之下，短期總合供給曲線描述了在不同價格之下，實質 GDP 供給變動的情形。圖(a)顯示短期總合供給在不同區間之關係。圖(b)僅針對中間區域予以放大之後，再加上長期供給曲線而成。而長期總合供給曲線，則是表示在充份就業水準之下，實質 GDP 與物價間的關係。由於在長期之下，充份就業產出與物價之間具有獨立的關係，因此長期總合供給曲線為垂直。如果產出低於充份就業水準時，失業率將高於自然失業率，而若產出高於充份就業水準時，失業率將低於自然失業率。

知，當要素價格維持不變時，商品及勞務價格愈高，廠商所願意供給的數量就會愈多。而總合供給曲線即是加總整體經濟體系內個別廠商的供給曲線而成，因此，當要素價格維持不變而商品價格上升時，廠商對商品及勞務供給的總合數量將會增加。

在短期內，廠商為了增加商品及勞務的供給數量，勢必要僱用額外的勞動力或要求現有的工人加班工作。由於，當要素價格維持不變而商品價格上升時，將會使得總合商品及勞務供給的數量增加，因此，總合商品及勞務的數量與價格之間存在正向關係。此外，在這段期間之內，由於廠商對勞動力有額外的需求，因此失業將會減少。

3.實質 GDP 的產能極限

當實質 GDP 到達某種水準之後，*SAS* 曲線可能接近成為一種垂直狀態。在這個情況之下，整體經濟已達產能極限，即使商品及勞務的價格再高，短期之內（在廠商無法擴充產能的假設之下）廠商並無法增加商品及勞務之產出數量，因此，短期總合供給曲線近乎呈現一種垂直之關係。

二、長期總合供給曲線

長期供給曲線(long-run aggregate supply curve, 簡稱 *LAS*) **為在充份就業水準之下，商品及勞務的價格與商品及勞務的總合數量供給之間的關係。**

在圖 21.4(b)當中，*LAS* 曲線所顯示的即是一種長期總合供給曲線的關係。假設充份就業的產出水準為 3兆元臺幣，如果實質 GDP 小於 3兆元臺幣時，由於在經濟體系當中有一部份的產能未能被充份使用，因之勢必有一部份的勞動力將會被解僱，而此意味著市場上的失業率將會高於自然失業率。倘若實質 GDP 大於 3兆元臺幣時，由於市場上需要較多的勞動力，因之，市場上的失業率將會低於自然失業率。

稍微留意一下 *LAS* 曲線之位置，*LAS* 曲線是垂直而且與 *SAS* 曲線相交在具有正斜率的 a' 點上，而非相交在 *SAS* 曲線垂直部份。為什麼 *LAS* 曲線是垂直的呢？而又為什麼 *LAS* 曲線所在的位置小於產能極限呢？長期總合供給曲線之所以是垂直的主要原因乃是由於，無論商品或勞務價格為多少，除非整體經濟產能已經改變，否則在充份就業水準時，祇會存在一個實質 GDP 的產出。而沿著 *LAS* 曲線上下移動時，商品或勞務的價格與要素的價格，會以同比例來變動。換言之，當商品或勞務的價格改變時，要素的價格亦會以同比例來變動。雖然產品或勞務的價格上升了，然而由於在長期時，廠商之生產成本亦會以同比例來上升，因而，廠商並不會增加產出的數量，換句話說，總合產出將固定在 *LAS* 曲線所在的位置上。

實質 GDP 雖無法超越產能極限，但是透過使失業率下降至自然失業率以下，實質 GDP 可暫時高於長期充份就業的產出水準。然而，在就業人口無法快速增加的情況之下，勞動市場的需求數量將會大於供給，因而使得工資上漲幅度將會快於商品及勞務價格的上升幅度，結果產出最終仍會回到長期充份就業之水準。

三、短期總合供給曲線之變動

僅會改變短期總合供給曲線而不會改變長期供給曲線之因素為：工資或其他生產用要素價格之改變。由於要素價格的變動將會改變廠商的生產成本，因而導致短期總合供給曲線的變動。當工資或要素價格上漲時，廠商的生產成本上升，在商品及勞務的價格固定不變時，廠商供應商品及勞務的數量將會下降。因此當工資或要素價格上升時，短期總合供給曲線將會往左方移入。

為什麼要素價格僅會影響短期總合供給曲線，而不會影響到長期供給曲線呢？答案在於：根據長期總合供給曲線之定義，當價格變動時，要素價格亦會以同比例來變動。由於廠商生產成本與商品價格會以同比例來上升，因此，廠商並沒有任何增加產量之誘因。由於總產量是固定不變，因此 *LAS* 曲線為固定在某一實質 GDP 水準下的一條垂直線。

在圖 21.5中所表示為當工資或要素價格上升時，短期總合供給曲線將會由 SAS_0 移到 SAS_1 位置的關係。在充份就業水準之下，產出為 3兆元臺幣，物價水準為 110。由於工資的上漲，使得經濟體系移到另一個新的短期均衡。此時，物價由 110上升到 120，但產出仍維持在 3兆元臺幣。

圖 21.5　短期供給曲線之減少

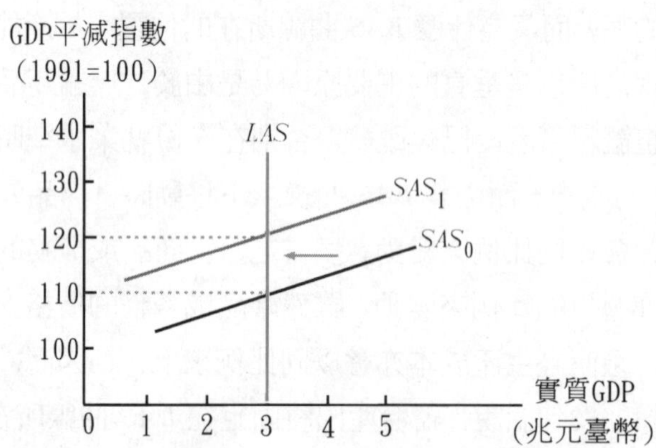

當工資或其他生產要素價格上升時，短期供給曲線將會向左上方移動，而長期總合供給曲線則不會變動，短期總合供給曲線由 SAS_0 變動到 SAS_1 的位置。在新的均衡之下，產出沒有增加，但由於工資上升亦使得物價上升了。

四、長期及短期總合供給曲線之變動

前一節探討了使短期總合供給曲線變動之因子，而在本節我們將來探討一些**同時使得長期及短期總合供給曲線均變動的因素，這些因素包括：**

1.**勞動力** (Labor force),

2.**資本存量** (Capital stock),

3.**技術** (Technology),

4.**獎勵措施** (Incentive)。

以上這些因素不但使得長期總合曲線移動，亦會同時使得短期總合曲線移動。圖 21.6顯示了長期總合供給曲線及短期供給曲線同時變動之情形。

圖 21.6　長期及短期總合供給曲線之變動

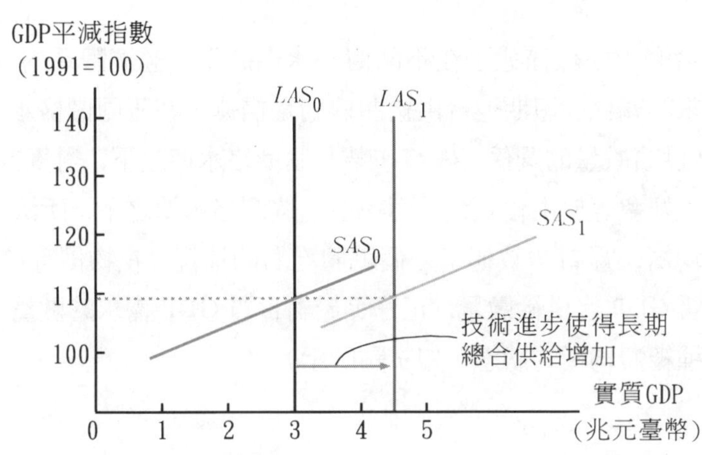

總合供給在長期將會增加，如果

- 勞動力增加，
- 資本存量增加，
- 技術進步使得勞動生產力及資本生產力提高，
- 投資或工作之激勵措施增多。

此時，長期及短期總合供給曲線均會往右方同時等距離移動。

起初長期總合供給曲線所在的位置是在 LAS_0，短期總合供給曲線所在位置是在 SAS_0，此時，經濟體系的均衡產出為 3兆元臺幣，物價為 110。如果因為生產技術的突破使得充份就業的產出水準由 3 兆元臺幣上升至4.5 兆元臺幣時，長期總合供給曲線將會移至 LAS_1 的位置，而短期總合供給曲線亦會同時移動至 SAS_1 的位置，在新的均衡之下，產出為 4.5 兆元臺幣，而物價仍維持在 110。

第三節　總體經濟均衡

使用總合供給及總合需求模型的主要目的，在於預測實質 GDP 及物

價之變動。為達成預測實質 GDP 與物價之目的，我們必需同時考慮總合供給與總合需求的關係。**由總合供給與總合需求所同時決定的關係為「總體均衡」關係。當對實質 GDP 的需求數量與對實質 GDP 的供給數量相等時，即是「總體均衡」關係。**

一、實質 GDP 及價格水準之決定

總合需求曲線描述了在不同價格水準之下，經濟體系內對實質 GDP 數量需求的關係。短期總合供給曲線則是描述了在不同價格水準之下，實質 GDP 供給數量的關係。僅有在某一個價格水準之下，對實質 GDP 的需求數量正好會等於供給數量，而在這一個價格水準之下，所決定即是總體經濟的均衡，圖 21.7 敘述了一個總體均衡的情況。在物價等於 110時，由於對實質 GDP 之供給數量，正好等於對實質 GDP 需求的數量，因此市場處於一種總體均衡的狀態（如 a 點所示）。

圖 21.7　總體經濟均衡

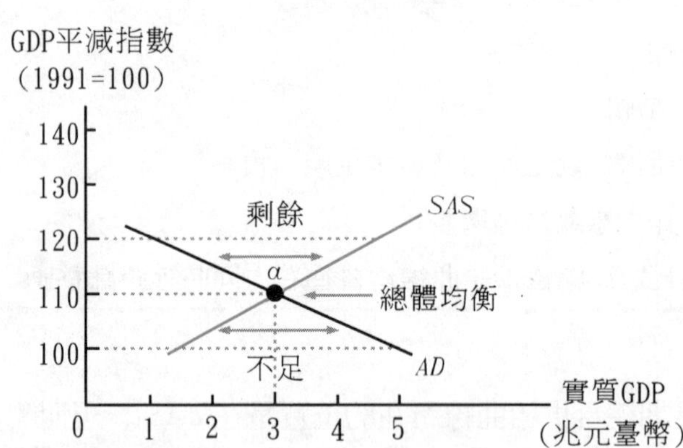

當對實質 GDP 之需求正好等於對實質 GDP 供給時，即產生了總體經濟的均衡。總體均衡存在於總合需求曲線 (AD) 與短期總合供給曲線 (SAS) 相交之處。此時均衡產出為臺幣 3兆元，而均衡物價為 110。當物價水準高於 110時，由於市場上供給大於需求，因此，存在一種超額供給的剩餘狀態，物價水準將開始下降。反之，當物價水準低於 110 時，如 100，則市場上的需求將會大於供給，市場上出現超額需求的不足現象。此刻，物價水準將開始上升來調整市場上失衡的狀態。而唯有當市價為 110時，市場上對實質 GDP 之供給正好等於需求，商品市場才會處在一種總體均衡的狀態。

假設，現在市場的價格水準為120，在這一個價格水準時，市場上的總合需求數量為臺幣1兆1仟億元，但是市場上的總合供給數量卻有4兆6仟億元，因此市場上，有3兆5仟億元過剩之商品及勞務的供給。在價格水準為120時，由於有許多的商品並無法銷售出去，而為了減少存貨逐漸上升的壓力，廠商勢必將商品及勞務的市場價格予以下降，以消化庫存量。當價格水準逐漸下降至110時，超額供給的部份得以逐漸消化掉，商品市場再度達到均衡。反之，當市場的價格水準為100時，廠商僅願意供給1兆5仟億元之商品及勞務，可是市場上對商品及勞務卻有5兆5仟億元之需求，在市場短缺近4兆億元的商品及勞務情況之下，短期之內，祇有透過商品市場的價格向上調整方能減少市場上商品及勞務的短缺情形。當價格水準逐漸回升到110時，市場上的供給數量與需求數量將會再度相等，總體經濟逐漸趨於一種均衡狀態。

二、總體均衡與充份就業

總體均衡時的就業市場未必一定要處在一種充份就業的狀態。但在充份就業的狀態之下，總體經濟會是處於一種長期均衡的狀態。換言之，由於總體均衡所表示的為長期及短期總合供給曲線與總合需求曲線相交之處，因此，總體均衡可能為一種失業狀態之總體均衡、充分就業狀態之總體均衡或超過充份就業狀態之總體均衡。而圖21.8則用來表示在這三種不同狀態之下的總體均衡。

當真實GDP較潛在實質GDP為低時（如圖(a)所示），**稱為衰退缺口**(recessionary gap)。衰退缺口為潛在實質GDP減去真實GDP（當真實GDP低於長期GDP時）之部份。**當真實GDP高於潛在實質GDP時，真實GDP減去潛在GDP之部份稱之為膨脹缺口**(inflationary gap)。**在衰退缺口時，由於在總體均衡時之就業情況為一種低於充份就業水準之狀態，因此，此一均衡又稱為失業均衡。在膨脹缺口時，由於總體均衡之就業水準高於充份就業之均衡，因此，又稱為高於充份就業水準之均衡**。由於景氣經常變動，總體均衡因而經常會變動，而透過總合供給與總合需求模型之應用，我們亦可以來瞭解景氣變動與總體均衡變動之間的關係。當景氣衰退時，由於失業率上升，因此總體均衡處在一種衰退缺口或低於充份就業之狀態。當景氣繁榮時，由於失業率低於自然失業率，因此總體均衡處於一種膨脹缺口或高於充份就業之均衡。如果真實GDP產出等於潛在GDP產出時，則稱總體均衡為充份就業水準之均衡。

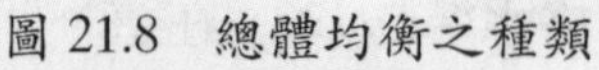

圖 21.8 總體均衡之種類

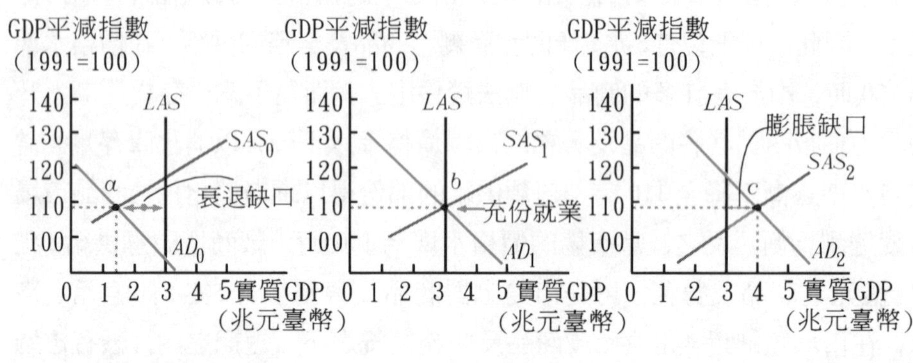

(a)失業均衡 (b)充分就業均衡 (c)超過充分就業均衡

當真實實質 GDP 低於潛在實質 GDP 時，稱之為衰退缺口 (recessionary gap)，如圖(a)所示。當真實實質 GDP 高於潛在實質GDP 時，稱之為膨脹缺口 (inflationary gap)，當真實實質 GDP 等於潛在實質 GDP 時，此時，經濟處於一種充份就業的均衡狀態。

三、總合波動(Aggregate Fluctuations)及總合需求衝擊(Shocks)

當總體經濟面對到來自於總合需求面之因素的衝擊時（所有可以使得 *AD* 曲線移動的因素均稱之），實質 GDP 與物價水準將會如何來調整呢？我們可以透過圖 21.9來說明這之間總體均衡調整的關係。

假設經濟體一開始是處在一種充份就業的均衡狀態，此刻，產出為3兆元臺幣，而物價水準為 110，亦即經濟是處於總合需求曲線 AD_0，短期總合供給曲線 SAS_0 及長期總合供給曲線 *LAS* 三條曲線的交叉處。再假設，此時中央銀行採行寬鬆的貨幣政策來刺激景氣。由於，在經濟體系當中有更多的貨幣，人們開始增加對商品及勞務的需求，因而，使得總合需求曲線向右方移動出去，如 AD_1。在新的短期均衡水準之下，實質 GDP 上升至 4兆元臺幣，而物價水準則上升到 115。由於新的均衡產出水準高於潛在的均衡產出，因此，經濟體系處在一種高於充份就業水準之均衡狀態，或經濟體系存在一種膨脹缺口的狀態。然而此一總體均衡祇是一種短期的現象，長期當要素價格得以調整時，總體均衡將會回復到充份就業的水準。

由於總合需求的增加，使得所有商品及勞務的價格上升，而由於商品

圖 21.9 總合需求變動增加的影響

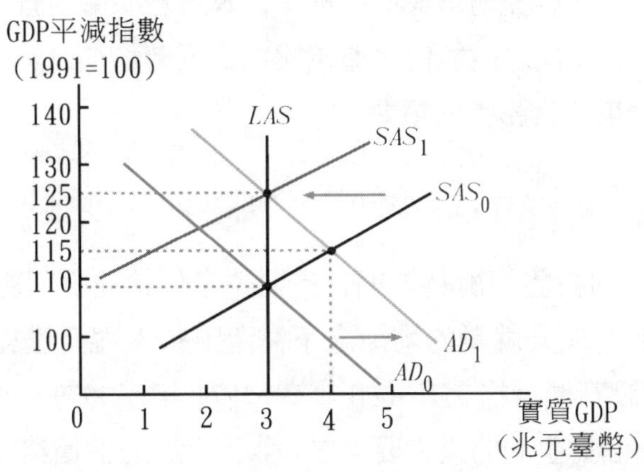

起初，總體均衡為長期總合供給曲線 LAS，短期總合供給曲線 SAS_0 及總合需求曲線 AD_0 三條曲線相交的一點。在起初均衡之下，物價水準為 110，而實質 GDP 為 3兆元臺幣。當總合需求增加使得總合需求曲線由 AD_0 移動到 AD_1 時，實質 GDP 由 3兆元臺幣增加至 4兆元臺幣，而物價水準則由 110上升到 115，此時存在膨脹缺口。由於較高的商品及勞務的價格最終將使得工資上漲，因而使得短期總合供給曲線將會由 SAS_0 移至 SAS_1 位置。此時，SAS_1 與 AD_1 相交在較高的物價水準，但較低的實質 GDP 位置上。此一總合需求增加的最終結果將是使物價上升至 125，但產出又回到起初的長期均衡水準 3兆元臺幣之處。

及勞務的價格上升，廠商會開始增加產量。然而在經濟體系中，並無法一直停留在一種高於充份就業水準之均衡狀態，因此，在經濟體系內必定會存在一種力量，使得長期總體均衡移到充份就業水準。而到底是什麼力量使得膨脹缺口消失呢？

由於商品及勞務的價格上升，使得廠商增加對商品及勞務的生產，而為了增加產量，廠商必需要僱用額外的工人，或是以加班的方式來增加產量。無論採用何種方式來增加產量，廠商勢必要以提高工資的方式，才能僱用到額外的勞動力，因為在充份就業的水準之下，廠商若沒有以較高的工資來吸引既有勞動力時，較難僱用到所要的人工。然而由於工資的上升，將會使得短期總合供給曲線往左方移動，而短期總合供給曲線會一直移動到膨脹缺口消失時，總體經濟才又回到均衡的狀態，不再調整。在新的均衡狀態之下，由於是一種充分就業水準的均衡，因此，產出回到原來的3兆元臺幣，但物價水準卻上升到 125。由以上的分析我們可以看出，當經濟體系處在一種充份就業的狀態下，政府若採用刺激總合需求的經濟政策時，雖然，短期之內能使得產出與物價同時增加，然而在長期時，此一政策僅會帶來通貨膨脹的壓力。

四、總合波動與總合供給衝擊 (Aggregate Supply Shocks)

假設起初的總體均衡為短期、長期總合供給曲線與總合需求曲線相交之處，在起初充分就業的均衡之下，產出為 3 兆元臺幣，而物價水準為 110。現假設石油價格上升（如 1973~1974 年或 1979~1980 年能源危機時），由於石油為生產的投入要素之一，因此，石油價格的上升將使得短期總合供給曲線由 SAS_0 移至 SAS_1。油價上升的結果，使得均衡產出成為2兆元臺幣，而物價水準則上升至 120。由於實質 GDP 低於充份就業水準，因此經濟體系面臨到景氣衰退的現象，此外，由於物價水準的上漲，使得經濟體系又面臨到通貨膨脹。**當景氣衰退而物價又同時上升之現象，稱之為滯留型通貨膨脹** (stagflation)。由於通貨膨脹通常發生在需求過熱的時期（來自於總合需求之衝擊），而需求過熱通常是由於採用擴張總合需求

圖 21.10　石油價格上升時對總體經濟之影響

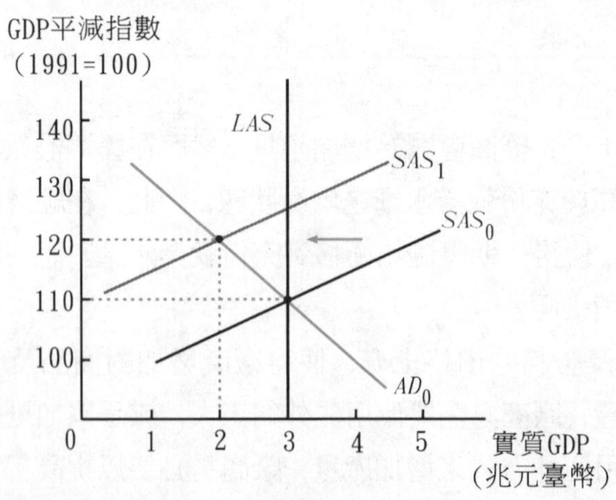

石油價格上升將使得短期總合供給曲線往左方移動，如由 SAS_0 到 SAS_1。此時產出較充份就業時的產出為少，而物價又高於原來均衡水準（由 110 → 120）。如果經濟體系同時面對到通貨膨脹與景氣衰退之現象時，稱之為滯留型通貨膨脹 (stagflation) 。

的方式來刺激景氣，因而在景氣擴張時期，物價較容易上升，反之當景氣衰退時，物價通常會下降。然而滯留型通貨膨脹之產生，主要係來自於總合供給面的衝擊，因此，雖然是在景氣衰退的階段，但物價水準卻仍在上揚。滯留型通貨膨脹在經濟循環過程當中較為少見，歷史上僅有在 1970及1980年代能源危機時期出現過。

五、臺灣地區總體均衡(1951～1994年)

圖 21.11 描繪出臺灣地區自 1951 年到1994 年之間，GDP 平減指數與實質 GDP （1991年為基期）之間的關係。由圖中可以明顯看出，四十年之間臺灣地區歷經了多次的景氣循環過程。在五〇年代到七〇年代之間，我國經濟成長過程為快速的實質 GDP 增加，但物價上漲較為緩和。到了七〇年代及八〇年代時，則是受到第一次及第二次能源危機的影響，實質 GDP 的成長趨緩，但物價卻很快的上升。到了 1983 年以後，臺灣才又再度經歷一次景氣繁榮的現象。1983年～1988年之間，實質 GDP 成長快速，而物價上漲幅度亦頗為溫和。到了九〇年代之後，臺灣地區又再度陷入另一波段的景氣衰退過程，經濟成長趨緩，但物價則上升較快。

圖 21.11　歷年臺灣地區總體均衡 (1951～1994 年)

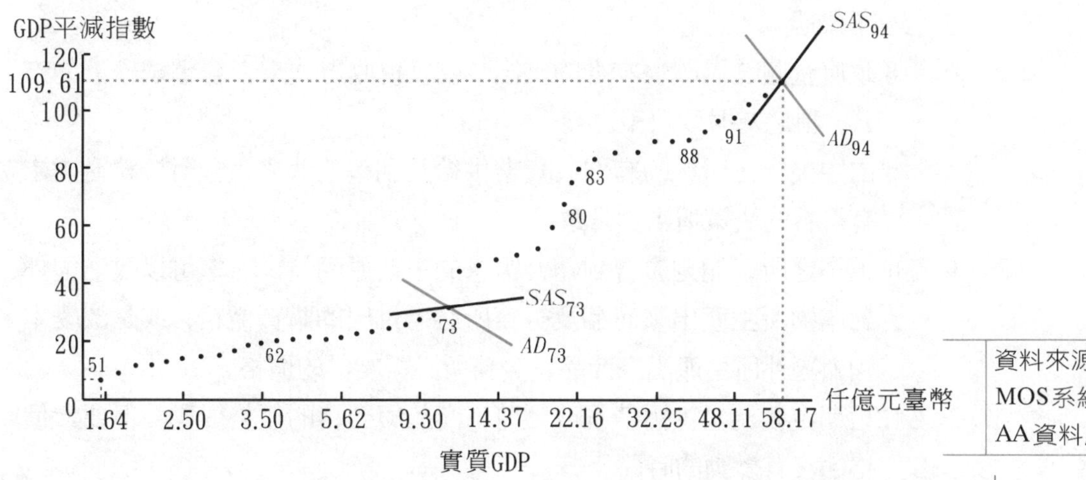

資料來源: AREMOS系統中 NIAA資料庫

重點彙整

1.大體上有三類商品及勞務，可為實質 GDP 之替代品，它們分別為:
　⑴貨幣及財務性資產，
　⑵未來的商品及勞務，及
　⑶其他國家所生產的商品及勞務。
2.實質貨幣餘額效果為透過實質貨幣數量的改變，來改變實質 GDP 數量的一種效果。
3.貨幣數量定義為通貨，銀行存款及其他非銀行之存款。
4.實質貨幣則定義為可以購買商品及勞務數量之貨幣。
5.跨期替代效果意味著將今日對商品及勞務的消費，遞延至未來消費，或是對未來商品及勞務的消費，移前至今日來消費的一種替代效果。
6.以國內生產出來的商品或勞務去替代由國外所生產出來之商品與勞務，或是以國外所生產出來之商品及勞務，來替代由國內所生產出來之商品與勞務間的關係，均稱之為國際性替代效果。
7.影響總合需求之變動的因素，一般而言有以下幾點:
　⑴財政政策，
　⑵貨幣政策，
　⑶國際性因素，
　⑷預期。
8.政府企圖透過改變本身的支出，或以稅收方式來影響總體經濟的方式，稱之為財政政策。
9.由中央銀行所做的有關於貨幣供給及利率的改變，且對於總合需求有影響的決策稱為貨幣政策。
10.匯率之所以能夠影響到總合需求的主要原因為：匯率可以改變國外對本國所生產出來商品及勞務所必需付出的購買價格，或是改變本國對國外所生產出來商品及勞務所必需支付的價格。
11.短期定義為當供需情況改變時，商品與勞務的價格變動，但要素價格卻沒有變動的時間。
12.長期則定義為：當所有生產要素的價格均能充份調整以反應市場失衡現象的時間。
13.長期供給曲線為在充份就業水準之下，商品及勞務的價格與商品及勞務的總合數量供給之間的關係。

14.僅會改變短期總合供給曲線而不會改變長期供給曲線之因素為：工資或其他生產用要素價格之改變。
15.同時使得長期及短期總合供給曲線均變動的因素，這些因素包括：
(1)勞動力，
(2)資本存量，
(3)技術，
(4)獎勵措施。
16.使用總合供給及總合需求模型的主要目的，在於預測實質 GDP 及物價之變動。
17.由總合供給與總合需求所同時決定的關係為「總體均衡」關係。當對實質 GDP 的需求數量與對實質GDP 的供給數量相等時，即是「總體均衡」關係。
18.當真實GDP 較潛在實質 GDP 為低時，稱為衰退缺口。
19.當真實GDP 高於潛在實質 GDP 時，真實 GDP 減去潛在 GDP 之部份稱之為膨脹缺口。
20.在衰退缺口時，由於在總體均衡時之就業情況為一種低於充份就業水準之狀態，因此，此一均衡又稱為失業均衡。
21.在膨脹缺口時，由於總體均衡之就業水準高於充份就業之均衡，因此，又稱為高於充份就業水準之均衡。
22.當景氣衰退而物價又同時上升之現象，稱之為滯留型通貨膨脹。

練習題

1.說明總合需求曲線具有負斜率之原因。
2.那些因素會使得總合需求曲線變動？試討論。
3.區分長期總合供給曲線與短期供給曲線之不同。
4.什麼是膨脹缺口？衰退缺口？這些缺口與景氣循環之間有何關連？
5.討論政府以加稅方式來緊縮經濟的政策，對物價與產出之長期與短期作用。
6.使用總合需求與總合供給曲線模型來討論臺灣地區自 1991 年以來景氣衰退的成因。

第 22 章 總合支出

前　言

為了明白國民所得、失業率及通貨膨脹之變化，我們必需瞭解何以總合供給與總合需求曲線會移動。除非我們能夠對影響總合供給與總合需求的因素有更深入一層的瞭解，否則我們將很難清楚形成歷次國內景氣衰退之原因。

在本章當中，我們將在價格固定的假設之下，來探討決定總合支出 (aggregate expenditure) 之因素，或是使得總合需求曲線移動之因素，價格固定的假設意謂著總合供給曲線為水平線（在某一固定價格上）。凱因斯即是採用這樣的模型來分析美國在 1930 年代景氣大蕭條的經濟狀況。圖 22.1 所顯示的即是凱因斯價格固定之模型；在價格固定之假設下，存在失業現象或存在超額容量 (excess capacity) 的情況，廠商因而能以不增加成本的方式，僱用勞動力來增加產出，而此一僱用勞動力的措施亦不會對物價有任何影響。毫無疑問的，若處在經濟大蕭條時代，就不難瞭解何以凱因斯會採用這樣一個模型了。在當時如何增加所得及產出，比考慮因通貨膨脹所帶來的問題來得更為重要。

在水平的總合供給曲線之下，均衡產出的決定完全取決於總合需求曲線的位置了。如果我們對於決定總合需求曲線的非價格因素（消費、投資、政府支出及淨出口）有所瞭解時，自然對於所得之決定過程會有更深一層的瞭解。

圖 22.1　固定價格水準之凱因斯模型

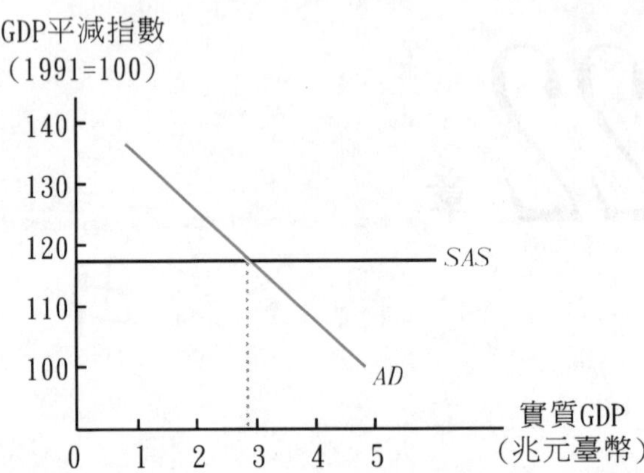

在凱因斯模型之下，由於假設物價水準是固定的，因此，總合供給曲線為水平線如 SAS 曲線的關係所表示。在凱因斯模型之下，總合需求曲線的位置決定了均衡產出的水準。

圖 22.2　歷年消費、投資、政府支出及淨出口佔GDP 之百分比

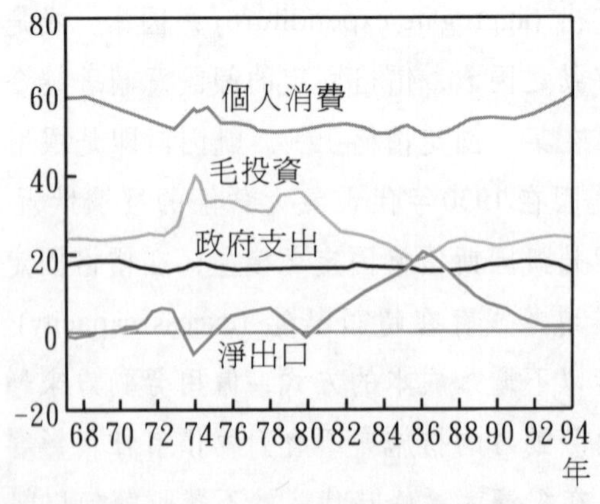

資料來源：根據主計處《國民經濟動向統計季報》內各項資料繪製而成。

圖 22.2 表示在總合支出當中各項因素佔總支出 (GDP) 之百分比。由於歷年個人消費約佔 GDP 之 60% 左右，因此我

們將首先在第一節當中探討消費函數。其次由於投資佔歷年 GDP 之23% 左右，因之，投資將在消費之後的第二節中討論。政府部門支出約佔總產出的18% 左右，為總支出項目中的第三大項，因此，在第三節中我們探討政府支出。最後，我們再看看決定淨出口之因素。

第一節 消費(Consumption)及儲蓄(Saving)

家計單位對所得的處理方式有三種：他們可以用於商品及勞務的消費支出，可以儲蓄，也可以用來付稅。**將稅從家戶單位的所得中予以扣除即得到可支配所得** (disposable personal income, DPI)，而**可支配所得正好等於消費加上儲蓄**。在第 20 章中，我們亦已介紹了這二個定義，可支配所得為：

$$\text{DPI} = C + S$$

DPI 為家計單位稅後可以實際動用的部份。可支配所得在用於消費之後所剩餘的部份，就成為家計單位之儲蓄。由於儲蓄與消費二者為相關之行為，且根據上面定義，消費加上儲蓄等於可支配所得，因此，在介紹個人消費函數之同時，我們亦必需介紹儲蓄函數。

一、消費函數與儲蓄函數

決定消費水準的最主要因素為可支配所得。當家計單位的可支配所得愈高時，家計單位所願意消費的金額愈高。消費函數 (consumption function) **用來敘述可支配所得與消費間的關係**，圖 22.3 正顯示了一個假設的消費函數關係。

在圖 22.3(a)中所顯示的是消費函數的關係。當可支配所得為零時，消費為 0.75兆元臺幣，而隨著可支配所得的上升，消費亦逐漸增加。例如，當可支配所得上升至 3兆元臺幣時，消費亦正好為 3兆元臺幣。圖 22.3(a)代表可支配所得與消費之間的消費函數關係。在圖中我們亦看到一條 45° 線。在 45° 線上的任何一點所代表的均是可支配所得等於消費的關係，因此，當所有的可支配所得均用來消費的時候，正是消費函數與 45° 線相交的那一點，在本例當中，此點之可支配所得為 3兆元臺幣。

當可支配所得大於 3兆元臺幣以後，由於消費金額低於可支配所得，因此，家計單位可以開始儲蓄；消費曲線低於 45° 線之部份，即是家計部門的儲蓄。而儲蓄金額之大小就是以計算消費曲線與 45° 線之間的垂直距離來衡量。例如當可支配所得為 6 兆元臺幣時，消費為 5.25 兆元臺幣，因而儲蓄為 0.75 兆元臺幣。

圖 22.3　消費及儲蓄函數

(1)可支配所得	(2)消費	(3)儲蓄
0	0.75	-0.75
1	1.5	-0.5
2	2.25	-0.25
3	3	0
4	3.75	0.25
5	4.5	0.5
6	5.25	0.75

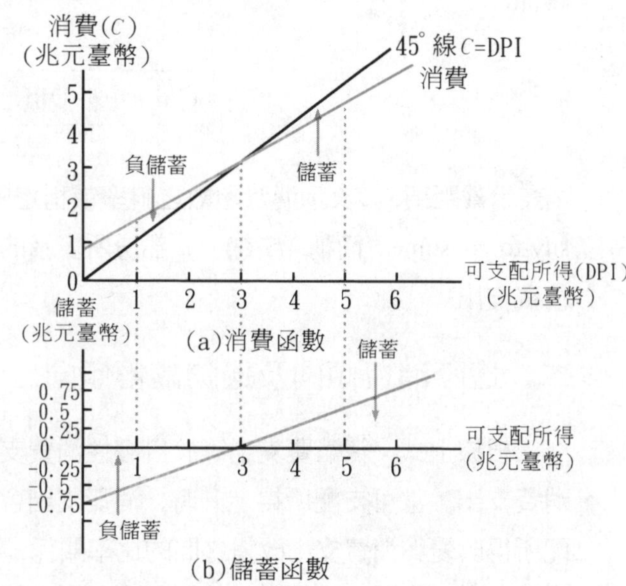

圖(a)表示消費與可支配所得之間具有正向關係；當可支配所得增加時，消費支出亦會增加。45° 線用來表示消費等於可支配所得之部份，當消費曲線高於 45° 線時，代表消費支出大於可支配所得，意味著負儲蓄。而當 45° 線大於消費線時，代表所得大於消費，因而儲蓄為正，圖(b)所表示的即是儲蓄函數的關係。在本例當中，當可支配所得為 3兆元臺幣時，消費亦正好為 3兆元臺幣，此時儲蓄為零，因此，儲蓄函數正好與水平軸相交（圖(b)）。

儲蓄函數用來代表可支配所得與儲蓄之間的關係。圖22.3(b)所表示的是一種儲蓄函數的關係。當可支配所得為 3兆元臺幣時，消費支出正好等於可支配所得，因此儲蓄為零。當可支配所得大於 3兆元臺幣時，儲蓄將會開始上升。而當可支配所得低於 3兆元時，此時由於消費大於所得，因此，出現了負儲蓄 (dissaving) 的情形。在圖 22.3(b)中，負儲蓄出現在可支配所得介於 0 到 3 兆元臺幣之間。

消費函數及儲蓄函數均具有正斜率，代表當可支配所得增加時，消費及儲蓄亦會增加。此外，當可支配所得為零時，消費卻仍舊是正數。換言之，在消費支出當中，存在有一部份的消費金額是不會受到可支配所得的變化而改變的，這一部份的消費支出稱為**自發性消費** (autonomous consumption) 支出，**自發性消費支出表示與所得無關的部份**。自發性消費支出雖不會受到所得的變化而改變，但會受到一些非所得因素之影響（以下將

會討論到）。如果採用數學式來描述消費函數的關係就如同下式所表示的關係:

$$C = a + b \cdot \text{DPI}$$

a 表示截距項，b表示消費函數之斜率或稱邊際消費傾向 (marginal propensity to consume，簡稱 MPC)。a 部份所表示的即是上面所討論到的自發性消費支出。

二、邊際消費傾向及邊際儲蓄傾向

根據上式，總消費支出等於自發性消費支出，加上與所得相關部份之消費支出。當可支配所得上升時，消費支出會上升，因此，用來描述可支配所得改變與消費支出改變之間的比率關係，稱為邊際消費傾向 (MPC)。邊際消費傾向用來描述當每一單位可支配所得增加時，所會引起消費支出增加的部份，如下式的關係:

$$MPC = \frac{\text{消費改變}}{\text{可支配所得改變}} = \frac{\Delta C}{\Delta \text{DPI}}$$

使用圖 22.3 中的消費與所得的資料，可計算出在本例中的邊際消費傾向。例如當可支配所得由 3 兆元上升至 4 兆元時，消費由 3 兆元上升至 3.75 兆元，因此，消費改變 (ΔC) 為 $3.75 - 3.0 = 0.75$ 兆元，而可支配所得之改變 (ΔDPI) 則為 $4 - 3 = 1$ 兆元，因此邊際消費傾向

$$MPC = \frac{0.75}{1.00} = 0.75$$

MPC 敘述了當所得改變 1 單位時，消費支出會變動的大小；而邊際儲蓄傾向 (marginal propensity to save，簡稱MPS) 則用以敘述當每1 單位所得改變時，儲蓄會有多少變動的關係。邊際儲蓄傾向為

$$MPS = \frac{\text{儲蓄改變}}{\text{可支配所得改變}} = \frac{\Delta S}{\Delta \text{DPI}}$$

例如，利用圖 22.3 中的儲蓄與所得的資料，也可以來計算邊際儲蓄傾向。當可支配所得由 5 兆元上升至 6 兆元時，儲蓄由 0.5 兆元上升至 0.75 兆元，因此，儲蓄的變動 (ΔS) 為 0.75 – 0.5 = 0.25 兆元，而可支配所得之變動(ΔDPI) 為 6 – 5 = 1 兆元，所以邊際儲蓄傾向為

$$MPS = \frac{\Delta S}{\Delta \mathrm{DPI}} = \frac{0.25}{1.00} = 0.25$$

在我們的例子當中，由於消費函數與儲蓄函數均假設為一種線性的關係，因此代表消費函數與儲蓄函數斜率關係的 MPC 及 MPS 就分別會是一個固定的常數，在本例當中分別是 0.75 及 0.25。

此外，由於可支配所得不是用於消費，便是用於儲蓄，因此，邊際消費傾向加上邊際儲蓄傾向應該會永遠等於 1；亦即

$$MPS + MPC = 1.0$$

換言之，由於

$$\mathrm{DPI} = C + S$$

因此，對上式取變動關係，得到

$$\Delta \mathrm{DPI} = \Delta C + \Delta S$$

而以可支配所得之改變來除以上式的左右二邊得到

$$\frac{\Delta \mathrm{DPI}}{\Delta \mathrm{DPI}} = \frac{\Delta C}{\Delta \mathrm{DPI}} + \frac{\Delta S}{\Delta \mathrm{DPI}}$$

或

$$1.0 = MPC + MPS$$

由於 MPC 或 MPS 分別代表消費函數之斜率或儲蓄函數之斜率，因

此，MPC 或 MPS 愈大時，代表消費函數或儲蓄函數之斜率愈大（或直線愈陡），圖 22.4 所表示的是三種具有不同斜率之消費函數與儲蓄函數之關係。

圖 22.4　不同邊際消費傾向及邊際儲蓄傾向之消費與儲蓄函數

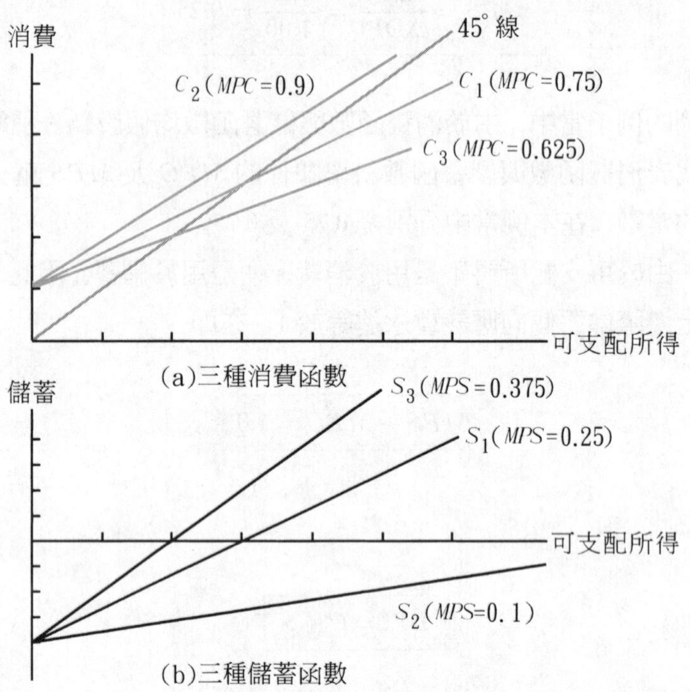

MPC 及 MPS 分別代表消費函數與儲蓄函數之斜率。當 MPC 及 MPS 愈大時，代表消費函數及儲蓄函數愈陡。圖形中三種不同 MPC 及三種不同 MPS 正代表這之間的關係。

三條不同消費函數均具有相同之截距項（自發性消費），但斜率卻不相同。C_1 代表 MPC 為 0.75之例子，而 C_2 則代表 MPC 為 0.9之例子，而 C_3 則表示 MPC 為 0.625 之例子。

由圖(a)可明顯看出 C_2 消費函數最陡。由於 $MPS = 1 - MPC$，因之，MPC 最大的消費函數，所具有的 MPS 最小（即 S_2 所示），而 MPC 最小之消費函數，MPS最大（即 S_3）。但無論如何，MPC 或 MPS 最大，所代表的消費或儲蓄線之斜率最陡。

三、平均消費傾向與平均儲蓄傾向

如果我們所感興趣的不是在可支配所得當中，消費或儲蓄比例之變動，而是對於在可支配所得之中，到底有多少比例用於消費或儲蓄感到興趣時，我們可透過計算平均消費或平均儲蓄傾向來瞭解。

平均消費傾向 (average propensity to consume, APC)**為可支配所得當中用於消費之比例**，定義為

$$APC = \frac{\text{消費}}{\text{可支配所得}} = \frac{C}{\text{DPI}}$$

而**平均儲蓄傾向** (average propensity to save, 簡稱 APS) **則是在可支配所得當中用於儲蓄之比例**，定義為

$$APS = \frac{\text{儲蓄}}{\text{可支配所得}} = \frac{S}{\text{DPI}}$$

表 22.1 中的可支配所得、消費及儲蓄資料取自於圖 22.3，透過運用上述的公式，在表 22.1 當中亦計算了不同可支配所得之下的 APC 及 APS。當可支配所得為 5 兆元臺幣時，消費為 4.5 兆元臺幣，儲蓄為 0.5 兆元臺幣，因此，$APC = 0.9$，$APS = 0.1$。由於消費加上儲蓄等於可支配所得，因此

$$APC + APS = 1$$

或由

$$\text{DPI} = C + S$$

左右各除以 DPI，得

$$\frac{\text{DPI}}{\text{DPI}} = \frac{C}{\text{DPI}} + \frac{S}{\text{DPI}}$$

或

$$1 = APC + APS$$

表 22.1　平均消費傾向與平均儲蓄傾向

單位：兆元

可支配所得 (DPI)	消費 (C)	儲蓄 (S)	平均消費傾向 (APC)	平均儲蓄傾向 (APS)
0	0.75	−0.75	—	—
1	1.5	−0.50	1.500	−0.500
2	2.25	−0.25	1.125	−0.125
3	3.00	0.00	1.000	0.000
4	3.75	0.25	0.9375	0.0625
5	4.50	0.50	0.900	0.100
6	5.25	0.75	0.875	0.125

值得注意的是，由表 22.1 當中可觀察到，隨著可支配所得的上升，APC有逐漸下降（或 APS逐漸上升）的現象。主要的原因是因為在家計單位中，日常消費支出的金額大致上是固定的，因此，雖然可支配所得不斷的上升，但由於家計單位成員固定，因此所能增加的消費金額有限。另外，由消費曲線與 45° 線的斜率，亦可以看出消費成長速度低於所得成長速度之事實。由於消費曲線之斜率，較 45° 線為平坦，因此，其成長速度較 45° 線為慢。此意味著，雖然消費會隨著所得上升而增加，但是增加的速度，卻小於可支配所得成長的速度。

四、決定消費的一些因素

可支配所得為決定家計單位支出的重要決定因素之一。除了可支配所得以外，財富 (wealth)、預期 (expectations)、人口統計 (demographics) 及稅 (taxation) 等因素均會對消費有所影響，現分別敘述如下：

1.可支配所得

家計部門的所得為決定消費的主要因素。這也就是為什麼在繪製消費函數時，水平軸所表示的為所得變數。家計部門的所得通常是以當期 (current) 的可支配所得來衡量，當期意謂著在當年內所收到的所得，過去的所得及未來的所得亦會影響到家計部門的支出，但它的影響是透過財富及預期因素，而非所得因素來影響消費。至於可支配所得則是定義為家計部門稅後的所得。

稅的改變亦會影響到可支配所得，如果在經濟體系之內，沒有任何稅收時，可支配所得正好等於國民所得，此時，消費函數的水平軸亦可使用國民所得變數來替代。

2.財富

財富為家計部門所持有的資產 (assets) 之總價值。財富為一種存量 (stock) 變數，含房子、汽車、存款、股票、債券及未來預期所得之收入。當家計單位的財富增加時，家計部門有更多資源可用於支出上，因此，消費支出會上升。財富將會影響消費函數之自發性消費的部份，因此，當財富上升時，由於自發性消費的增加，使得在任何所得水準之下，消費支出均會較財富增加以前來得更多，如圖 22.5(a)中由 C 移到 C_1 所顯示的關係。如果家計單位因為財富上升而花費較多的當期所得時，將會使得當期的儲蓄變得較少，在圖 22.5(b)中，由 S 移到 S_1 即代表因為財富增加，使得自發性消費支出上升，而導致儲蓄減少的過程。

當財富減少時，消費與儲蓄的反應過程與前面所討論到的財富上升時之效果正好相反。此時，因財富減少導致自發性消費的減少，而使得消費函數由 C 移到 C_2，由於當期所得支出較少，因此，儲蓄函數會由 S 移到 S_2，代表當期儲蓄之增加。

3.預期

另一個影響消費的重要變數即是消費者對未來所得、未來物價及未來財富之預期。當消費者對未來持悲觀的看法時，消費者會因而減少支出而增加儲蓄；反之，當消費者對未來持樂觀的看法時，消費會增加，因而，儲蓄會減少。

預期為一種主觀的意見，因此較難去觀察及衡量。在經濟學分析的過程當中，人的心理因素易造成一些問題。由於在許多經濟學討論的過程當中，需要人的心理因素，因此經濟學家便嘗試以不同方式試圖去建立一些預期變數，用來衡量人的心理。例如美國密西根大學 (University of Michigan) 之問卷調查研究中心 (Survey Research Center)，即發展出一種稱為消費者信心指標 (Consumer Confidence Index)，用來衡量消費者的預期心理。這種指標並不是唯一的，由於人類的心理因素並不容易量化，因此，經濟學家至今仍在不斷努力當中，期望能發展出足以測量人類心理的指標。

圖 22.5 消費及儲蓄的自發性移動

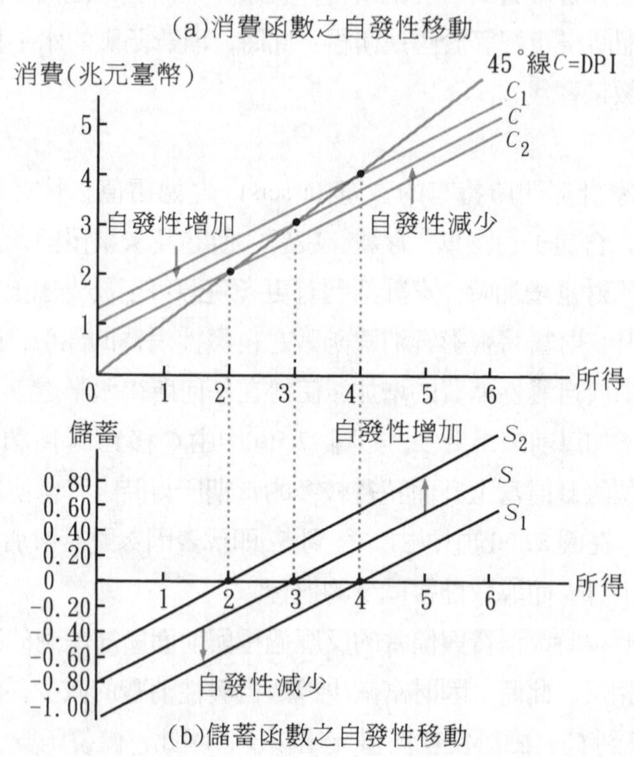

(b)儲蓄函數之自發性移動

自發性消費為所得等於 0 時的消費支出。消費函數之截距關係，正好代表自發性消費的部份。當消費函數由 C 移到 C_1 代表自發性消費之增加。而由 C 到 C_2 代表自發性消費之減少。同樣的，在儲蓄函數當中，截距項正表示了自發性儲蓄的部份。當儲蓄函數由 S 移到 S_1 時，代表自發性儲蓄減少，而由 S 到 S_2 則是表示自發性儲蓄增加了。

4.人口統計

在其他條件不變之下，人口愈多，消費就愈多。人口之多寡會影響到消費函數的位置（截距項），人口當中的年齡因素，將會影響到消費函數之斜率。如果一個經濟體系當中，年輕人口的比例較高時，邊際消費傾向通常較大，因為，年輕消費人口通常較老年人口會累積更多的耐久消費財（如冰箱、汽車、電視及洗衣機等）。

臺灣地區歷年一向以高儲蓄率而自豪，圖 22.6 顯示我國的歷年儲蓄率大約在30%左右。在亞洲其他國家當中，以新加坡約45%的儲蓄率為最高，其次為韓國與日本之儲蓄率，大致在28%～30%之間。而美國約15%的儲蓄率，與亞洲國家傳統的高儲蓄率相比較，則要略遜一籌了。值得注意的是，臺灣地區的儲蓄率在1990年以前，多維持在30%左右，而在1990年以後則低於30%，並且逐年開始下降，至1994年時，儲蓄率已下降至26.11%。近年來，臺灣的儲蓄率在圖示的幾個亞洲國中，幾乎已經要敬陪末座了，顯示戰後新一代臺灣人的消費型態已有明顯的改變了。較低的儲蓄率對於我國國內投資將有很大影響，因而，對未來的經濟成長亦將有著重大的衝擊。

圖 22.6　歷年一些國家儲蓄率變化情形

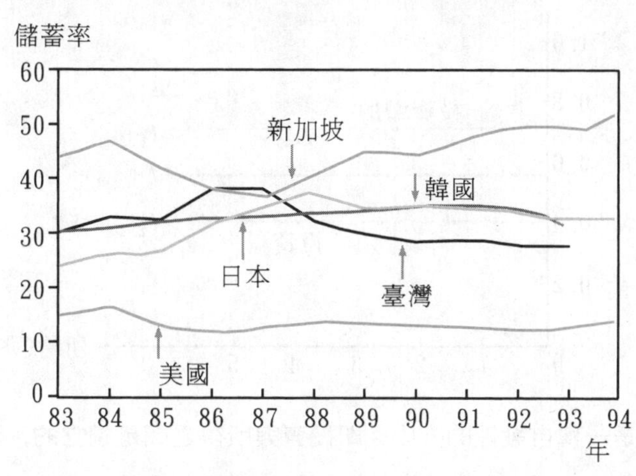

資料來源：行政院主計處編印：《國民經濟動向統計季報》(1995年11月)，p.55，表19。

第二節　投資 (Investment)

投資為企業花費在資本及存貨上的支出。在總合支出的幾個成份當中，以投資的波動性最大（見圖22.2）。在本節當中，我們將討論影響投資的一些因素，並討論何以投資在景氣循環的過程當中，會有如此大的波動?

一、自發性的投資

投資由於不會受到所得直接的影響，因此，當水平軸所表示為國民所

得的座標時，投資函數將呈現出一種水平直線的關係。水平直線意味著，投資支出與國民所得之間存在一種獨立的關係，代表無論所得如何變化，均不會影響到投資金額。投資在 Y 座標的位置則代表自發性投資支出的大小，在圖 22.7中所表示的為一種投資函數的關係。在圖 22.7當中，無論國民所得有多大，投資均固定在 0.55兆元臺幣。當一些影響投資的變數改變時，投資函數將呈水平上下方向的移動。當自發性投資支出增加時，投資函數將往上方移動，如由 I 移到 I_1 位置，當自發性投資減少時，投資函數將由 I 移到 I_2 位置。

圖 22.7　投資函數

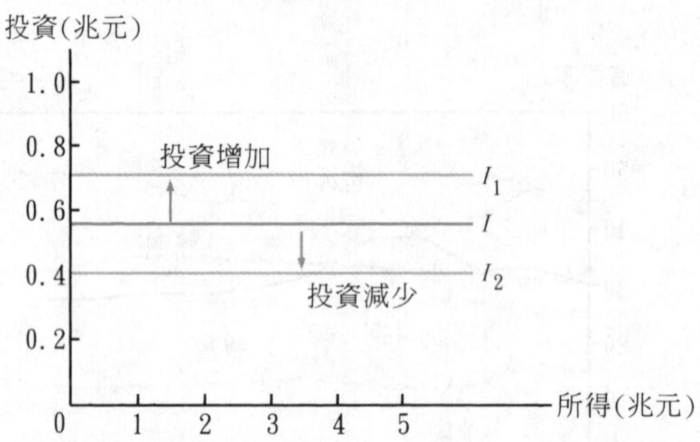

投資假設是一種自發性的支出，即投資與所得之間是獨立的，因此投資函數為一種水平直線關係。自發性投資增加將使得投資函數由 I 移到 I_1，當自發性投資減少時，投資函數將向下移動，如由 I 移到 I_2。

二、決定投資的一些因素

投資支出為企業花費在資本財及存貨上的支出。**資本財為企業用來生產產品的建築物及設備，存貨則是未銷售出去的最終商品及勞務**。存貨可能是計劃性的 (planned) 或未計劃性的 (unplanned) 存貨，不管是計劃性的或未計劃性的存貨均稱之為投資，然而僅有計劃性投資（含資本採購及計劃性存貨）支出，加上計劃性的消費支出、政府支出及淨出口，方能決定總合支出之均衡水準（第 23 章中將予以討論）。未計劃之投資與存貨將無法改變均衡支出水準。

1.利率

企業經營的目的在於營利，因此，企業會去投資就是預期在未來企業將能創造利潤。當企業預期在未來會賺愈多的利潤時，企業將投資的金額就會愈大。決定企業的投資支出在未來是否能夠獲利的一個重要因素就是**利息**。**利息為借用資金的成本**，許多企業的投資支出是以借款的方式來進行，當利息愈高時，表示企業的資金成本愈高，因而，投資的利潤將會降低。反之，當利息愈低時，表示企業的資金成本愈低，因而，投資獲利的機會將會愈大。

例如，當企業以1仟萬元購置一套可生產1仟2佰萬元價值的生產設備時，所著眼的即在於投資此項設備所獲得的報酬是否會大過於所投資的成本。如果企業以融資的方式購買這一套1仟萬元的生產設備時，企業就必需支付融資的利息支出。假設現在的貸款的年利率為10%，企業融資1仟萬元時，每年亦必需支付1佰萬元的利息。由於利息費用的支出，使得此一投資案的成本由1仟萬元上升至1仟1佰萬元，因此，本投資案的報酬率為

$$\text{投資報酬率} = \frac{\text{1仟2佰萬} - \text{1仟1佰萬}}{\text{1仟1佰萬}} = 0.09$$

當利率上升時，投資的成本亦會跟著上升，因而，使得投資報酬率下降。例如在上例當中，若利率上升至20%時，本案的投資報酬率為零，因此，本投資案可能無法進行。明顯的，當利率愈高時，企業投資的支出將會減少。

反之，當利率下降時，由於企業融資的資金成本將因而下降，使得投資報酬率將上升。如果在上例當中，利率成為5%時，則此投資案的報酬率成為 14%。顯然的，利率下降將使得投資報酬率上升，因而，鼓勵企業的投資支出增加。

2.對利潤之預期

企業進行投資所著眼的即在於預期的利潤。由於企業無法確實明瞭在進行投資之後，未來他們可以有多少利潤，因此，企業嘗試以預測的方式來決定收入、成本及適當的投資金額，所以，決定投資支出金額之多寡，應該取決於預期報酬率 (expected rate of return) 之大小。

有許多因素將會影響到企業對利潤的預期，從而影響到投資支出的

金額。這些因素包括：進入市場的新廠商數目、政治環境的變化、新的法律、新的稅制、政府的補貼及整體經濟之體質。

3.其他影響投資之因素

除了一些會影響預期報酬率的因素以外，一些會影響到投資支出的其他因素，如技術的變化、資本財的成本及設備使用率亦會對投資支出有所影響。

(1)技術改變

技術的改變經常亦成為新投資的主要動機之一。生產出新的產品或採用新的製程，或許是形成廠商足以繼續留在該產業當中，繼續競爭的主要原因。例如在電腦業當中，更快速晶片技術的進步，使得許多電腦製造廠商必需採用這些新的晶片來製造電腦才能繼續在電腦業中生存。

(2)資本財的成本

當資本財變得愈來愈貴時，投資報酬率將會下降，因而導致投資支出金額減少。形成資本財成本改變的主要原因之一，為政府的稅收政策，例如一些獎勵投資之稅率的改變，將會形成投資支出金額的變化。

(3)設備使用率 (capacity utilization)

如果既有的設備已經能完全使用於生產商品及勞務時，企業對投資於新設備支出的意願當然會較高。而如果多數既有的設備被閒置不用時，企業當然就沒有很大的意願（也沒有必要），再去購買新的設備，投資支出自然就會減少。

三、投資的波動性 (Volatilities)

我們曾經提到，在所有總合支出的項目當中，以投資的波動性最大。然而在決定投資之因素當中，那些因素的波動性較大呢？

圖 22.8所表示的為一些亞洲國家及美國的利率走勢。由圖中可明顯看出，利率的波動性是很大，利率的波動性是遠大於所得的波動性。由於利率為決定投資支出之主要因素，因之，投資支出的波動性很大的原因之一，便是因為利率具有很大波動性的關係。

預期是對未來的一種主觀的判斷，新的訊息通常可以導致預期的即刻改變。當中共發佈軍事演習的消息時，許多的投資支出或許因而取消了。在發展中的經濟體系當中，對私人財產的保護政策亦會對投資支出有很大的衝擊。如果企業預期政府未來的一些政策，不利於企業的財產時，企業將會減少投資支出的決策。反之，如果企業認為政府將會善盡保護私人財產及鼓勵資本的累積時，投資支出決策在未來將會上升。因之，預期的經常改變，亦是形成投資波動性很大的原因之一。

圖 22.8　歷年亞洲國家及美國利率走勢

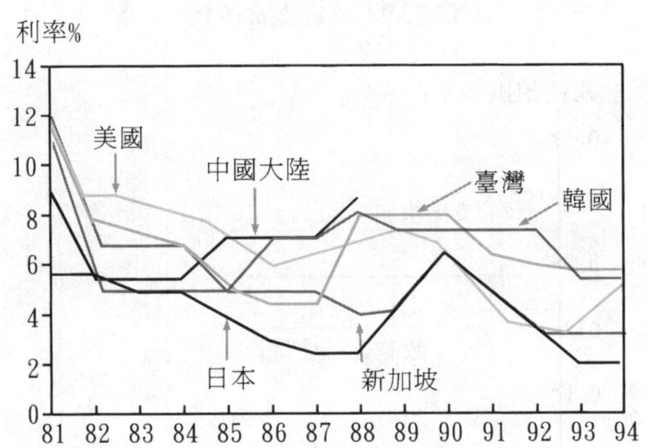

說明：臺灣採用中央銀行貼現率，其餘各國為官方貼現率，且均為年底數字。

資料來源：行政院主計處：《國民經濟動向統計季報》(1995年11月)，p.52，表13。

此外，由於技術進步的步調非常不一致，因而使得人們難以去預測何時可以來投資。根據歷史資料，我們發現，當一個新的技術首先被發展出來時，投資支出會跟著增加，但在一段時間之後，投資支出則會逐漸減少，如此一來，由於技術進步的步調並不一致，因而使得投資支出變得上上下下非常不一致。

最後，由於稅制或稅率的改變，或設備使用率的變化，亦將或多或少影響到投資支出的波動性。

第三節　政府支出

在臺灣，政府部門的歷年支出約佔總支出的18%左右。在此我們先討論政府部門在總合支出當中所扮演的角色——與所得之間的關係。我們假設政府部門的支出是由政府部門所自行決定，因而，決定過程完全與所得無關。換言之，我們假設政府的支出與投資支出相同，均為一種自發性的支出。

圖 22.9描述了政府支出與所得之間的函數關係，政府支出函數以 G 表示，為一條水平直線。如果政府部門支出上升，則支出函數平行往上方移動，如由 G 移到 G_1 的關係。當政府部門支出減少，則支出函數往下方移動，如由G 移到 G_2 的關係。

圖 22.9　政府支出函數

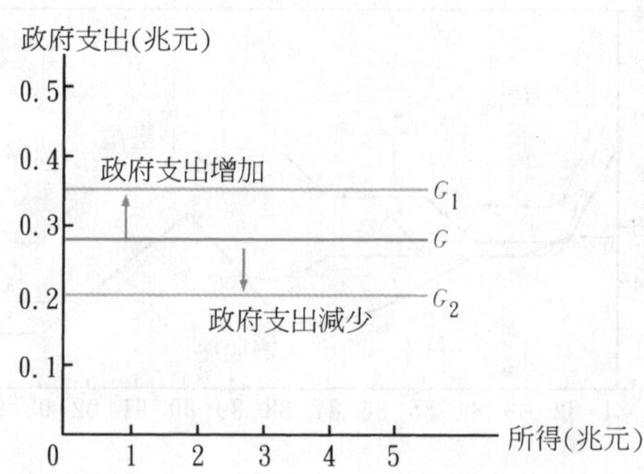

政府支出假設與所得無關，因之，政府支出函數為水平直線。當政府支出增加時，政府支出函數會由 G 移到 G_1 為自發性支出增加；當政府支出減少時，則政府支出函數會由 G 移到 G_2。

第四節　淨出口 (Net Exports)

在總合支出中的最後一項關係為淨出口。淨出口代表經濟體系在國際部門的支出。淨出口為一國之商品及勞務的出口 (exports)，減去商品及勞務的進口 (imports)。當淨出口為正時，代表貿易收支帳 (trade balance) 有剩餘 (surplus)，亦即，此時出口金額大於進口金額。反之，當淨出口為負的時候，代表貿易收支帳有赤字 (deficits)，代表本國的老百姓消費外國所生產的商品與勞務的金額，遠多於外國人消費該國所生產出來的商品及勞務的金額。臺灣由於在 1960年代以來開始實施所謂出口導向的貿易政策，因此在 1980年代以後，貿易多維持一種剩餘狀態（見圖 22.11），在 1986 年及 1987 年左右為淨出口金額最大的時期。

一、出口

在此，我們亦假設出口為一種自發性的支出。有許多因素將會決定出口的大小，如國外所得、偏好 (tastes)、商品及勞務的價格、政府貿易管制政策及匯率。但是我們假設本國的所得與出口無關，因此，出口函數為一條水平的直線（如圖 22.10(a)所示）的關係。

圖 22.10　出口、進口及淨出口函數

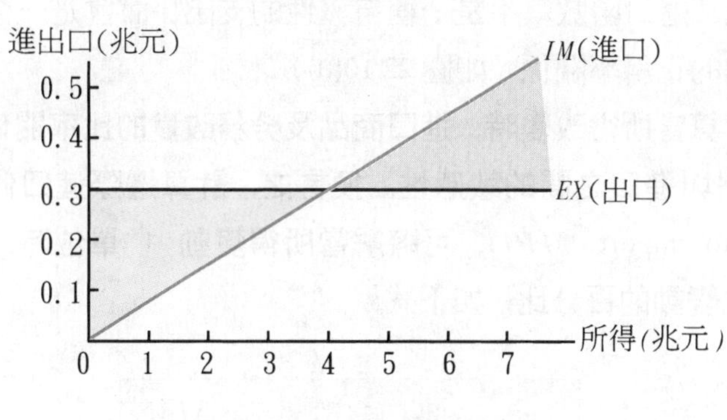

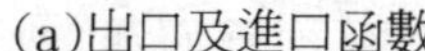

(a)出口及進口函數

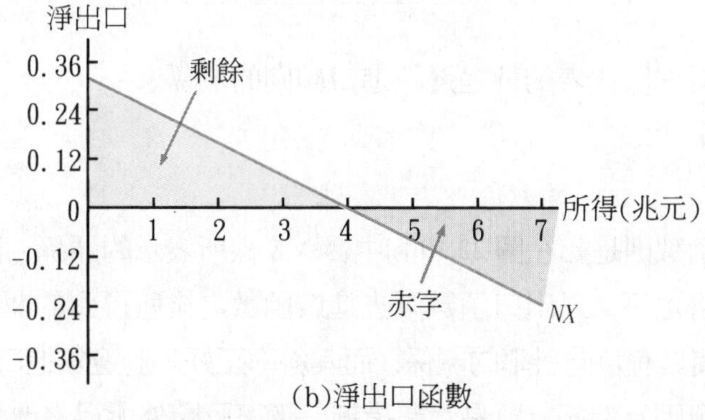

(b)淨出口函數

圖(a)所表示為出口及進口函數的關係。由於出口假設與國內所得無關，因此，為一種水平線的關係。而進口由於受到本國所得的影響，且為一種與所得之間具有正向的關係，因此，隨著所得上升，進口將會愈多。圖(b)則用來表示淨出口之關係。當所得為 4兆元時，進口正好等於出口，貿易餘額為零。當所得小於 4兆元時，由於進口小於出口，因此貿易呈現剩餘的現象，但隨著所得之增加，進口將逐漸大於出口，使得貿易帳出現赤字的現象。

當國外所得上升時，國外的消費亦會跟著上升（包含對該國所生產之商品及勞務與進口之商品及勞務的消費），因此，本國的出口將會上升。同樣的，當消費者偏好、政府貿易管制政策或匯率政策的改變，亦均會形成出口函數自發性的移動。

二、進口

本國跟國外所購買的商品及勞務亦會受到本國消費者的偏好、貿易管制措施及匯率的影響，此外，進口亦會受到所得的影響。與出口不同的是，進口將會受到國內所得而非國外所得的影響。既然進口與本國所得有關係，因此，進口函數就不是一種自發性的支出，而會是一種隨著所得上升，而增加的正斜率關係（如圖 22.10(a)）。

透過計算當所得改變時，進口商品及勞務改變的比率關係，我們可以瞭解到所得與進口之間的敏感性。換言之，計算邊際進口傾向 (marginal propensity to import, MPI)，**可瞭解當所得變動 1 單位時，耗費在進口商品費用之變動的百分比**，如下式：

$$MPI = \frac{\text{進口之改變}}{\text{所得之改變}} = \frac{\Delta IM}{\Delta Y}$$

進口函數的斜率所代表的就是邊際進口傾向的關係。

三、淨出口函數

淨出口函數則是如在圖 22.10(b)中，NX線所表示的關係。淨出口函數為在不同所得之下，以出口函數減去進口函數之後所得到的關係。NX函數與所得之間具有負向斜率的關係，而其斜率正好等於邊際進口傾向MPI。淨出口函數會因為偏好、貿易管制措施、匯率及國外所得之改變而移動。

圖 22.11 所表示的為自 1981 年以來臺灣與一些亞洲國家及美國之淨出口變化情形。由圖中可以明顯看出，自 1981 年以來，臺灣始終維持淨出口為正值的狀態，日本亦是如此，而美國則始終出現一種負淨出口的狀態，此外，新加坡之淨出口函數亦有逐年往正的方向移動的傾向，中國大陸與韓國的淨出口函數則是在有些時段出現正的關係，而在有些時段出現負的關係。

圖 22.11　1981～1994 年間，美國及一些亞洲國家之淨出口

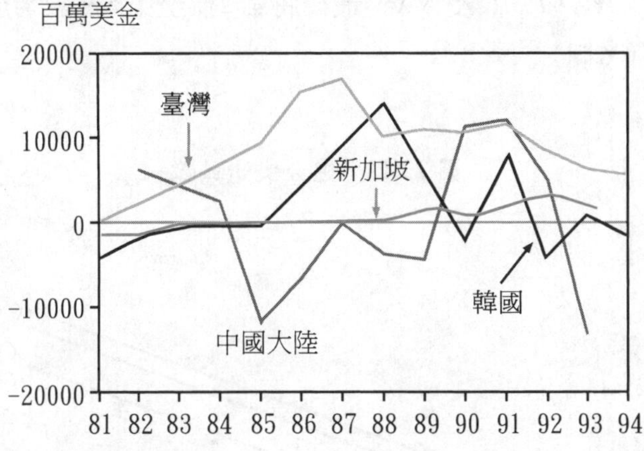

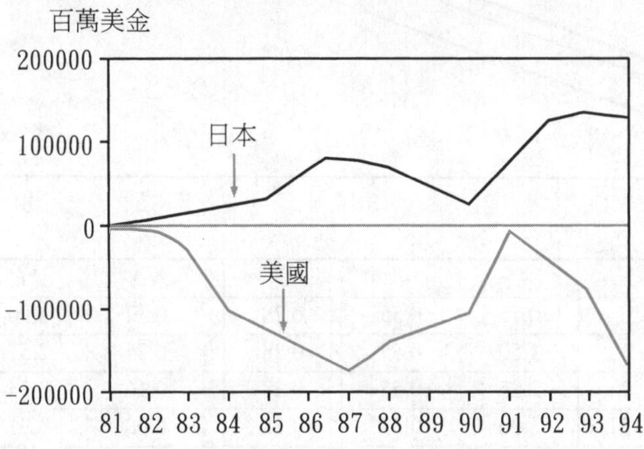

資料來源：同圖 22.8，表 14。

第五節　總合支出函數

總合支出函數為各項個別計劃支出的加總。總合支出 (aggregate expenditure, AE) 為消費 (C)，加上投資 (I)，政府支出 (G) 及淨出口 (NX)而得。

$$AE = C + I + G + NX$$

總合支出表及函數

圖 22.12 中的表，列出了在本章所使用的各項支出項的數據及最後在

加總以後的總合支出。第1欄為所得，第2欄至第5欄則分別為總合支出內的各項支出，C、I、G及NX，最後將第2欄至第5欄數字加總，就得到總合支出（第6欄）。

圖 22.12 總合支出函數

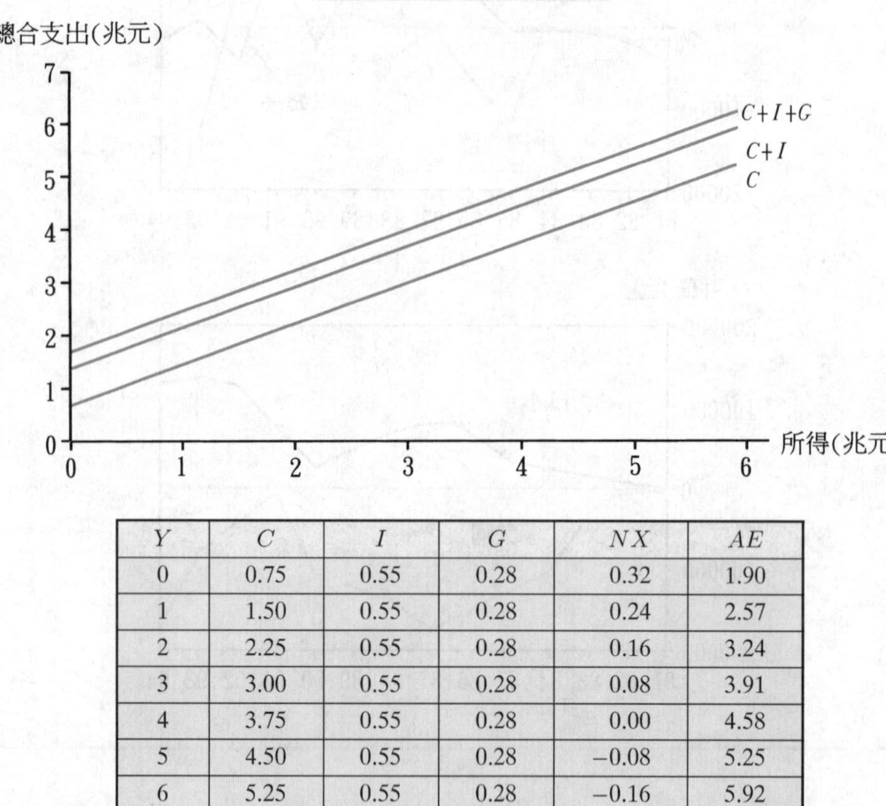

Y	C	I	G	NX	AE
0	0.75	0.55	0.28	0.32	1.90
1	1.50	0.55	0.28	0.24	2.57
2	2.25	0.55	0.28	0.16	3.24
3	3.00	0.55	0.28	0.08	3.91
4	3.75	0.55	0.28	0.00	4.58
5	4.50	0.55	0.28	−0.08	5.25
6	5.25	0.55	0.28	−0.16	5.92

將消費函數 (C) 加上投資 $(C+I)$，再加上政府支出 $(C+I+G)$，最後加上淨出口 $(C+I+G+NX=AE)$，即得到總合支出函數。$C+I+G$ 之斜率等於邊際消費傾向 MPC，而總合支出之斜率，因為再加上淨出口，因此，等於邊際消費傾向減去邊際進口傾向 $(MPC-MPI)$，因此，AE 函數之斜率將小於消費函數 (C) 或是 $C+I+G$。

透過圖形的方式可以推導得到 AE 函數，圖 22.12 上半部正顯示此一推導結果。消費函數為 C，消費加上投資成為 $C+I$ 函數，若再加上政府支出則成為 $C+I+G$ 函數。由於 I 及 G 均為自發性支出，因此，C、$C+I$ 及 $C+I+G$ 為平行且具有正斜率的直線，而斜率正好等於邊際消費傾向。當

$C+I+G+NX=AE$ 以後，斜率將不再是邊際消費傾向 MPC 了，因為，進口函數將會受到國內所得之影響，而進口又是總支出項中的扣減項，因此，AE 函數之斜率會較消費函數來得小。AE 函數的斜率為邊際消費傾向減去邊際進口傾向（$MPC-MPI$）。由於淨出口函數在所得為4兆元時為零，因此，當所得超過4兆元臺幣以後，AE曲線會小於 $C+I+G$ 曲線。

重點彙整

1.將稅從家戶單位的所得中予以扣除即得到可支配所得。
2.可支配所得正好等於消費加上儲蓄。
3.決定消費水準的最主要因素為可支配所得。當家計單位的可支配所得愈高時，家計單位所願意消費的金額愈高。
4.消費函數用來敘述可支配所得與消費間的關係。
5.儲蓄函數用來代表可支配所得與儲蓄之間的關係。
6.自發性消費支出表示與所得無關的部份。
7.MPC敘述了當所得改變1單位時，消費支出會變動的大小；而邊際儲蓄傾向則用以敘述當每1單位所得改變時，儲蓄會有多少變動的關係。
8.平均消費傾向為可支配所得當中用於消費之比例。
9.平均儲蓄傾向則是在可支配所得當中用於儲蓄之比例。
10.可支配所得為決定家計單位支出的重要決定因素之一。除了可支配所得以外，財富、預期、人口統計及稅等因素均會對消費有所影響。
11.投資為企業花費在資本及存貨上的支出。
12.投資由於不會受到所得直接的影響，因此，當水平軸所表示為國民所得的座標時，投資函數將呈現出一種水平直線的關係。
13.資本財為企業用來生產產品的建築物及設備，存貨則是未銷售出去的最終商品及勞務。
14.利息為借用資金的成本。
15.透過計算當所得改變時，進口商品及勞務改變的比率關係，我們可以瞭解到所得與進口之間的敏感性。換言之，計算邊際進口傾向，可瞭解當所得變動1單位時，耗費在進口商品費用之變動的百分比。

練習題

1.利用表內的資料來回答以下的問題:

Y	C	I	G	NX
50	50	15	10	60
60	58	15	10	40
70	68	15	10	20
80	76	15	10	0
90	85	15	10	−20
100	94	15	10	−40

(1)計算 MPC。

(2)計算 MPS。

(3)計算 MPI。

(4)計算不同所得水準時的總合支出。

(5)繪製總合支出曲線。

2.根據上表，寫出下列函數的關係？

(1)消費函數。

(2)投資。

(3)淨出口。

(4)總合支出。

3.為什麼 $C+I+G$ 函數的斜率與 $C+I+G+NX$ 函數的斜率有所不同？

4.假設消費函數為 $C=30+0.75Y$ （Y 為實質 GDP）

(1)自發性消費支出為多少？

(2)邊際消費傾向，MPC 為多大？

(3)當實質 GDP 為 1000 元時，消費支出有多大？

第23章 所得及支出均衡

前　言

什麼因素決定了國民所得的水準呢？在第 21 章當中，我們透過總合供給與總合需求模型的應用，知道在總體均衡之下，實質國民所得與物價得以決定。在第 22 章當中，我們推導出總合支出函數，透過總合支出函數的使用，亦可以使我們瞭解國民所得的決定過程。如果我們已經知道了有那些因素會影響國民所得以後，自然的我們便可以瞭解景氣為什麼會循環？當景氣好的時候，工作是很容易尋找，而且所得是成長的。但在景氣不好的時候，國民所得會開始下降，因而許多人會開始失去工作。

在探討供需關係的時候，均衡代表著平衡，或是系統不再傾向移動的過程。而總體均衡則代表在某一個水準之下，所得與支出相互均衡，一直要等到自發性支出再改變時，系統才會再進行下一次的調整過程。

在本章當中，我們將使用前一章所發展出來的總合支出函數，來說明均衡所得如何來決定。

第一節　均衡所得與支出

均衡為一種不再有傾向再去改變（移動）的狀態。當所有的支出與人們先前所預期或計劃的完全一致時，人們將不會再去改變他們的支出行為，然而，當真實支出與計劃支出二者之間不再互相吻合時，人們就必需調整他們的行為，使得真實支出與預期支出之間能再互相一致。當真實的所得（支出）與計劃的所得（支出）完全相等時，一個國家的均衡國民所得得以決定。

一、支出及所得

透過使用在第 22 章當中所介紹的總合支出函數，我們可以瞭解總體均衡如何來決定。由於總合支出所代表的是在不同所得水準之下的計劃性支出 (planned expenditure)，而我們之所以注意計劃性支出的主要原因為，**計劃性支出代表家計部門、企業部門、政府部門及國外部門的預期支出**。

真實支出永遠等於所得與產出，因為真實支出反應了存貨的變動(change in inventories)。換句話說，透過存貨的自動上升或下降來改變投資支出的大小，因而，使得真實支出終會等於所得或產出。計劃性支出在有些時候並不會等於所得，當計劃性支出與所得不相等時，會產生什麼樣的調整過程呢？當計劃性的商品及勞務支出高過於目前的產出水準時，商品及勞務的生產將因而增加。由於產出等於所得，因此國民所得水準亦會跟著上升。在圖 23.1 當中，所得水準在 5.76 兆元臺幣以下的部份，即代表此種關係。當所得水準小於 5.76 兆元臺幣時，總支出大於國民所得，意味著在經濟體系之內，所計劃購買的商品及勞務的數量會大於所生產出來的商品及勞務的數量。而此種關係唯一可能存在的情形為，企業亦銷售一些在過去所生產出來的商品及勞務。換言之，**當計劃性支出大於所得時，存貨會下降。透過存貨的變化來修正 (offset) 計劃性支出超過所得的部份，使得真實支出（含未計劃性的存貨改變）等於所得**，在圖 23.1 中的第 7 欄所表示的即是未計劃性的存貨改變。

當存貨下降以後，接下來將會發生什麼事呢？當存貨下降以後，製造部門將開始增加產出以補足市場上對商品及勞務的需求，由於生產的增加使得所得水準上升。因此，**當總合支出超過所得時，所得會上升**（圖 23.1

均衡所得 5.76兆元左邊部份）。

圖 23.1　實質 GDP 之均衡水準

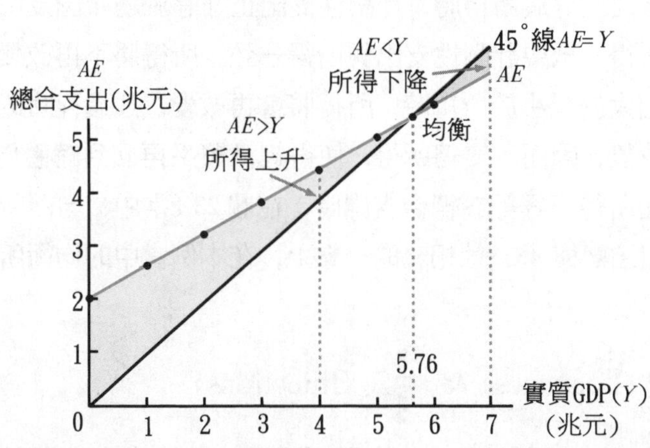

Y	C	I	G	NX	AE	未計劃之存貨改變	GDP之變化
0	0.75	0.55	0.28	0.32	1.90	−1.90	+
1	1.50	0.55	0.28	0.24	2.57	−1.57	+
2	2.25	0.55	0.28	0.16	3.24	−1.24	+
3	3.00	0.55	0.28	0.08	3.91	−0.91	+
4	3.75	0.55	0.28	0.00	4.58	−0.58	+
5	4.50	0.55	0.28	−0.08	5.25	−0.25	+
6	5.25	0.55	0.28	−0.16	5.92	0.08	−

總體均衡出現在總支出（AE）等於所得 (Y) 之處。在圖形當中，均衡點為 45° 線與總支出函數相交之一點。當總支出大於所得時，由於存貨的下降，使得投資支出上升，所得將因而會上升以達到均衡，而當總支出小於所得時，所得將會下降以達到均衡。

反之，當所得水準高於 5.76兆元時，總合支出小於所得水準，結果使得存貨累積超過預期的（即生產出來的商品及勞務超過市場上所採購的）。當存貨數量開始上升以後，廠商開始降低生產商品及勞務的數量。由於未計劃性存貨上升亦可視為投資支出，因此，真實支出會等於所得。例如，當所得為 6 兆元臺幣時，總支出為 5.92 兆元，所生產出來而未賣出去的 0.08 兆元則是視為未計劃性的存貨投資。當存貨增加時，廠商將會開始減產，因而使得所得下降。換言之，**當總合支出小於所得時，所得下降**。當所得為 5.76 兆元時，總支出正好等於所得，在此一所得水準之下，所生產出來的商品及勞務均能在市場上被完全購買，因而，所得將不再調整。所以當所得等於總合支出時，經濟體系處在一種均衡的狀態。

當總合支出等於所得時，計劃性支出正好等於總產出及由總產出所衍生出來的所得，祇要計劃性支出與所得一致，所得將不再改變。但是如果計劃性支出大於或小於所得時，所得將會再改變。透過存貨的改變，使得投資支出改變，因而改變總所得，使得經濟體系再回到總體均衡。因此，均衡出現在所得正好等於總合支出時，在圖 23.1 當中，均衡所得即是出現在總合支出函數與 45° 線相交的一點上，在本例當中的均衡所得為 5.76 兆元臺幣。

二、漏出 (Leakages) & 注入 (Injections)

如同在上一節所討論的，均衡可透過使用總合支出與所得方式來決定。此外，均衡亦可透過討論經濟體系周流循環內的漏出項與注入項的關係而得到。

漏出為使得自發性支出減少的部份。在經濟周流循環當中，有三種漏出的項目，分別為儲蓄 (savings)、稅 (taxes) 及進口(imports)。

1.當家計部門的儲蓄愈多時，消費支出便會愈少。自發性儲蓄之增加，意味著自發性消費支出的下降。由於消費的自發性支出減少，將使均衡所得水準下降。

2.稅為非自願性消費的減少。政府透過課稅的方式，將所得由家計部門移轉出去，而更高的稅率將使得自發性消費支出下降愈多。由於自發性消費的下降，使得自發性支出跟著下降，因而，導致均衡所得的下降。

3.進口為對國外所生產的商品及勞務的需求支出。它們會使得對國內生產商品及勞務的支出減少。因此，進口的自發性支出上升，將導致淨出口減少，因而形成自發性支出及均衡所得之下降。

在均衡的情況之下，當經濟的周流循環當中出現漏出項時，就必需存在注入項來使得體系達到平衡。**在經濟體系的周流循環當中，三種注入的項目分別為，投資、政府支出及出口。**

1.家計部門的儲蓄形成了企業部門用以借來投資新設備的資金來源。

2.政府透過稅收來蒐集支付其對商品及勞務支出所需要的財源。

3.出口將國外的支出帶回本國經濟體之內。

沒有理由去相信，每一種注入項目之金額正好要等於每一種漏出項目的金額，但是**在均衡之下，總漏出必定等於總支出**。

圖 23.2 所表示的就是利用注入與漏出的關係，來探討如何決定均衡實質 GDP的過程。圖 23.2 中的表內第(5)欄及第(9)欄分別表示在不同所得水準之下，經濟體內漏出總金額與注入總金額之間的關係。

圖 23.2　漏出、注入及均衡所得

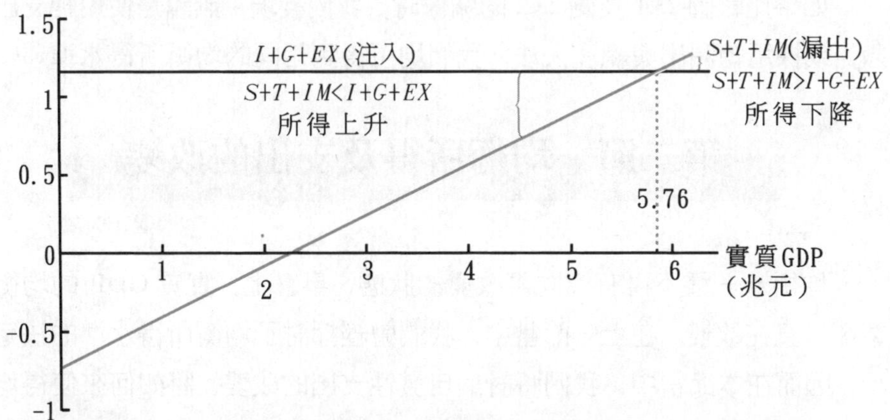

Y (1)	S (2)	T (3)	IM (4)	$S+T+M$ (5)	I (6)	G (7)	EX (8)	$I+G+EX$ (9)	實質所得之變化
0	−0.75	0.00	−0.02	−0.77	0.55	0.28	0.30	1.13	+
1	−0.50	0.00	0.06	−0.44	0.55	0.28	0.30	1.13	+
2	−0.25	0.00	0.14	−0.11	0.55	0.28	0.30	1.13	+
3	0.00	0.00	0.22	0.22	0.55	0.28	0.30	1.13	+
4	0.25	0.00	0.30	0.55	0.55	0.28	0.30	1.13	+
5	0.50	0.00	0.38	0.88	0.55	0.28	0.30	1.13	+
6	0.75	0.00	0.46	1.21	0.55	0.28	0.30	1.13	−

經濟均衡

儲蓄 (S)、稅 (T) 及進口 (IM) 為經濟周流循環中漏出的項目，而注入的項目則有投資 (I)、政府支出 (G) 及出口 (EX)。在經濟均衡時，總漏出必需等於總注入，在本圖當中，均衡所得為 5.76 兆元。當總注入大於總漏出時，所得 (Y) 會上升；反之，當漏出大於注入時，所得會下降。

透過比較總漏出與總注入的金額，可以來決定均衡所得的水準。當總注入的金額大於總漏出金額時（如圖 23.2 均衡所得左邊所示），計劃性支出會大於目前的產出或所得，因此，實質 GDP 將會上升。在圖 23.2 當中，當所得小於 5.76 兆元臺幣時，總注入大於總漏出，因而，所得會上升；反之，當總漏出金額大於總注入金額時，計劃性支出會小於目前實質 GDP，因此，實質 GDP將會下降（如圖 23.2中所得大於 5.76兆元部份）。僅有當總漏出金額正好等於總注入金額時，均衡實質 GDP之水準方能建立。當實質 GDP為 5.76兆元時，總漏出與總注入之金額正好相等，同為 1.13兆元臺幣，此時實質 GDP將不再有改變的壓力，所以 5.76兆元臺幣為均衡的所得水準。

如果比較圖 23.1 及圖 23.2 的關係時，我們發現，無論是使用總支出函數，或採用總漏出與總注入法，我們均可得到相同的均衡所得水準。

第二節　均衡所得及支出的改變

均衡為一種不再有傾向再改變的狀態，事實上，實質 GDP 的均衡水準卻一直在改變。在上一節當中，我們曾經探討了均衡所得水準的決定過程，因而在本節當中，我們將討論自發性支出的改變，將如何來使得均衡所得水準改變。瞭解均衡所得水準如何來改變將有助於明白政府用來控制景氣循環所採行的總體政策的作用。

一、支出乘數(Spending Multiplier)

由於總體經濟的均衡點為總合支出等於實質 GDP 的一點，因此，如果我們增加了自發性支出，是否意味著我們在提升實質 GDP 的水準呢？此外，到底我們可以增加多少的實質 GDP呢？如果自發性支出增加了 1元，而實質 GDP亦能上升 1元，這似乎是一個合理的假設，但事實上，均衡 GDP 上升的比例是遠大於 1元的。換言之，自發性支出之上升，似乎可以放大 (multiplied) 了均衡實質 GDP 的上升。

在經濟的周流循環圖當中，我們很清楚的看到所得與支出之間的關係：一個部門的支出將會成為另一個部門之所得，這一個觀念將有助於解釋自發性支出改變對均衡實質 GDP之影響。如果甲的支出增加了，則乙的所得將會上升，此時，若乙將所得的一部份用於消費支出，而透過乙的消費可能使得丙的所得上升，若丙亦將所增加所得的一部份用於消費，因而使得丁的所得上升。如此反覆下去，很明顯的在一國的經濟體系之內，將可以看到支出與所得同時在上升。而此一支出與所得的上升，均祇源自於從甲開始的自發性支出增加。此外，在每一回合當中（甲，乙，丙，丁……），所增加之支出與所得均會影響到均衡所得水準。

例如，使用表23.1的資料，如果政府用在公路的建設支出上升了0.3兆元，當從事公路建設的工人的所得上升了以後，他們的消費也會跟著上升。表23.1則顯示不同階段支出與所得上升之過程。在第一回合時，由於政府支出上升了 0.3兆元，使得所得亦上升了0.3兆元（見表第(1)欄）。而在總合支出項目之中與所得有關係的項目如消費與進口，亦會以某一比例（邊際消費傾向與邊際進口傾向）上升。

表23.1　支出的乘數效果

	所得改變 (1)	國內支出改變 (2)	儲蓄改變 (3)	進口改變 (4)
第一回合	0.300	0.200	0.075	0.025
第二回合	0.200	0.133	0.050	0.0167
第三回合	0.133	0.0889	0.0333	0.01066
第四回合	0.0889	0.0596	0.0222	0.0071
	⋮	⋮	⋮	⋮
總　合	0.9000	0.6000	0.2250	0.0715

假設邊際消費傾向 $MPC = 0.75$，邊際進口傾向 $MPI = 0.08$。第(2)欄＝第(1)欄乘上 $0.67(MPC - MPI)$，第(3)欄為第(1)欄乘以 $(1 - MPC)$，第(4)欄則是以第(1)欄乘上 MPI。由於在第一回合所得增加0.3兆元，在歷經數回合之後使得總所得成為0.9兆元，因此

$$\text{乘數} = \frac{1}{MPS + MPI} = \frac{1}{0.25 + 0.08} = 3$$

消費支出的增加將會以邊際消費傾向乘上所得改變之部份來增加，而進口的增加則將會以邊際進口傾向乘上所得改變的部份來增加。為了計算由於這0.3兆元的政府支出增加對整體經濟的總效果，我們必需要知道在所得當中，有多少部份將會花在國內消費上，也必需要知道在所得當中，將有多少部份是會花費在國外進口之商品與勞務的消費上。根據在前一章當中所使用的資料，我們假設國內的邊際消費傾向為 $MPC = 0.75$，而邊

際進口傾向為 $MPI = 0.08$，亦即，在每1元之新所得當中，有0.75元會用於消費支出上，而有0.08元會用於進口財之消費上。換言之，在每1元的所得當中，將有0.67元會用於本國所生產出來的商品及勞務的消費上，亦即，1元的新所得增加當中，將有0.67 元（0.75元 − 0.08元）用於本國製商品及勞務之消費支出上。

在表23.1的第一回合當中，由於政府支出的增加，使得所得一開始上升了 0.3兆元。而0.3兆元的所得上升，將可引導0.2兆元本國製商品及勞務的消費支出 (0.3×0.67) 增加。在0.3 兆元的所得增加當中，有0.075兆元為本國居民之儲蓄，而有0.025兆元則是用於消費國外製商品及勞務上（進口部份）。由於在0.3兆元當中，僅有0.2兆元可用於下一回合的國內商品與勞務的消費上，因此，在第二回合新的所得成為0.2兆元。正如同在第一回合的消費過程一樣，在本回合中 0.2兆元的新所得當中，將有67%的所得會用於國內商品及勞務的消費支出 $(0.2 \times 0.67 = 0.133)$ 上，而其餘的33%當中，有一部份用於儲蓄(25%) 上，有一部份則用於對進口財的消費(8%) 上。此一過程可一直反覆下去，每一回合均會有新的所得出現，而有新的所得出現，就會有新的支出，然而，由於在新的所得當中，有一部份會用於消費，有一部份則用於儲蓄及對國外商品及勞務的消費上，因此，每一回合所創造的新所得當中，就會有一部份的所得漏失（在本例中為儲蓄加上進口共有33%）了，所以，在沒有新的所得來源之下，起初的所得增加（0.3兆元）將逐漸變得愈來愈少。除非，經濟體系之內有新的自發性支出的增加，否則一次的自發性支出增加，在經過數回合的漏失之後，最後新增的所得將會逐漸趨近於零。

為了找到因為在期初所增加的自發性支出，所帶來所得上升的總效果，我們可以透過將每回合所衍生出來的所得予以加總，便可以得到因自發性支出增加而使得所得增加的總效果。透過數學公式的應用，我們就可以省略加總每一回合所得之繁複過程，而可以得到總所得之增加。如果，我們知道在新的所得當中有多少百分比會漏失掉，我們便可以利用代數的方法，很快的找到實質所得增加的部份，此一代數方法稱之為支出乘數(spending multiplier)。而漏失的部份，則是指在所得當中，用來儲蓄的部份(MPS)，及對國外進口商品及勞務消費支出的比例 (MPI)。因此，支出乘數之代數方法可定義為：

$$支出乘數 = \frac{1}{漏失} = \frac{1}{MPS + MPI}$$

當 $MPS = 0.25$，而 $MPI = 0.08$ 時，支出乘數為 3。支出乘數為 3，代表期初支出若增加 0.3兆元時，將使得總實質GDP上升 0.9兆元。當漏失愈大時，支出乘數便會愈小；換言之，當儲蓄的比率愈大時，代表在總所得當中用於消費支出的部份就會愈少，因而，使得所得增加的擴張效果就愈差。而當對國外商品及勞務的消費支出愈大時，亦將使得國內所得的擴張效果愈差。因此，在一個較少貿易往來的國家，或較為封閉的國家當中，支出的乘數效果會比在一個較為開放的經濟體系之國家來得大。

二、支出乘數與均衡

支出乘數是一個非常有用的觀念，它容許我們計算自發性支出的改變對實質所得的影響。為了瞭解自發性支出改變如何來改變均衡所得，我們可將圖 23.1略加修改，並參酌表 23.1資料而得到圖 23.3的關係。

圖 23.3　均衡支出與所得之改變

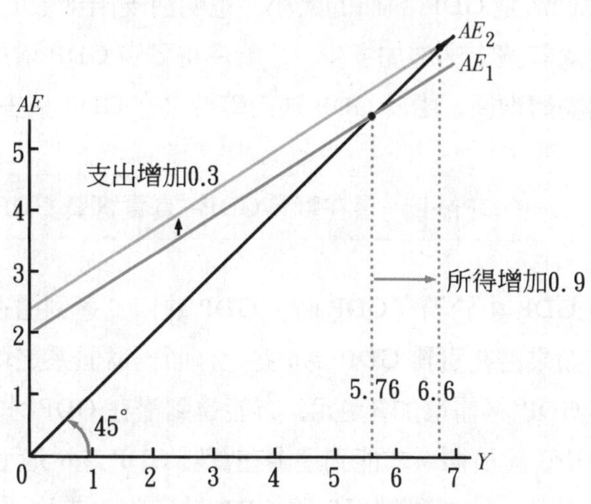

均衡支出的改變，將會改變均衡的所得。起初，均衡在實質 GDP 為 5.76兆元時，為 AE_1 與 45° 線相交之處。如果自發性支出上升 0.3兆元時， AE 線將由 AE_1 上移到 AE_2，均衡所得為 6.6 兆元。自發性支出上升 0.3兆元，使得實質 GDP 上升了 0.9 兆元，因此在本例當中支出乘數為 3。

圖 23.3所表示的為乘數效果的關係。由圖 23.3當中，我們可以清楚明白當自發性支出上升 0.3兆元時，均衡所得如何來改變。一開始時，總合支出與 45° 線相交於所得為 5.76兆元之處，當自發性支出上升了 0.3兆元時，總合支出線將會由 AE_1 移到 AE_2，而 AE_2 與 45° 線相交在均衡所得為 6.6兆元之處。在本例中，由於自發性支出上升 0.3兆元，使得均衡所得上升了 0.9兆元，因此支出乘數為 3。

在第 19 章當中，我們曾經介紹過自然失業率的觀念。在自然失業率之下，將不會有循環性失業。換言之，經濟學家所定義的自然失業率為允許摩擦性及結構性失業之狀態，因此，自然失業率所代表的是一種充份就業的狀態。所以**在自然失業率之下的產出即是潛在產出或潛在所得** (potential income)。而潛在所得或潛在產出的估計方式，通常以估計潛在實質 GDP 來表示。均衡代表計劃性支出與實質 GDP 相等的部份，在經濟均衡之下，產出未必為一種潛在的產出水準。換言之，總體經濟均衡未必就表示經濟體系處在一種自然失業率的狀態。假設，總體均衡不是存在於潛在 GDP 水準時，此時政府的政策目的若是以達成潛在實質 GDP 為首要目標時，則稱政府在縮小GDP 缺口（潛在 GDP 與真實 GDP 之差異）。至於政府所採行經濟政策的效果，將取決於支出乘數的大小。

如果我們清楚 GDP 缺口的大小，也明白支出乘數的大小，那麼我們就可以決定應該讓支出增加多少，才能使得實質 GDP 增加到潛在 GDP 水準，而達到總體均衡。由於 GDP 缺口等於潛在 GDP 減去真實 GDP:

$$\text{GDP缺口} = \text{潛在實質GDP} - \text{真實實質 GDP}$$

當真實 GDP 小於潛在GDP 時， GDP 缺口為達到潛在 GDP 所必需增加的金額；如果潛在實質 GDP 為6 兆元，而經濟體系之均衡實質 GDP 為 3 兆元時， GDP 必需增加 3兆元，方能達到潛在 GDP 水準。到底支出必需要增加多少，經濟體系才能到達潛在實質 GDP 之6 兆元呢？如果我們亦知道支出乘數的大小，我們可以將 GDP 缺口除以支出乘數之後，來決定達到潛在實質GDP 均衡所需要增加的支出金額。通常此一支出金額亦稱為衰退缺口 (recessionary gap):

$$\text{衰退缺口} = \frac{\text{GDP缺口}}{\text{支出乘數}}$$

在圖23.4當中，所表示的為均衡實質GDP小於潛在實質GDP的經濟體系關係。由於GDP缺口有3兆元臺幣，而3兆元臺幣的缺口則是以潛在實質GDP（6兆元），減去均衡實質GDP（3兆元）所得到的結果。**要使得實質GDP上升至潛在GDP水準時，所需要的支出水準，則以衰退缺口來表示。衰退缺口代表總合支出線與45° 線，在潛在實質GDP水準之垂直距離**。在圖23.4當中，衰退缺口為1兆元臺幣：

$$衰退缺口 = \frac{GDP\ 缺口}{支出乘數} = \frac{3\ 兆元}{3} = 1\ 兆元$$

在支出乘數為3的情況之下，如果總合支出上升了1兆元（衰退缺口），均衡所得將會上升3兆元，而3兆元的實質所得上升，將足以關閉GDP缺口。

圖23.4　GDP缺口及衰退缺口

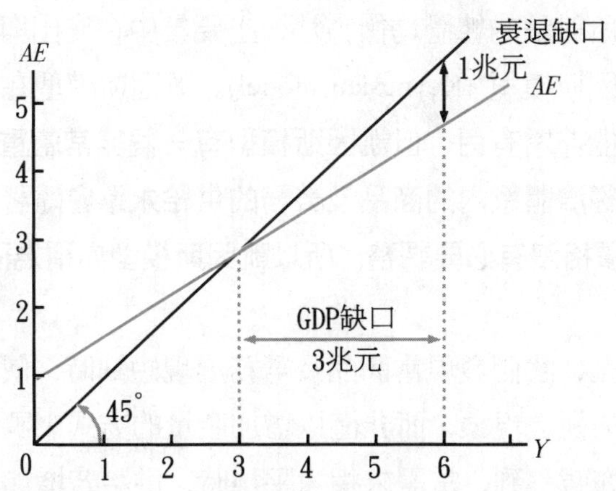

在本圖當中，GDP缺口為3兆元，為真實實質GDP與潛在實質GDP之間的差異。GDP缺口告訴我們，在經濟體系之內，平衡GDP必需要再上升3兆元，經濟體系才能達到充份就業之均衡。而衰退缺口則用來表示自發性支出必需增加而使得GDP缺口關閉之金額大小。衰退缺口為45° 線與*AE*線，在潛在實質GDP時之垂直距離。透過3倍乘數之作用，當衰退缺口為1兆元時，即可將3兆元GDP缺口關閉。

三、真實世界當中，乘數的計算有困難

在本章所定義的支出乘數計算過程當中，對於真實世界的狀態，有過度簡化之嫌。經常一些除了 *MPS* 及 *MPI* 以外的因素，亦會影響支出乘數之決定。例如，在支出增加的同時，物價亦會同步上漲，使得支出乘數未必會如前面所討論的公式所計算出來的一樣大，此外，稅亦會減低乘數之大小。而另外的一個重要因素則是對於進口之處理；從我們的假設當中，我們認為對進口品的消費，是對國內經濟體系的一種恆久損失 (permanently lost)。當一個國家進口金額僅佔其貿易伙伴出口金額的一小部份時，以上的假設是正確的；然而，當一個國家進口金額佔其他國家出口金額之大部份時，則簡單乘數將會低估 (understates) 了真實的乘數效果。

第三節　總合支出與總合需求

在本章當中所討論的總體均衡方法，主要集中在支出與所得的討論，此一方法稱為凱因斯模型 (Keynesian model)。凱因斯模型在解釋真實世界的某些現象上可能非常有用，但**凱因斯模型有一個非常嚴重之缺點：由於凱因斯模型假設經濟體系內的商品及勞務的供給永遠會隨著總合支出改變而調整，因此，價格沒有必要調整。所以凱因斯模型亦稱為固定價格** (fixed price) **模型**。

在真實社會裏，我們發現當商品及勞務出現短缺時，價格通常亦會上升，以調整市場失衡之現象，而非僅以增加產量的方式來調整市場短缺現象。此外，我們亦觀察到，當需求相對平穩時，供給若增加將會使得商品的價格下降。換言之，除了生產調整以外，價格亦會調整以使得供給與需求達到相等的狀態。在第 21 章中所介紹的總合供給與總合需求模型當中，物價已被當成是總體均衡的決定因素之一，然而在總合支出模型當中，係在假設價格固定之下，以總合支出來代表需求。因而，在本節當中，我們將嘗試在價格水準可以變動之下，來看看總合支出曲線的變動情形。此外，我們亦將探討如何由總合支出模型來推導出總合需求曲線。

一、總合支出及價格水準的變動

透過財富效果、利率效果及國際貿易效果，總合支出曲線亦會因為價格的改變而移動。財富為決定消費之非所得決定因素，家計單位將其一部份所得轉成如債券、股票等的金融性資產之財富，當物價下跌時，由於實質貨幣餘額的效果，貨幣購買力會上升，因而使得總合支出增加；當物價上升時，則貨幣購買力會下降，使得總支出減少。

利率將會決定投資支出金額之多寡。當價格改變時，利率會由於家計及企業單位對貨幣需求數量的改變而變化。而由於利率之改變，投資支出亦有可能改變。例如當物價上升時，由於貨幣的購買力下降，為了購買相同數量的商品及勞務時，必需要有較多的貨幣金額，在貨幣供給額固定之假設下，唯有利率的調升，方能調整貨幣需求大於貨幣供給的失衡現象，較高的利率亦將使得投資支出減少。反之，當物價下降時，由於貨幣購買力上升了，因此，利率會跟著下降，所以投資支出將會增加。

當國內物價改變時，淨出口會改變，因而，使得總合支出亦會改變。如果國內物價上升，但國外物價及匯率維持不變時，國內所生產出來的商品及勞務的價格，相對高於國外所生產出來的商品及勞務的價格，因此，對國外商品及勞務的需求（進口）會上升，使得淨出口下降，或總合支出減少。如果由本國所生產出來的商品及勞務的價格，相對低於由國外所生產出來的商品及勞務時，則淨出口會增加或總支出上升。

二、由總合支出函數推導出總合需求曲線

總合需求曲線 (*AD*) 表示在不同價格水準之下均衡支出的關係。換言之， *AD* 曲線上的各點所描述的為在不同價格水準之下，人們的支出行為。圖 23.5 所表示的為如何透過移動總合支出曲線，進而推導到總合需求曲線的過程。

總合需求曲線可由 *AE* 曲線求得。在圖 23.5(a)當中，所表示的為在不同價格水準之下的 *AE* 曲線。在每一種價格水準之下，均會產生一個均衡的所得水準，例如，在起初價格為 P_0 時，均衡所得為 A，當價格下降時 $(P_0 \rightarrow P_1)$，由在前一節所討論到的財富效果、利率效果及國際貿易效果的作用，自發性總合支出會增加，使得均衡所得水準上升，由 A 到C。當價格上漲由 $P_0 \rightarrow P_2$ 時，總合支出會下降，因而均衡所得將由 A 到 B。將不

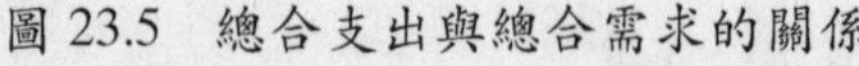

圖 23.5　總合支出與總合需求的關係

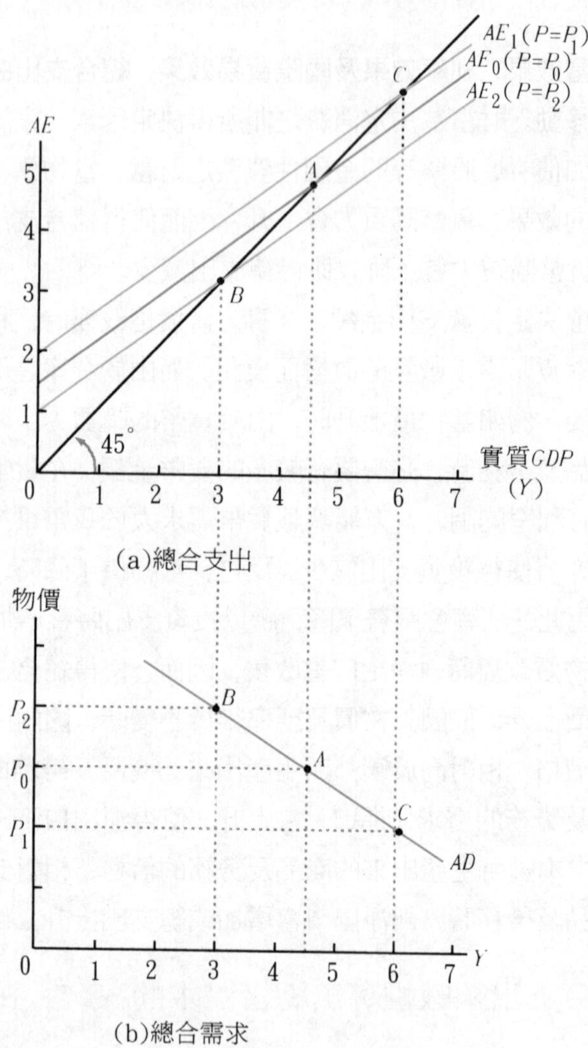

(a)總合支出

(b)總合需求

在圖(a)中，我們可以看到當價格改變時，AE 曲線如何的來移動。起始的總合支出曲線為在價格等於 P_0 時之支出函數 AE_0，此時均衡所得為 A。當價格由 P_0 下降到 P_1 時，由於財富效果、利率效果及國際貿易效果之作用，自發性的總合支出會增加至 AE_1，此時均衡所得為 C。同理當價格由 P_0 上升至 P_2 時，自發性的總合支出會下降，使得均衡所得下降至 B 點。而圖(b)之總合需求曲線 (AD) 則是透過圖(a)中，價格與均衡所得變化的關係而得到的。換言之，當價格為 P_0 時，均衡所得為 A，而當價格為 P_1 時，均衡所得為C，當價格為 P_2 時，均衡所得為 B，將這三種關係連接起來，便得到了 AD曲線。

同價格水準之下的均衡所得的關係繪製到圖 23.5(b)中的價格與所得座標當中，並且將各點連結起來，便可以得到總合需求曲線。在總合需求曲線上面各點所表示的關係，為在不同價格水準之下，所對應的均衡所得（實質 GDP）及總合支出的關係。

重點彙整

1.計劃性支出代表家計部門、企業部門、政府部門及國外部門的預期支出。

2.真實支出永遠等於所得與產出，因為真實支出反應了存貨的變動。

3.當計劃性支出大於所得時，存貨會下降。透過存貨的變化來修正計劃性支出超過所得的部份，使得真實支出（含未計劃性的存貨改變）等於所得。

4.當總合支出超過所得時，所得會上升。

5.當總合支出小於所得時，所得下降。

6.漏出為使得自發性支出減少的部份。在經濟周流循環當中，有三種漏出的項目，分別為儲蓄，稅及進口。

7.在經濟體系的周流循環當中，三種注入的項目分別為，投資、政府支出及出口。

8.在均衡之下，總漏出必定等於總支出。

9.支出乘數是一個非常有用的觀念，它容許我們計算自發性支出的改變，對實質所得的影響。

10.在自然失業率之下的產出即是潛在產出或潛在所得。

11.要使得實質 GDP 上升至潛在 GDP 水準時，所需要的支出水準，則以衰退缺口來表示。衰退缺口代表總合支出線與 45° 線，在潛在實質 GDP 水準之垂直距離。

12.凱因斯模型有一個非常嚴重之缺點：由於凱因斯模型假設經濟體系內的商品及勞務的供給永遠會隨著總合支出改變而調整，因此，價格沒有必要調整。所以凱因斯模型亦稱為固定價格模型。

13.透過財富效果、利率效果及國際貿易效果，總合支出曲線亦會因為價格的改變而移動。

練習題

1.解釋存貨變動在維持計劃性支出與實質 GDP 之間所扮演的角色。

2.假設邊際消費傾向為 0.85，而邊際進口傾向為 0.15，稅率為 10%，試計算本經濟體系內的支出乘數。

3.討論總合支出曲線與總合需求曲線的關係。

運用表內的資料來回答以下的問題:

Y	C	I	G	NX
$1000	$1200	$200	$300	$100
3000	3000	200	300	−100
5000	4800	200	300	−300
7000	6600	200	300	−500

4.計算 MPC 及 MPS。

5.計算 MPI。

6.計算支出乘數。

7.計算總體均衡時的實質 GDP 水準。

8.計算自發性消費支出。

9.如果政府支出增加$300時,新的總體均衡之實質 GDP 為多少?

第24章 貨幣與銀行

前　言

貨幣 (money) 到底對經濟體系有何重大的影響？目前的角色為何？許多人認為貨幣是人的生活中一件非常重要的東西，而且似乎是永遠覺得不夠多的一件東西。然而經濟學家經常爭辯的是，縱使提高全世界貨幣供給之數量，也無法使得一般老百姓生活得更好。雖然貨幣決定了誰擁有購買別人產出的權利，但是決定可購買多少商品及勞務的數量是總產出，而非是人們手上所持有的貨幣數量。換言之，僅增加貨幣供給的數量，是無法增加潛在 GDP 的產量。

在本章當中，我們將做二件事。第一件事即是介紹貨幣的功能及貨幣的發展史，而第二件事則是介紹我國的金融市場，特別是我國銀行體系的介紹。在有了這些基礎以後，便可在下一章當中討論貨幣市場的供給與需求了。

在 18 世紀的時候，經濟學家透過經濟理論很清楚的區分出實質產出與貨幣性 (monetary) 因子之不同。**古典學派之經濟學家將經濟體系透過二分法，分成**實質部門 (real sector) **及**貨幣部門 (monetary sector)，**此一分法稱之為古典二分法** (classical dichotomy)。古典學派認為實質部門（生產與消費）之分析過程是與貨幣部門不同的。換言之，由貨幣部門所產生的任何經濟力量，並不會影響到實質部門。

根據古典學派經濟學家的想法，資源的分配及實質所得之決定，完全在實質部門當中決定。此外，古典學派認為是相對價格（工資水準相對於商品的價格），而非貨幣（名目）價格，決定了整個產出過程的結果。因此，**古典學派經濟學家認為，無論是資源的分配或是實質產出之決定，完全取決於相對價格。**

這些早期的經濟學家們認為，經濟體系的貨幣部門決定了價格水準。如果貨幣供給量加倍，在其他條件不變之下，所有商品的價格及名目（貨幣）所得亦將加倍，因而使得相對價格維持不變，實質部門因而不受到任何影響。根據古典學派經濟學家的看法，貨幣供給額之增加，將使得所有商品價格依同比例上升，而對於資源分配及實質國民所得之水準卻不會有任何影響。

貨幣數量祇會影響到貨幣價格的水準，而不會對經濟體系內實質部門有任何影響的觀念，稱之為貨幣的中立性(neutrality of money)。由於早期的經濟學家們相信許多重要的經濟問題，如經濟體系將生產多少、經濟體系中每一個團體分配到多少資源等問題，是由實質部門所決定的，而貨幣在決定產出的過程中，僅能視為隱含在實質活動之後的一層面紗 (veil)。當然，如果古典學派的觀點是正確的話，今日我們就沒有必要在此討論決定實質國民所得之一些貨幣因素了。

大部份現代的經濟學家仍舊接受早期經濟學家的一些想法，如認為相對價格為決定資源分配的主要因素，以及認為貨幣數量為決定絕對價格的主要因素。現代的經濟學家則接受在長期時貨幣為中立性的假設，但並不接受在短期的調整改變過程當中，貨幣具有中立性之假說。換言之，現代經濟學家，並不完全同意古典學派經濟學家有關於古典二分法之看法。

現代的經濟學家認為在長期之下，貨幣與物價之間可能有某種程度之關連。此外，在短期時，貨幣對物價與實質所得均會有所影響。然而到底什麼是貨幣呢？首先我們來看看貨幣是什麼。

第一節　貨幣的定義

在經濟學的領域當中，貨幣被定義為任何可以用來當做**交換媒介** (medium of exchange) 的東西。交換媒介指任何可以被用來當做商品與勞務交換的東西均稱之。**當做交換媒介，通常是貨幣的主要功能之一，但除此之外，當做價值的儲存 (store of value)、計價的標準 (unit of account) 及遞延支付的標準 (standard of deferred payments) 亦是貨幣的其他重要的功能。**

一、交換的媒介

如果沒有以貨幣來當做是交換的媒介時，商品就必需透過以物易物 (barter) 的方式來交換。而以物易物法最大的困難在於每筆交易需要在交易雙方之慾望重合 (double coincidence of wants) 之後，以物易物的交易行為才能完成。換言之，在以物易物的交易方式之下，專業生產商品之廠商，亦必需花費許多時間來找到滿意的買主之後，才能算是完成交易。例如一位口渴的經濟學教師，亦必需要能找到一位願意以飲料來交換一堂經濟學課程的學生，二者的交易行為才能達成。

然而透過使用貨幣來當做是交換的媒介時，就可以避免以上的問題。人們可將他們生產出來的商品或勞務轉換成貨幣賣出之後，再透過金錢由他人處購買他們所想要購買的東西。因此，在貨幣經濟體系之下，包含了以物換錢，以錢換物而非以物換物的行為。換言之，當金錢可以當做是交換的媒介時，以物易物中的慾望相互重合之行為，將變得沒有必要了。

為了當做是一種有效率的交換媒介，貨幣必需具有一些特性。貨幣必需為大家所接受，而且具有某種價值。貨幣的價值必需大於它本身的重量（否則攜帶變得很討厭），**貨幣必需是可以分割 (divisible) 及貨幣必需是不容易被仿冒 (counterfeit) 的。**

二、價值的儲存

貨幣為儲存購買力的一種方便的方法。有些商品可能必需在當日之內銷售出去，但是透過交換所取得的貨幣，卻可以一直儲存至有需要的時候，再拿出來使用。為了要能當成是一種良好的價值儲存工具，貨幣必需要有相當穩定的價格。當商品的價格是穩定時，貨幣的價值亦會是穩定的。而倘若商品的價格波動極大時，以貨幣當成是價值儲存之功能，將會大打折扣。因此，在一個通貨膨脹率較高的國家中，以貨幣當成是價值儲存之工具的效果將會是不佳的。

雖然，在一個非通貨膨脹的環境當中，貨幣可以被當做是個人用來儲存購買力的理想工具，然而，如果在一個社會當中，所有的個人均將錢儲存起來，而且同時退休並依靠儲蓄來過活時，那麼在當時的社會當中，將會完全沒有現有產出可以購買及消費。社會能滿足人們慾望的能力就完全決定於可利用的商品及勞務的數量；如果在整體社會當中有一些用來滿足慾望 (want-satisfying) 的產量可以被儲存起來時，原本有一些在今日可以生產出來的商品，將會被儲存至未來期間使用。換言之，可以累積貨幣而成為儲蓄，來幫助個人在未來購買商品及勞務，但在未來是由於實質資本財及勞動資源的累積而決定了實質產出的數量。因此，**貨幣可當成是個人的價值儲存工具，但無法當成是整體社會的價值儲存工具。**

三、計價標準

貨幣可以當成是計價的標準。我們以貨幣來訂定商品及勞務的價格，這種共同的衡量單位，允許我們很容易進行相對價值的比較。如果全麥麵包價值 60 元，而白麵包價值 30 元，我們馬上可以知道全麥麵包比白麵包貴一倍。

使用貨幣當成是計價的標準是有效的，因為它減少了蒐集商品價值訊息所需要的成本。使用貨幣當成是計價的標準降低了相對於以物易物所需要之訊息成本，因為，在以物易物的交易系統之下，人們必需經常去評估將要提供之商品及勞務的價值，當將商品及勞務的價值以貨幣標示出來之後，其相對價值就變得非常明顯了。

四、遞延支付(Deferred Payment) 的標準

最後，貨幣為遞延支付的標準。債務通常以貨幣價值來表示，如果您有一張信用卡帳單必需在 30天之內支付，而您所必需支付之金額在帳單上會以貨幣單位來表示，例如新臺幣或美金。通常我們使用貨幣價值來描述債務的金額，且亦使用貨幣來支付我們的債務。

在此，我們亦必需區分貨幣與信用 (credit) 之不同。**我們使用貨幣來支付所購買的商品及勞務，信用則是由借款人貸出來消費之可用的儲蓄**

(available savings)。如果您使用萬事達卡來購買襯衫，此時，您並不是使用您的錢來購買襯衫，您是從發卡的銀行處借出一筆錢來消費。**信用與貨幣是不同的，貨幣是一種資產 (asset)，是您所擁有的；信用則是一種負債 (liability)，是您所積欠的。**

第二節　貨幣的演進

一、金屬貨幣(Metallic Money)

各種商品曾經或多或少被當成是貨幣的材質，而以金及銀二種材質最經常被用來鑄造貨幣。以金及銀二種材質當成是貨幣具有一些優點：由於金及銀的供給相對有限，因此它們是貴重的。而有錢人拿金及銀當成是裝飾品之需求亦相對是固定的，因此使得金及銀具有較高之價值而且相對穩定。此外，金及銀具有很容易被人們辨別出來，可以分割成為一些較小的單位，及不容易毀損等特性，而這些特性使得金及銀成為鑄造貨幣的極佳選擇。

在鑄幣 (coin) 被發明以前，交易過程均必需攜帶大量金屬在身邊。當一個交易採購完成之後，所需要的金屬數量需透過磅秤仔細秤過之後，交易才會完成，而鑄幣制度之發明，排除了以前在每筆交易需秤金屬重量之行為。但是**鑄幣制度給權力機構**（通常為帝王）**創造了一個重要的角色，因為權力機構會以基礎金屬 (base metals) 在混合金及銀材料之後，創造出方便的大小、具有耐久性及貼上帝王封印保證成份之硬幣。當交易雙方均能接受鑄幣的面值 (face value) 時，交易的過程將會變得非常方便**，而面值僅是用來代表鑄幣內含有多少重量之金及銀成份的一種表示方式。

金屬貨幣的缺點

使用金屬貨幣有二個主要的缺點，首先，經常會有欺騙貨幣價值的誘惑。二種經常使用的欺騙方法為——修剪法 (clipping) 及降低成色法 (debasement)。修剪法為透過少量減少硬幣的大小，而達到減少其金屬含量之目的；而降低成色法，則是以減低硬幣中金及銀的成色來減少貨幣鑄造成本的方式。

降低貨幣價值之誘惑導致了一個非常著名的法則稱為葛萊興法則 (Gresham's Law)。葛萊興為 16世紀英國的理財專家，**葛萊興法則敘述了劣**

幣逐良幣的可能性。劣幣代表成色較低或重量不足之貨幣，而良幣則代表正常成色及重量之貨幣。葛萊興法則之所以存在，可以由以下的解釋很清楚的看出來。假若有一個人可以選擇用低成色或成色正常之貨幣來付款時，他一定會選擇成色較低之貨幣。因為如果貨幣的面值相同時，一個貨幣之金屬價值較另一個貨幣為低時，當然人們會選擇使用金屬價值較低之貨幣，因而使得市場上充斥著成色不足之貨幣。

第二個使用金屬貨幣的主要缺點在於，金屬除了用以鑄造貨幣以外，亦有其他的用途，因之，使用金屬貨幣將會存在機會成本。例如，金子若沒有當成是鑄造貨幣的材料時，可被用來當做金鍊子或戒指等裝飾品。也正由於金屬貨幣具有機會成本，因而衍生出尋找其他替代商品來當成貨幣以完成交換之過程。而被用來替代貨幣的商品之一即是對商品貨幣價值的一種書面的請求權 (paper claim)。

二、可轉換紙鈔 (Convertible Paper Money)

當對商品的書面請求權在市場上周轉而被當成是付帳的替代物時，此一請求權稱之為可轉換紙鈔。最早的紙鈔出現在我國的明朝 (1368～1399)。

金匠以及他們的顧客之間的創新，使得可轉換紙鈔被大量應用。由於黃金是具有價值的，因此，金匠通常會以保險櫃來保存黃金。此外，金匠亦將部份保險櫃的空間出租給需要保存黃金之顧客，而對於這些顧客，金匠則發出註明黃金金額之收據給這些顧客，以方便日後這些客人來拿回黃金。

例如，李先生手上持有金匠的收據註明，李先生擁有100兩黃金。如果李先生準備向王先生購買一塊土地，並言明土地價值100兩黃金時，李先生可有二種方法來完成這一筆交易：李先生可以拿收據至金匠處，取回100兩黃金之後，交給王先生而完成這筆交易；李先生亦可直接將收據給王先生，並註明王先生有取出100兩黃金的權利，來完成這一筆交易。很顯然的，採用第二種方式的交易似乎較為簡單。在這一個簡單的例子當中，金匠的收據被當成是付款的媒介。換言之，紙鈔（金匠收據）的價值是在金匠處以黃金來支撐 (backed) 或保證，此外，紙鈔亦可轉換成商品（黃金）。

三、部份支撐(Fractional Backing)

當可轉換紙鈔系統開始運作以後，人們便習慣使用金匠收據而非金子來當成是付款的媒介。金匠發現在多數時候，金庫當中仍保存大部份未領出去的金子，這一個現象給了金匠一個非常好的點子：為什麼不借收據給人們使用呢？透過紙據，金匠便能創造貸款，而透過供應貸款，金匠便能收取利息。祇要金匠發行的收據金額不會超過他保險庫內中所持有的黃金金額的某一比例，金匠便不會有出現讓人無法兌現黃金之風險。在金匠保險庫當中所保存黃金的數量，為流通在外收據金額的一部份，此即為部份支撐的可轉換紙鈔制度。

縱使在部份支撐的紙鈔制度之下，可用於其他生產過程的一些有價值的商品（黃金），仍然被交換系統所束縛住。因此，尋找有效的替代方法來支撐紙鈔仍有其必要性，這就使得貨幣制度演進至強制貨幣 (fiat money) 時期。

四、強制貨幣

在英文中 fiat 意味著「根據權威之命令」，強制貨幣是以本質上完全沒有任何價值的商品來當做是貨幣的功能。早期的強制貨幣，如在美國內戰時期所發行的 “greenbacks”，及在法國大革命時期所發行的 “assignats”。這些早期的強制貨幣，最後因為毫無限制的允許紙鈔的發行數量，因而導致高度通貨膨脹，使得貨幣價值喪失，最後終於導致強制貨幣制度的失敗。

然而，如果能夠有效的控制強制貨幣的發行數量，且不允許貨幣供給數量的成長太快，強制貨幣將會具有合理的穩定價值。此外，目前強制貨幣多改由各國中央政府來負責統一發行，法律上亦均明文規定強制貨幣可以用來償還各種債務，如果債權人拒絕接受時，即喪失追索債務及利息之權利，此種規定賦予了紙鈔**無限法償**的地位，因而稱此種貨幣為強制貨幣。

五、信用代替現金

隨著電子通訊及電腦科技的進步，貨幣的型態亦逐漸的改變了。現代社會的交易逐漸改用信用卡來替代支付現金或支票的方式。透過通訊及電腦之應用，許多交易僅需透過電腦帳戶轉帳即可完成。除此之外，自動櫃員機、自動提款機之使用亦大大改變以往以手上持有現金來完成交易的行為。

第三節　我國的貨幣制度

我國自建國以來，貨幣制度之演進的過程大體可分為以下幾個階段：

一、民初將銀兩改成銀圓

民國初年，我國仍沿襲銀本位制度，將古代以兩的計價單位改成為銀圓的計價單位。民國3年，我國國務院議定，以純銀六錢四分八厘為價格單位，定名為圓，雖然如此，兩與圓仍舊通用，一直到民國22年時，財政部方正式廢除兩。

二、法定貨幣時期

民國24年，我國正式放棄銀本位制，改以中央銀行、中國銀行及交通銀行所發行之鈔票為法定貨幣。法定貨幣一直沿用至民國26年，由於對日抗戰開始，政府因戰備所需軍費浩大，因而導致國內通貨膨脹，幣值不穩。至抗戰勝利之後，法定貨幣已無法支撐下去，因而在民國37年8月19日，政府公告廢止法定貨幣，改用金元券。

三、金元券時期

採用金元券之初期，係採用十足準備制。不料在當時，政府預算始終無法平衡，再加上國際收支又失衡。而民國37年11月的軍事逆轉，終使得人心動搖，金元券的發行終告失敗。政府遂於民國38年7月3日公告「銀元及銀元兌換券發行辦法」，再度回復至銀本位制。然而此時大陸淪陷，政府遷臺，導致該辦法未正式被實施。

四、舊臺幣時期

民國35年，政府正式接收臺灣銀行之後，發行臺幣以等值收回日本政府殖民臺灣所發行之臺銀券。然而在光復初期，由於極需大量資金從事生產建設，加上由於大陸劇變，代中央墊付軍政各種費用金額龐大，導致臺幣發行量急速增加，產生了惡性通貨膨脹，政府不得不於民國38年6月

15日公佈「新臺幣發行辦法」，以新臺幣一元換回舊臺幣四萬元的方式回收舊臺幣。

五、新臺幣時期

目前新臺幣分本位幣和輔幣二種。新臺幣元以下之單位為輔幣，例如五角。而本位幣則是元以上，如一元、五元、十元、五十元、百元、五百元及千元大鈔等。發行方式亦由民國38年的最高發行限額制，演變至民國50年所實施的十足準備伸縮發行制。

第四節　貨幣數量之衡量

在前面我們曾論及到貨幣的四大功能，毫無疑問的通貨 (currency) 因為包含紙鈔與鑄幣，因此，完全符合具有前述之四大功能，所以，符合貨幣的定義。在今日，由於金融的創新，衍生了許多傳統貨幣之替代商品，因此在貨幣數量之衡量上，根據其變現的難易度，我們亦可區分成為不同的貨幣定義。一般而言，可區分為狹義的貨幣數量與廣義的貨幣數量二種定義。

一、狹義的貨幣數量

狹義的貨幣數量所指的就是通貨與支票存款，或是通貨及支票存款與活期存款之總合。支票存款及活期存款由於具有可立即兌換成為通貨，且亦可作為交易的媒介等特性，幾乎完全符合貨幣的四大功能，因此，可計算入狹義的貨幣數量的定義當中。**狹義的貨幣數量即一般所通稱之 M1：**

M1=通貨+存款貨幣=通貨+支票存款+活期存款+活期儲蓄存款

上式通常以通貨淨額來表示；亦即必需將庫存在中央銀行及一般接受支票存款與活期存款銀行之庫存通貨予以剔除。換言之，**M1定義所表示之通貨，是指流通在金融體系外的通貨，而存款貨幣則是指大眾儲存於金融機構之活期及支票存款。**

二、廣義的貨幣數量

由於一些新的金融商品具有極高的流動性——因為非常容易兌換成為通貨，因此與狹義貨幣之間的替代性極高。這些資產一般稱為**準貨幣** (quasi money) 或近似貨幣 (near money)。**所謂準貨幣或近似貨幣，依中央銀行之認定，包括定期存款、定期儲蓄存款、外幣存款、郵局轉存款、金融債券及央行發行之儲蓄券及定期存單等**。因之，**衡量廣義貨幣數量之指標 M2 為:**

M2=M1+準貨幣

準貨幣包括了郵局的轉存款、定期及定期儲蓄存款以及外幣存款。由於郵匯局本身並不從事放款業務，其所吸收的劃撥存款、存簿儲金與定期儲蓄存款絕大部份轉至中央銀行及其他銀行，因此，這部份轉存款亦被列入在準貨幣的計算中。

目前，在我國中央銀行所使用的貨幣定義當中，將不包含活期儲蓄存款在內的狹義貨幣數字稱為 M1A，而包含活期儲蓄存款者則稱為 M1B，即先前之 M1 定義。換言之，

M1A ＝ 通貨淨額＋支票存款＋活期存款

M1B=M1A+活期儲蓄存款=M1

至於廣義貨幣

M2=M1B+準貨幣=M1+準貨幣

依照以上之貨幣定義，近幾年臺灣貨幣數量如表 24.1所示。由表中的圖形可看出，我國自民國 84年之後，由於金融商品的不斷創新，準貨幣成長的速度非常快，使得 M2金額與 M1B之間有著明顯拉大的現象。

表 24.1　近年來臺灣貨幣數量之供給額

年	貨幣機構以外各部門持有通貨	支票存款＋活期存款	M1A	活期儲蓄存款	M1B	準貨幣	M2
1978	78550	159529	238079	62134	300213	413918	714131
1979	88333	166370	254703	68714	323417	458868	782285
1980	110432	195012	305444	91418	396862	556751	953613
1981	128299	204728	333027	118533	451560	679841	1131401
1982	138273	214420	352693	164787	517480	888709	1406189
1983	159616	244997	404613	208289	612902	1164706	1777608
1984	168160	259706	427866	241753	669619	1464601	2134220
1985	182808	278989	461797	289672	751469	1881673	2633142
1986	231046	443817	674863	463000	1137863	2160999	3298862
1987	284964	608150	893114	675111	1568225	2606796	4175021
1988	320624	781528	1102152	848321	1950473	2970331	4920804
1989	348416	950907	1299323	769436	2068759	3603181	5671940
1990	354657	821816	1176473	755424	1931897	4299317	6231214
1991	387727	866534	1254261	911030	2165291	5267162	7432453
1992	436139	922785	1358924	1075551	2434475	6430216	8864691
1993	470387	1064453	1534840	1271550	2806390	7399188	10205578
1994	506989	1149147	1656136	1492376	3148512	8490005	11638517
1995	516899	1066036	1582935	1590369	3173304	9448855	12622159

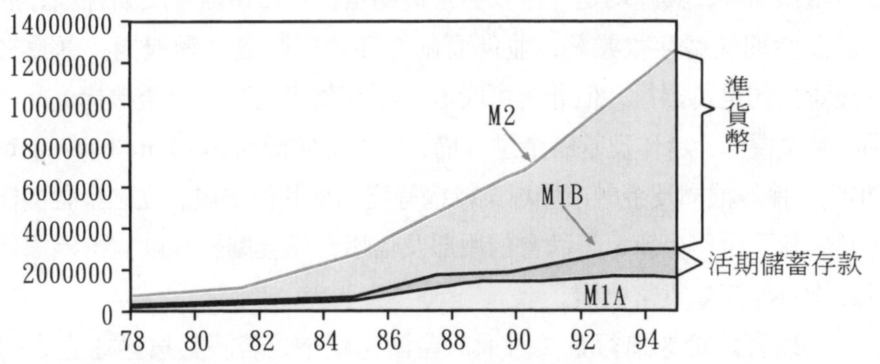

註：以上所註明均為年底數字，而計算單位為新臺幣百萬元。

資料來源：中央銀行經濟研究處：《中華民國臺灣地區金融統計月報》。

第五節　金融體系與銀行

在金融體系當中，金融中介機構 (financial intermediary) 扮演了一個非常重要的角色。透過金融中介機構從家計單位及企業處取得存款之後，再放款給其他有需要的家計單位及企業。如此，除了有助於資金融通效率的提高外，亦可加速資本的形成，並對整體經濟社會的發展有莫大的貢獻。具體而言，**金融中介機構之具體功能有：**

1.**提高資金融通效率，**

2.**分散融通風險，**

3.**提高儲蓄意願，加速資本的累積，**

4.**促進投資意願，繁榮社會。**

在我國的現行金融體系下，大致可分為正式的金融體系與非正式的地下金融，此稱為**金融的雙元性** (financial dualism)。金融雙元性可能肇因於初期臺灣正式金融體系多由公家或少數企業所壟斷之故。由於地下金融之活動不易掌握，因此，在此僅能對正式金融體系的架構做一概述。在我國，正式金融體系是由中央銀行及財政部所主管。財政部主要是負責金融行政之監督管理，而中央銀行則是負責金融業務之監督管理。在此二個主管機關管理之下，本國金融體系又可分金融機構與金融市場二部份。

金融機構又可依設立依據之法令規定再分為銀行及其他金融機構。而依銀行法第二十七條所訂：「本法所稱銀行，分下列四種：商業銀行、儲蓄銀行、專業銀行及信託投資公司。」當中，除信託投資公司不屬於存款貨幣機構外，其餘均是。存款貨幣機構是指依法得辦理支票存款、活期存款及活期儲蓄存款業務，並進而創造存款貨幣之金融機構。專設之信託投資公司是為銀行，但非為可吸收支票存款等之存款貨幣機構。此外，郵政儲金機構、合作及基層金融機構、境外金融機構 (offshore banking unit, OBU)、保險機構及金融市場專業機構等均為依其他法規設立之金融機構，而其中除了合作金庫、農漁會信用部及信用合作社屬於存款貨幣機構外，其餘均為非存款貨幣機構。

在以直接證券進行直接融通的金融市場中，若將其按融通資金的期限長短區分，可分為：短期資金融通的貨幣市場與融通長期資金的資本市場；另外金融市場亦包括外匯交易的外匯市場。貨幣市場又可分為：短期票券市場與金融業拆款市場；資本市場則依其交易證券種類不同，分為債券市場與股票市場。證券（股票及債券）若為公開發行且申請上市，則在證券交易所公開競價交易，此一市場謂之集中市場。若證券已公開發行，卻未上市者，其交易無集中地點，而是在各交易櫃檯以議價進行，此市場稱為店頭市場 (over-the-counter markets, OTC)。外匯市場依交易對象，分為顧客與銀行間市場、銀行間市場及外幣拆款市場。有關我國現行金融體系，見圖 24.1。

一、貨幣機構

前面提到，凡是可以辦理支票存款、活期存款及活期儲蓄存款業務（此三項在貨幣定義中亦即所謂的存款貨幣）的金融機構稱為貨幣機構。從圖 24.1中，可看出目前在我國金融機構中，存款貨幣機構包括商業銀行、儲蓄銀行、專業銀行及基層合作金融機構。茲分別介紹如下。

1.商業銀行 (commercial banks)

依我國銀行法第七十條定義：「本法稱商業銀行，謂以收受支票存款，供給短期信用為主要任務之銀行。」由此可知，祇要具備此項定義，均可歸為商業銀行。在我國因大部份的基層合作金融機構亦承辦商業銀行業務，故亦可歸為商業銀行之一種。此外，像專業銀行中之土地銀行及中國農民銀行，實際上亦有從事商業銀行之業務，也可算是商業銀行。由此可見，商業銀行是臺灣地區銀行業之主體。

至於商業銀行實際經營之業務，依銀行法第七十一條所定共計十四項:

⑴收受支票存款。

⑵收受活期存款。

⑶收受定期存款。

⑷辦理短期及中期放款。

⑸辦理票據貼現。

⑹投資公債、短期票券、公司債券及金融債券。

⑺辦理國內外匯票之承兌。

⑻辦理商業匯票之承兌。

⑼簽發國內外信用狀。

⑽辦理國內外保證業務。

⑾代理收付款項。

⑿代銷公債、國庫券、公司債券及公司股票。

⒀辦理與前列各款業務有關之倉庫、保管及代理服務業務。

⒁經中央主管機關核准辦理之其他有關業務。

圖 24.1　我國的金融體系

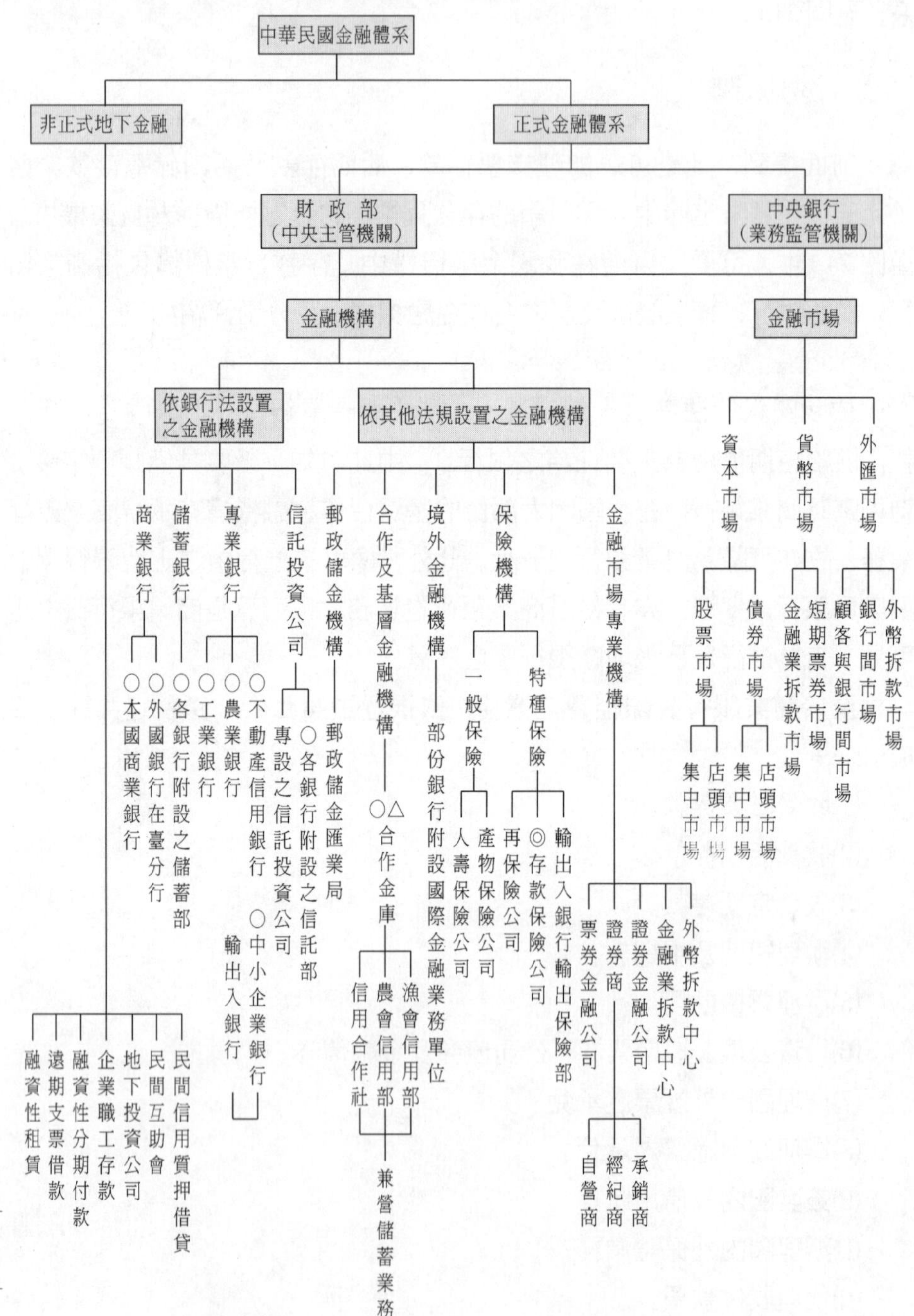

資料來源：財政部金融局。

註：
○存款貨幣機構
△受託對各合作基層金融機構有檢查權
◎對參加存款保險之金融機構有檢查權

在以上這些商業銀行業務中，大致可做一些功能上的分類。第(1)至第(3)項為商業銀行之資金來源；第(4)至第(6)項為商業銀行之資金用途；第(7)至第(13)項為服務性質，商業銀行藉此收取服務手續費；第(14)項則為商業銀行之彈性經營業務規定。

至於外國銀行在臺設立分行，必須為依照其國家法律組織登記之銀行，並經我國政府認可，在我國境內依我公司法及銀行法登記營業之分行。於民國 79 年 4 月以前，外國銀行在臺設立分行，僅限於臺北市及高雄市。後因市場需要，財政部於民國 79 年 4 月以後，已放寬此一限制。此外，外國銀行在臺分行經營之業務，主要為：(1)辦理支票存款、活期存款及六個月以內之定期存款業務。(2)辦理票據貼現、短期及中期放款。(3)辦理商業匯票之承兌業務。

綜合以上所言，可知商業銀行主要以供給短期信用（一年以內之放款）為主。若其欲提供中期信用（一年至七年之放款），則其中期放款總餘額，不得超過其所收定期存款之總餘額（銀行法第七十二條）。

2.儲蓄銀行 (saving banks)

根據我國銀行法第七十七條對儲蓄銀行之定義，所謂儲蓄銀行，謂以收受存款及發行金融債券方式吸收國民儲蓄，供給中期及長期信用為主要任務之銀行。其經營之業務如下：

(1)收受儲蓄存款。

(2)收受定期存款。

(3)收受活期存款。

(4)發行金融債券。

(5)辦理企業生產設備中、長期放款，及中、長期分期償還放款。

(6)辦理企業建築、住宅建築中期放款，及中、長期分期償還放款。

(7)投資公債、短期票券、公司債券及公司股票。

(8)辦理票據貼現。

(9)辦理商業匯票承兌。

(10)辦理國內匯兌。

(11)保證發行公司債券。

(12)代理收付款項。

(13)承銷公債、國庫券、公司債及公司股票。

(14)辦理經中央主管機關核准之國內外保證業務。

(15)辦理與前列各款業務有關之倉庫及其他保管業務。

⒃經中央主管機關核准辦理之其他有關業務。

上列之第⑴至第⑷項為儲蓄銀行之資金來源；第⑸至第⑺項為資金運用業務；第⑻至第⒂項為服務性業務；第⒃項則為儲蓄銀行彈性經營業務。在儲蓄銀行資金來源中，有一項為發行金融債券。所謂金融債券(financial debenture)，是指銀行依照銀行法有關規定，為供給中、長期信用、報經中央主管機關核准發行之債券。然而金融債券之發行主要為供給中、長期信用，因此，銀行法並未賦予商業銀行經營此項業務之權利。我國之儲蓄銀行，多以附設於商業銀行或專業銀行之儲蓄部的方式經營，對金融債券之發行，銀行法規定商業銀行及專業銀行附設之儲蓄部，不得發行金融債券。

從資金來源及資金用途來看，商業銀行與儲蓄銀行之主要差別可以以表 24.2 來說明：

表 24.2　商業銀行與儲蓄銀行之主要差異

項目銀行	商業銀行	儲蓄銀行
資金來源	可收受支票存款	不可吸收支票存款
	不可發行金融債券	可發行金融債券
資金用途	辦理短、中期放款	辦理中、長期放款
	不可投資公司股票	可投資公司股票

商業銀行可吸收支票存款，而儲蓄銀行則不可吸收支票存款。商業銀行可將資金投資於公債、短期票券、公司債券及金融債券，但不可投資公司股票。

其主要用意在於，商業銀行主要是供給短期信用，若將資金投資於股票，當其需資金時，便得拋售股票，有剩餘資金時又用於投資股票，短期內進出頻繁，容易形成股票市場短線交易之缺失。但商業銀行若以其附設儲蓄部之資金投資公司股票則無此缺失，此乃因儲蓄部之資金係供給中長期信用，不需在短期內經常以買賣公司股票來調度資金。

3.專業銀行 (specialized banks)

依銀行法規定，為便利專業信用之供給，中央主管機關得許可設立專業銀行，或指定現有銀行，從事專業信用之供給。專業信用包括：工業信用、農業信用、輸出入信用、中小企業信用、不動產信用及地方性信用

等。茲依其因提供不同專業信用而設之專業銀行略述於後:

(1)工業銀行

指供給工業信用之專業銀行。工業銀行以供給工、礦、交通及其他公用事業所需中、長期信用為主要任務。例如,我國之交通銀行即為工業銀行;又中華開發信託股份有限公司,實質上亦為民營之工業開發銀行。唯交通銀行負有政策性責任,而中華開發則以營利為重。

(2)農業銀行

供給農業信用之專業銀行為農業銀行。其主要任務在於,調劑農村金融,及供應農、林、漁、牧之生產及有關事業所需信用。為加強農業信用調節之功能,農業銀行可透過農會組織吸收農村資金,以供應農業信用及辦理有關農民家計金融業務(銀行法第九十二條及九十三條)。例如,我國之中國農民銀行、臺灣土地銀行及合作金庫均有供給農業信用。中國農民銀行為農業之專業銀行,而臺灣土地銀行及合作金庫,則為中央主管機關指定擔任農業信用之供給。

(3)輸出入銀行

供給輸出入信用之專業銀行為輸出入銀行。輸出入銀行以供給中、長期信用,協助拓展外銷及輸入國內工業所必需之設備與原料為主要任務(銀行法第九十四條)。例如,中國輸出入銀行(成立於民國68年元月),即屬於輸出入銀行。另外,輸出入銀行為便利國內工業所需重要原料之供應,經中央主管機關核准,得對業者提供在國外投資生產這些原料所需信用(銀行法第九十五條)。此項的目的在保障國內廠商,對原料之取得有自主性。

(4)中小企業銀行

供給中小企業信用之專業銀行。中小企業銀行為健全中小企業發展,以供給中小企業中、長期信用,協助其改善生產設備及財務結構,暨健全經營管理為主要任務(銀行法第九十六條)。目前我國計有臺灣中小企業銀行、臺北區中小企業銀行、臺南區中小企業銀行、高雄區中小企業銀行、花蓮區中小企業銀行及臺東區中小企業銀行等八家中小企業專業銀行,共367個營業據點(至民國83年3月底)。

(5)不動產信用銀行

供給不動產信用之專業銀行稱之。不動產信用銀行以供給土地開發、都市改良、社區發展、道路建設、觀光設施及房屋建築等所需中、長期信用為主要任務（銀行法第九十七條）。我國之臺灣土地銀行，屬於不動產信用銀行，專責提供不動產信用，但其仍擔負有提供農業信用之任務（請參閱前所提及農業銀行部份）。

4.合作及基層金融機構

(1)信用合作社 (credit union)

信用合作社為依合作法規定設立之金融機構，其主要業務是辦理社員之存、放款業務及票據承兌貼現，是屬於地方性金融機構。信用合作社之營業對象為社員，若其欲對非社員營業，須報經財政部核准。另外，信用合作社不是銀行，而是屬於其他金融機構；但因其具有存款貨幣創造之能力，故是貨幣機構之一。至民國83年3月我國共有74單位的信用合作社。

(2)農漁會信用部

農漁會信用部為隸屬於各地農漁會。農會信用部是依照農會法規定，農會辦理會員金融事業，應設立信用部為之。農會信用部主要業務為：收受會員或其家屬之支票存款、活期存款及活期儲蓄存款（為存款貨幣機構）並辦理會員之放款。另外，亦可經核准，辦理非會員之存款，但不可對非會員放款。而漁會信用部之經營則比照農會信用部規定辦理。

(3)合作金庫

臺灣省合作金庫類似為信用合作社及農漁會信用部之上級銀行，隨時收受這些基層金融機構之餘裕資金外，並負責對其提供資金融通。且合作金庫承中央銀行之委託，得對這些基層金融機構作業務檢查與監督。除了作為基層金融機構之「小中央銀行」外，並得對社會大眾吸收各種存款，及進行放款之業務。

二、非貨幣機構

無法創造存款貨幣之其他金融機構有：郵政儲金匯業局、專設之信託投資公司（屬於銀行定義）、境外金融機構及保險機構。茲分別略述如下：

1.郵政儲金匯業局

民國52年6月，政府為利用郵政業務深入各鄉鎮地區之特性，以有效吸收民間儲蓄資金，加速經濟發展，而恢復在臺開辦郵政儲金業務。其營運機構稱郵政儲金匯業局，其主管機關為交通部，其業務則受財政部監督。郵政儲金業務之主要資金來源為存簿存款、定期存款、劃撥存款及簡易壽險等四種。其資金用途則為：⑴購買政府公債，但其金額不得超過儲金總額 15%；⑵以妥實有價證券或棧單為質之放款；⑶以有妥實收益之不動產抵押之放款，但其總額不得超過儲金總額 15%；⑷以該局定期存摺或存單為質之放款；⑸票據貼現；⑹匯兌；⑺農業放款；⑻投資於國營生產事業之放款，但其總額不得超過儲金總額 20%。根據民國 81 年 1 月中央銀行規定，郵政資金前依規定已轉存央行、交通銀行、中國農民銀行、臺灣土地銀行及臺灣中小企業銀行之儲金本金部份，繼續留存。而新增郵政儲金則不限定轉存央行及四家專業銀行，改由郵匯局自行轉存其他行庫，或購買公債、國庫券、央行發行之單券及金融債券，但暫不得逕行用於放款。時至民國 82 年 4 月，中央銀行為支應國內建設資金，決定逐步釋出郵政儲金轉存款一千二百億元。由於郵政儲金匯業局之便利，可說是全國最普遍之金融機構。

2.信託投資公司

信託投資公司是屬於銀行的一種。依銀行法第一百條之規定，所謂信託投資公司，係以受託人之地位，按照特定目的，收受、經理及運用信託資金與經營信託財產，或以投資中間人地位，從事與資本市場有關特定目的投資之金融機構。信託投資公司經營業務包括（銀行法第一百零一條）：

⑴辦理中、長期放款。

⑵投資公債、短期票券、公司債券、金融債券及上市股票。

⑶保證發行公司債。

⑷辦理國內外保證業務。

⑸承銷及自營買賣或代客買賣有價證券。

⑹收受、經理及運用各種信託資金。

⑺募集共同信託基金。

⑻受託經管各種財產。

⑼擔任債券發行受託人。

⑽擔任債券或股票發行簽證人。

⑾代理證券發行、登記、過戶及股息紅利之發放事項。

⑿受託執行遺囑及管理遺產。

⒀擔任公司重整監督人。

⒁提供證券發行、募集之顧問服務，及辦理與前列各款業務有關之代理服務事項。

⒂經中央主管機關核准辦理之其他有關業務。

其中第⑴、⑶、⑷項為授信業務；第⑵項為投資業務；第⑸、⑼、⑽、⑾、⒁項為證券業務；第⑹、⑺、⑻、⑿、⒀項為信託業務；第⒂項則為其他業務，例如經營保管箱及倉庫業務。除此之外，信託投資公司，亦得經中央主管機關核准，以非信託資金（即自有資金或各項業務收入）對生產事業進行投資或投資企業及住宅建築。

從信託投資公司經營之業務項目中發現，其雖明定為銀行（銀行法第二十條），但其不得收支票存款、活期存款及活期儲蓄存款，故非為貨幣機構。

3.境外金融機構 (offshore banking institution)

所謂境外金融機構，在我國銀行界一般稱之國際金融業務分行，多附設於其他銀行內。至民國83年3月止在我國之銀行中（含外國銀行在臺分行）共有38家銀行設有國際金融業務分行。其業務為自國外貸放者中吸收資金，再將所吸收來自境外資金貸放予國外借款人，其交易對象為境外客戶，交易標的為境外通貨。最大的優點是，可減少該國金融管制的不便及租稅減免之利益。

此外，亦可藉由境外金融中心普遍提昇國內整體金融業外匯操作水準，並能藉此建立良好國際聲譽。

4.保險機構

⑴一般保險公司

保險公司大致可區分為產物保險 (property and casualty insurance) 及人壽保險 (life insurance)。產物保險，保險標的為物，因為產物之危險意外並不全然發生，保險公司可能只收保費賺取收入，而少有賠償支出。然而人壽保險公司之保險標的為人，人均有死亡的一天，因此保險公司對於未來均負有給付之義務。也就是保險費的繳納類似儲蓄一般，事實上人壽保險公司就好像具有儲蓄性質的金融機構。

綜合言之，具有金融機構性質的人壽保險公司之資金來自保費收入。其資金用途，除了須先依規定提存責任準備金外，依保險法第一百四十六條規定，其資金可投資公債、國庫券、生產事業股票或公司債。亦得依相關法令規定投資土地及不動產。另外，亦得對保戶進行以壽險單為抵押之放款或妥實之有價證券及不動產為抵押之放款，至民國 83 年 3 月底，我國現有人壽保險公司 27 家，產物保險公司 23家。

⑵存款保險公司

政府為保障金融機構存款人權益、鼓勵儲蓄及促進金融業務發展，於民國 74 年 1 月9 日公佈實施存款保險條例。規定由財政部會同中央銀行出資設立中央存款保險股份有限公司，專責辦理存款及信託資金之保險。凡是銀行（包括信託投資公司及外國銀行在臺分行）、信用合作社及農、漁會信用部均可申請參加存款保險，而保費則由要保金融機構負擔，存款人不須另行支付任何費用。要保機構對存款人如無力履行支付義務，一經宣告停業，存款保險公司對要保機構每一存款人最高保額為新臺幣一百萬元。也就是存款人在要保機構停業當日的存款，本息合計在一百萬元內，則可獲全額理賠。至於超過一百萬元之部份，不在理賠範圍，但存款保險公司將以停業機構清理人之名義，發給一般債權證明，俟清理後再依法按比例分配。在此須特別說明的是，存款保險最高保額是針對每一位存款人在同一家要保機構的存款總額而制定的，同一存款人在不同要保機構之存款則分別受最高保額之保障，不須被加總存款額計算。

重點彙整

1.古典學派之經濟學家將經濟體系透過二分法，分成實質部門及貨幣部門，此一分法稱之為古典二分法。

2.古典學派經濟學家認為，無論是資源的分配或是實質產出之決定，完全取決於相對價格。

3.貨幣數量祇會影響到貨幣價格的水準，而不會對經濟體系內實質部門有任何影響的觀念，稱之為貨幣的中立性。

4.當做交換媒介，通常是貨幣的主要功能之一，但除此之外，當做價值的儲存、計價的標準及遞延支付的標準亦是貨幣的其他重要的功能。

5.為了當做是一種有效率的交換媒介，貨幣必需具有一些特性。貨幣必需為大家所接受，而且具有某種價值。貨幣的價值必需大於它本身的重量，貨幣必需是可以分割及貨幣必需是不容易被仿冒的。

6.貨幣可當成是個人的價值儲存工具，但無法當成是整體社會的價值儲存工具。

7.我們使用貨幣來支付所購買的商品及勞務，信用則是由借款人貸出來消費之可用的儲蓄。

8.信用與貨幣是不同的，貨幣是一種資產，是您所擁有的；信用則是一種負債，是您所積欠的。

9.鑄幣制度給權力機構創造了一個重要的角色，因為權力機構會以基礎金屬在混合金及銀材料之後，創造出方便的大小、具有耐久性及貼上帝王封印保證成份之硬幣。當交易雙方均能接受鑄幣的面值時，交易的過程將會變得非常方便。

10.使用金屬貨幣有二個主要的缺點，首先，經常會有欺騙貨幣價值的誘惑。二種經常使用的欺騙方法為——修剪法及降低成色法。修剪法為透過少量減少硬幣的大小，而達到減少其金屬含量之目的；而降低成色法，則是以減低硬幣中金及銀的成色來減少貨幣鑄造成本的方式。

11.葛萊興法則敘述了劣幣逐良幣的可能性。劣幣代表成色較低或重量不足之貨幣，而良幣則代表正常成色及重量之貨幣。

12.第二個使用金屬貨幣的主要缺點在於，金屬除了用以鑄造貨幣以外，亦有其他的用途，因之，使用金屬貨幣將會存在機會成本。

13.當對商品的書面請求權在市場上周轉而被當成是付帳的替代物時，

此一請求權稱之為可轉換紙鈔。

14.狹義的貨幣數量即一般所通稱之 M1 = 通貨 + 存款貨幣 = 通貨 + 支票存款 + 活期存款 + 活期儲蓄存款。

15.M1定義所表示之通貨，是指流通在金融體系外的通貨，而存款貨幣則是指大眾儲存於金融機構之活期及支票存款。

16.所謂準貨幣或近似貨幣，依中央銀行之認定，包括定期存款、定期儲蓄存款、外幣存款、郵局轉存款、金融債券及央行發行之儲蓄券及定期存單等。

17.衡量廣義貨幣數量之指標M2 = M1 + 準貨幣。

18.M1A=通貨淨額+支票存款+活期存款。

19.M1B=M1A+活期儲蓄存款=M1。

20.M2=M1B+準貨幣=M1+準貨幣。

21.金融中介機構之具體功能有：(1)提高資金融通效率，(2)分散融通風險，(3)提高儲蓄意願，加速資本的累積，(4)促進投資意願，繁榮社會。

練習題

1.討論貨幣的四大功能。

2.討論為何貨幣可以當成是個人的價值儲存工具，但卻無法當成是全體社會的價值儲存工具？

3.區別信用卡與貨幣的不同？

4.討論鑄幣之優點及缺點。

5.什麼是部份支撐的紙鈔制度，此一制度是否與目前所採用的準備金系統類似呢？

第25章 貨幣的需求與供給及貨幣市場均衡

前　言

在上一章當中，我們大體上對貨幣的功能及國內金融體系有了一層簡單的瞭解。由於個人或企業持有貨幣數量的多寡，將會影響到消費支出的金額，進而影響到經濟體系內的物價、利率、匯率及所得水準，因此，中央銀行可透過改變貨幣供給量的方式，來控制一些重要的經濟變數，進而改變整體國民經濟的環境。而銀行在中央銀行的貨幣政策當中，扮演了一個非常重要的角色；透過銀行的信用創造功能，央行的貨幣政策得以有效實施。在本章當中，我們將首先來看看銀行信用創造的過程，其次，我們將討論中央銀行在改變貨幣供給政策上，所扮演的角色，接下來，我們將討論貨幣需求函數，最後，將討論貨幣市場的均衡條件。

第一節　銀行在貨幣創造過程中的角色

銀行或其他金融機構的經營方式，均是在接受個人的存款 (deposits) 之後，將存款貸放給一些需要資金的人，而從中賺取放款與存款之間的利差方式來經營。到底銀行如何來運作呢？我們可以透過使用銀行資產負債表 (balance sheet) 的關係來瞭解。表25.1 為某甲銀行之資產負債表：在總額1億元之存款當中，7 仟萬元用於放款 (loans)，2 仟萬元用於證券 (securities) 投資上，而剩下的 1 仟萬元則是銀行的準備(reserve)。

表 25.1　甲銀行之資產負債表

（百萬元臺幣）

資　產		負　債	
放款	70	存款	100
證券投資	20		
準備	10		

在會計學的資產負債表當中，**資產為個人或企業所擁有的某些東西的價值，而負債則是個人或企業所積欠某些東西的價值**，如債務 (debt)。因此，**在銀行的資產負債表當中，資產為銀行所擁有的任何東西，而負債則為銀行積欠別人的任何東西**，顧客的存款為銀行最主要的負債。此外，在銀行資產負債表當中，並未見到列出一些資產，如銀行建築物、設備或傢俱，因為，這些資產的金額並不會因為貨幣供給的改變而變化。一般而言，當銀行開始營運時，銀行的所有者 (owner) 依法亦必需提撥一筆基金（通常稱資本存量），以應付緊急狀態時來使用，然而這筆基金，在我們簡單的銀行資產負債表當中，亦並未列出。

在表 25.1 的資產部份，我們看到了**準備** (reserve)：**準備為銀行放在中央銀行的存款。根據銀行法，商業銀行的存款當中有一部份必需被當成是準備，稱之為法定準備金** (required reserve)。法定準備通常為一個比例，稱為法定準備率，為中央銀行控制貨幣供給額的重要政策工具之一。在表 25.1 當中，我們看到在本例當中的法定準備率為 10%，即**法定準備率等於準備金額除以存款金額的比例**。

放款為銀行主要收入的來源，放款為銀行將顧客所存進來的錢借給需要的個人或企業一段期間。在這一段期間之內，銀行收取固定比例的利息，而到期時，個人或企業則需償還當初所借用的全部金額。證券則是用來表示銀行購買民間或政府發行的證券或債券的部份。

一、銀行信用創造的過程

由於銀行的存款可當成是某種型式的貨幣，因此使得銀行在信用創造的過程當中，扮演了一個非常重要的角色。而中央銀行則是更有效的掌控了這一個角色：透過私人在銀行的存款，以及商業銀行在中央銀行的存款準備，央行可以有效的掌控商業銀行存款的金額。以下我們將以一個簡單的例子來說明信用創造的過程，為了簡化討論起見，我們在此並假設，個人是以使用存款，而非通貨的方式來當做是交易的貨幣。

假設甲銀行存在中央銀行的準備增加了，甲銀行準備增加的可能原因之一為，央行向甲銀行購回了一些先前政府所發行的公債 (bond)。假設央行向甲銀行買回 1仟萬元的政府公債，此一交易使得甲銀行的證券持有金額，由原先在表 25.1中的 2 仟萬元，下降至 1仟萬元，但準備卻由原先的 1仟萬元，上升至 2仟萬元。此時，甲銀行之總資產（負債）的金額仍維持不變，仍是 1 億元，但在這一交易之後，新的資產負債表，則如同表 25.2 關係所表示。

表 25.2　準備改變之後的甲銀行資產負債表

（百萬元臺幣）

資　產		負　債	
放款	70	存款	100
證券投資	10		
準備	20		

表 25.2 與表 25.1 之間的最大差別在於：在表 25.2 當中，銀行的準備上升了 1 仟萬元，而證券投資則減少了 1仟萬元。根據前面的討論，在銀行法當中，對於存款當中要提撥多少比率當成準備有一定的規定，因而在此規定之下所提撥的準備稱之為法定準備金 (required reserve) 或應提準備金，**而銀行在某一時點所擁有的準備金，稱之為真實準備金** (actual reserve)。在

本例當中，假設法定準備率為10%時，依據法令，甲銀行祇需要有1仟萬的法定準備即可，但在表25.2當中，甲銀行卻擁有2仟萬元的真實準備，換言之，此時甲銀行具有超額準備1仟萬元。由於，準備金並沒有任何的利息收入，因此，以利潤最大化為考量的銀行，勢必就會將超額準備的部位，以放款或購買證券的方式來使用超額準備以增加銀行的收入。銀行就是透過這種將資金流通到市場上的過程（放款或證券購買），新的信用得以不斷的創造。

假設甲銀行以放款的方式，將1仟萬元的超額準備貸放出去。假設甲銀行將這筆錢借給森林電腦公司，森林電腦公司則是以這1仟萬元，向天同電子公司購得積體電路的生產設備1套。森林公司以甲銀行的支票付給天同公司以完成這筆交易，而天同公司在收到森林公司的支票以後，將支票存入他在乙銀行的帳戶當中，而乙銀行則可透過銀行之間的票據交換，從甲銀行的森林電腦公司的帳戶，將1仟萬元轉到乙銀行天同公司的帳戶當中。在這一筆交易的過程當中，甲銀行透過以降低自己在央行的存款（準備）的方式，支付1仟萬元給乙銀行來完成交易。此時，乙銀行在央行的存款將會上升1仟萬元，而甲銀行在完成這筆交易以後，新的資產負債表關係如表25.3所示。

表25.3 放款之後，甲銀行新的資產負債表

（百萬元臺幣）

資　產		負　債	
放款	80	存款	100
證券投資	10		
準備	10		

因此，當甲銀行的放款增加了1仟萬元，而且將其超額準備移轉給了乙銀行以後，甲銀行的準備又回到法定的準備金1仟萬元。對甲銀行而言，它的信用創造過程結束了，然而，對整個經濟體系而言，信用的創造過程仍是繼續在進行。乙銀行現在持有額外1仟萬元的準備，及額外1仟萬元的存款。由於乙銀行的存款增加了1仟萬元（天同公司販賣積體電路生產設備之收入），而在這1仟萬元的存款當中，乙銀行僅需要提撥1佰萬元做為法定準備金，其餘的9佰萬元為乙銀行的超額準備。正如同甲銀行一

樣，乙銀行勢必將多餘的超額準備 9 佰萬元貸放出去以賺取利息收入。如果乙銀行亦順利地將 9 佰萬元貸放出去，市場上無論是誰在借到這筆 9 佰萬元的貸款之後，必定會與另外一個人產生交易的關係，而祇要發生交易雙方當中的一個人，將此筆款項再放回到銀行體系之內，信用就可以一直創造。例如假設丙銀行收到此筆 9 佰萬元的存款，因而使得丙銀行的準備與存款同時上升了 9 佰萬元。在這 9 佰萬元當中，丙銀行除了提撥 90 萬元當做是法定準備外，剩下的 810萬元，丙銀行可以貸放給其他人，以賺取利息收入。如此行為若反覆的循環下去，起初的 1仟萬元便可達成期末超過 1仟萬元以上的信用創造過程。表 25.4當中的數據，正說明了前述信用創造的過程。

在表 25.4 當中，每一列所代表的為每家銀行的存款、放款及準備變化情形。而每一欄代表的為在整體經濟體系之內，在各段過程當中之存款、放款及準備變化的情形，而在每欄最後一列所表示的為該欄數據加總之後的結果。

表 25.4　存款擴張過程

銀行	存款	新放款	準備	（百萬元臺幣）
央行				購回政府公債 (10)
甲		10	10	
乙	10	9	1	
丙	9	8.1	0.9	
丁	8.1	7.29	0.81	
戊	7.29	6.56	0.729	
己	6.56	5.90	0.656	
⋮	⋮	⋮	⋮	
總合	100	90	10	

透過表 25.4 的計算我們發現，央行在期初因為購買公債而釋放出 1 仟萬元的寬鬆貨幣政策，但在透過銀行體系當中信用創造的過程，最後使得存款（貨幣供給）增加了 1 億元。在本例當中，存款增加的比例為準備金增加的十倍。而為什麼在本例當中，存款可以增加達十倍之多呢？有什麼

因素可以用來決定信用的擴張倍數呢？以下可透過討論貨幣乘數的計算來更進一步瞭解銀行信用擴張的過程。

二、簡單貨幣乘數

在前面的例子當中我們看到，存款的增加為準備增加的十倍，為什麼正好是增加十倍呢？如果法定準備率為 10% 時，存款的改變就會有十倍之多。換句話說，在經濟體系內，準備與存款之間將會存在一種關係即:

$$\text{法定準備} = \text{法定準備率} \times \text{存款}$$

如果在上式的左右二邊，各除以法定準備率之後，將可得到:

$$\text{存款} = \frac{1}{\text{法定準備率}} \times \text{法定準備}$$

因此，將準備金增加的部位，乘上準備率的倒數之後，即可以得到存款增加的數量。例如，當準備金增加 1 仟萬元，而法定準備率為 10%時，存款增加的金額即為 1 億元，而此一結果，正如同我們將表 25.4 之內各階段所創造出來的存款累積之後所得到的結果。

當準備金部位開始下降時，我們亦可以利用上述的公式，來計算在整個經濟體系之內，存款減少的部份。

三、通貨與貨幣乘數之間的關係

透過調降法定準備率，中央銀行可以來增加存款的數量，或是透過調升準備率，央行可以來減少存款的數量。然而，截至目前為止，我們忽略了通貨 (currency) 在信用創造過程當中所扮演的角色。在貨幣供給當中，除了存款之外，亦包含了通貨，因此，在將通貨的角色考慮進來以後，到底有那些因素可決定總貨幣供給的數量？而中央銀行將會如何來改變貨幣的供給數量呢？若將貨幣包含進來時，有三件事情必需同時予以考量：存款、準備及通貨。

1.貨幣供給 (M) 及銀行準備 (BR)

貨幣供給包含了通貨加上存款（可能為 M1A， M1B 或 M2，但在此沒有必要去區分採用的是那一種貨幣的定義）。如果以 CU 表示通貨， D表

示存款時，則

$$M = CU + D$$

或換句話說，**貨幣供給為通貨加上存款**。

在上一節當中，我們已經清楚，在商業銀行的存款當中，有一定比率的存款將會被當成是準備而無法使用，令 BR 代表準備，而以 r 代表存款準備率，則準備與存款之間的關係，可以用以下公式來表示：

$$BR = r \times D$$

或是，**銀行準備為準備率乘上存款**。

2.通貨與存款

雖然通貨與存款均為貨幣供給的組成成份之一，但通貨與存款卻各自具有不同的特色。在某些用途上，人們偏好使用通貨而不是存款，而人們的偏好，正是決定手上持有通貨或是存款數量多寡的主要原因之一。當人們認為在交易時，使用通貨會較使用存款更為方便時，手上所持有的通貨金額就會較多，因而，存款的金額就會減少。如果人們覺得，由於現在犯罪率很高，因此，手上持有太多的通貨將會不太安全時，對存款的需求則有可能會上升。

為了決定在經濟體系內的貨幣供給額當中通貨與存款的比例，我們可以假設人們對通貨的持有比例，與存款之間存在某一種百分比的關係。或更詳細一點說明，我們可以使用一種**通貨對存款的比例** (currency to deposit ratio) 來敘述人們所持有的通貨數量佔其總存款的百分比。如果人們持有的通貨為存款的 40% 時，則稱通貨對存款的比例為 0.4，因此，當經濟體系之內的總存款金額有 800 億元時，通貨持有將會有 320 億元，使得總貨幣供給額成為 1120 億元。雖然不同的個人，會因為有不同的偏好，而對於通貨的持有數量將有所不同，但在整體經濟之下，我們可以以平均值的方式，來描述通貨與存款間的比例關係。

通貨對存款比例的大小，亦會受到電子科技進步的影響。例如，信用卡的使用將會減少通貨對存款的比例。**信用卡本身並不是一種貨幣，信用卡有點類似一種身份證明，為用來提領現金的一種身份證明文件**。信用卡使用了較多的存款，而非通貨，因為通常在刷卡之後的某一段時間之內，刷卡人將會收到發卡公司的帳單，而這些帳單多數通常可以使用轉帳的方式，由刷卡人的銀行帳戶當中，直接撥款付清，因此，在整個信用卡使用的過程當中，幾乎可以不必使用到任何的通貨。

在任何的時點之下，我們均可假設通貨對存款之比例為一個穩定的數字。令 k 表示通貨對存款的比例，即

$$\text{通貨}(CU) = k \times \text{存款}(D)$$

或 $k = \dfrac{CU}{D}$。

3.貨幣乘數

在簡單貨幣乘數的計算當中，並未考慮到通貨所扮演的角色，然而，在真實貨幣乘數的計算過程當中，則必需要考慮到通貨所扮演的角色。**如果人們手上所持有的通貨比例較高**（即 k 較大時），**信用創造的效果將會較小**，為何如此呢？透過推導出一個包含通貨的真實貨幣乘數的關係，可以看出在考慮通貨的角色之後，真實貨幣乘數將會變得較小。我們知道**通貨加上準備稱之為基礎貨幣**(monetary base)，由於央行可以同時控制通貨及準備，因此央行可以控制基礎貨幣。基礎貨幣 (MB) 等於

$$MB = CU + BR$$

而**真實貨幣乘數則是定義為，由於基礎貨幣** (MB) **的改變，所引起貨幣供給額** (M) **改變的比例大小**。由於 $M = CU + D$，而 CU 又等於 kD，因此

$$M = (k + 1) \times D$$

此外，銀行準備與存款之間又具有 $BR = rD$ 之關係，而 $CU = kD$，而基礎貨幣等於準備加上通貨，因此，基礎貨幣 MB，具有以下的關係：

$$MB = (k + r) \times D$$

而真實貨幣乘數 (m) 則為

$$m=\frac{\Delta M}{\Delta MB}=\frac{k+1}{k+r}$$

ΔM 表示貨幣供給額的改變，而 ΔMB 則用來表示基礎貨幣之改變。由於在分子與分母當中，均存在存款的改變 ΔD，因此可以相互抵消掉，而最後將成為上式的一種比率關係。上式所表示即是在真實世界當中，貨幣乘數的計算方式。例如，當準備率 $r=0.1$，而通貨對存款之比例 $k=0.5$ 時，貨幣乘數為2.5，換言之，在考慮人們手上持有通貨的因素之後，當基礎貨幣增加1仟萬元時，貨幣供給額將祇會增加2 仟5 佰萬元，而非如簡單貨幣乘數所估計之1億元。

此一比率與先前採用簡單貨幣乘數所計算出來的比率10相比較，明顯的減少了很多。主要原因是由於我們假設了 $k=0.5$。如果假設 k 為0.2時，則貨幣乘數成為4，顯然的，**如果在經濟體系當中，人們手上持有通貨金額較多時，貨幣的乘數將會愈小，換言之，此時央行貨幣政策的效果將會愈差**。為何當人們手上持有愈多的通貨時，貨幣政策的效果就會愈差呢？根據前面的討論，由於貨幣需透過回到銀行體系內之後，才能達到再創造新的信用之功能，因此，當人們手上持有較多比例的通貨時，意味著，回到銀行體系內的貨幣金額將會減少，因而，使得銀行能夠創造出來的信用金額相對變得較少。

此外，貨幣乘數永遠大於1的事實，提供了央行可以透過改變基礎貨幣數量的方式，而來達到改變貨幣供給額之事實。祇要通貨對存款之比例，及準備率維持不變，央行即可以透過調整基礎貨幣的方式來改變貨幣的供給額。

第二節　中央銀行的功能及組織

在前面一節當中，我們討論了央行如何來改變貨幣供給額的數量，透過調整商業銀行的法定準備率，央行可以來改變貨幣供給額。在詳細討論這些政策以前，我們可以先來看看央行之功能及組織。

一、中央銀行之功能

中央銀行為國家金融制度的維護者，負責主管監督國家的金融秩序，

執行一國之貨幣政策。一般銀行以營利為目的，然而中央銀行卻非以營利為目的，因此，中央銀行亦可稱為「國家金融政策銀行」。此外，由於中央銀行之業務對象為一般銀行，因此中央銀行又稱為銀行中的銀行。一般而言，世界各國的中央銀行均具有通貨發行權，因此又稱為「發行銀行」。中央銀行一般具有以下幾項功能：

1.作為銀行的銀行

在銀行信用緊縮時，收受各銀行已貼現予客戶之票據，實施再貼現，負起全國金融最後支持者之責任。此外，銀行在收受存款，依規定提存法定準備金之後，交予中央銀行來保管。而央行可藉由法定準備率之改變，來影響銀行之信用餘額，作為控制全國信用供給的方式之一。而為了維護金融安定，央行於必要時，得給予各銀行合理的資金融通，成為各銀行最後的貸放者 (lender of last resort)。

2.作為政府的銀行

中央銀行接受政府的約束，但卻又獨立於政府之外。其可保管政府公款（經理國庫），提供政府短期融通及代理償付政府債券本息，但不是政府財政赤字的最後支持者，僅能作臨時性墊款。此外，由於中央銀行不以營利為目的，其所收受來自於各銀行的存款準備金，一般亦不支付利息。政府存款於中央銀行之中，同樣也是不付息的，其原因在於中央銀行也相對地對政府進行短期墊款及代辦各項事務，因此，不付息給政府存款亦屬合理。

3.保管黃金及外匯準備，調節國際收支

近半世紀以來，多數國家均限制黃金的自由流動及持有，由中央銀行來負責保管全國的黃金準備，有利於調節全國對外的國際收支，並可管制黃金及外匯準備之存量。

4.控制全國貨幣供給

一國的經濟景氣循環，通常與該國貨幣政策的寬鬆或緊縮是息息相關的。在景氣過熱時期，央行如何採行適當貨幣政策以避免景氣過熱所將帶來的通貨膨脹危機，或是當景氣低迷時期，央行如何採行寬鬆貨幣政策來調整景氣，均是央行在推行貨幣政策當中，責無旁貸的責任。有關央行貨幣政策的實施，我們在以下將會有詳盡的討論。

5.監督全國銀行業務

中央銀行負有金融檢查的權責，監督管理全國銀行之正常運作，以確保全國金融體系之健全發展。

二、中央銀行之組織

民國 38 年，政府遷臺以後，中央銀行亦隨之移設於臺灣。其重要任務，如：⑴紙幣之發行；⑵收受存款準備金；⑶重貼現業務；⑷代理國庫；⑸辦理國際匯兌等業務，則全委由臺灣銀行來辦理。因此一直到民國 50 年 7 月 1 日，中央銀行在臺復業前止，臺灣銀行可說是實際的中央銀行。

中央銀行在臺復業以後，將臺銀原先代理之業務收回，逐漸正常運作中央銀行應有之業務。民國 68 年中央銀行法修正，規定中央銀行為國家銀行，隸屬行政院，以促進金融穩定、健全銀行業務、維護貨幣對內及對外價值之穩定及協助經濟發展等目標。其主要業務包括：⑴發行貨幣；⑵對銀行辦理重貼現及短期融通；⑶訂定重貼現及其他融通利率；⑷訂定存款利率最高限，核定銀行公會建議之放款利率幅度；⑸訂定法定存款準備率，保管存款準備金；⑹規定流動比率；⑺買賣政府債券及金融債券，進行公開市場操作；⑻發行定期存單，儲蓄券及短期債券，進行公開市場操作；⑼統籌調度外匯；⑽經理國庫業務；⑾金融機構業務檢查；⑿辦理金融及經濟研究工作。央行業務對象除法令另有規定以外，應為：⑴政府單位；⑵銀行及其他金融機構；⑶國際及國外金融機構。

目前中央銀行總行設於臺北市。依中央銀行法規定，中央銀行設理事會、總裁一人及副總裁二人。其業務執行幕僚包括：業務局、發行局、外匯局、國庫局、金融業務檢查處、經濟研究處、祕書處及會計處，並得因為處理特定事務而設各種委員會。我國中央銀行組織體系見圖 25.1。

1.理事會

設理事十一人至十五人，由行政院提請總統任命，並指定其中五人至七人為常務理事，組織常務理事會。理事人選除中央銀行總裁、財政部長及經濟部長為當然理事並為常務理事外，應以農、工、商業及銀行業代表至少各一人為理事人選。除當然理事外，理事任期五年，任滿得連任。

理事會之職權包括：⑴貨幣、信用及外匯政策之審議；⑵中央銀行資本調整之審議；⑶中央銀行業務計劃之核定；⑷中央銀行預算之審議；⑸中央銀行各項章程之審核；⑹中央銀行設立分行及其撤銷之審議；⑺中央銀行各局處、會正副主管及分行經理任免之核定；⑻總裁提議、事項之審議。

圖 25.1　我國中央銀行之組織圖

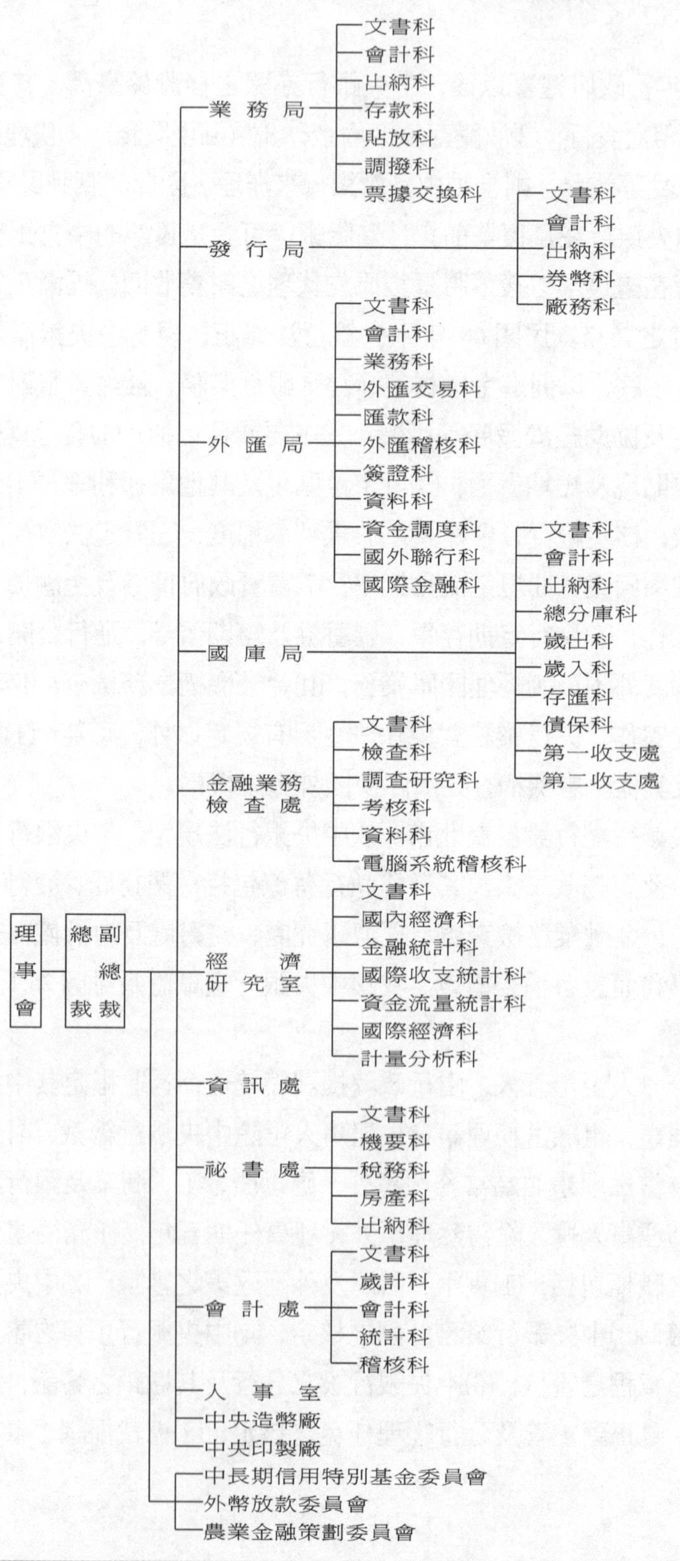

2.總裁

為理事會及常務理事會之主席，並執行理事會決議事項，對外代表中央銀行，屬特任官，任期五年，任滿得連任。

3.監事會

監事會設監事五至七人，由行政院報請總統任命。行政院主計長為當然監事；除當然監事外，監事任期三年，任滿得連任。監事之主席，由監事互推一人充任。至於監事之職權則為：⑴中央銀行之資產與負債的檢查；⑵中央銀行帳目之稽核；⑶貨幣發行準備之檢查；⑷貨幣發行數額之查核；⑸中央銀行決算之審核；⑹違反中央銀行法情形之調查，並提請理事會予以糾正。

第三節 中央銀行的貨幣政策

中央銀行掌管全國金融的穩定及金融機構的健全發展，因此，中央銀行對全國信用的管制為其重要的工具。在中央銀行採取信用管制措施之前，須有一些指標作為其政策採行之依據，當全國金融指標呈現信用緊縮情形時，中央銀行則採取寬鬆政策，以避免經濟發展停滯；當全國金融指標呈現信用過度寬鬆時，則央行採行緊縮政策，以避免因通貨膨脹造成經濟成長的惡化。此外，中央銀行亦可根據個別的金融指標，察覺個別經濟部門的信用鬆緊狀態，而採行對個別經濟部門的選擇性信用控制。

一、貨幣政策的指標

中央銀行在進行信用管制的貨幣政策以前，必需根據一套參考衡量指標來決定採行寬鬆或緊縮的貨幣政策。這些指標包括有：短期利率水準、貨幣供給量年成長率、基礎貨幣增加率、銀行的自由準備金以及股價指數等。

1.短期利率水準

由於利率代表資金的價格水準，因此，當資金緊縮時（需求大於供給時），利率水準會升高；反之，當資金寬鬆時，利率水準會下降。當資金緊縮時，反映了貨幣當局所發行之貨幣數量不敷社會交易所需，貨幣當局此時應採行寬鬆的貨幣政策。反之，當利率下降時，代表社會上資金過於寬鬆，當局此時應該採行較緊縮政策，以避免產生通貨膨脹。由於採用短期利率水準較能反應市場上借款成本，因此，通常採用短期利率水準當成指標。

然而，到了1960年代，經濟學者認為短期利率水準並非是良好的貨幣政策指標。由於，短期利率常會由於投機因素而形成較大的波動，因此，短期利率並無法真正反映實際的資金價格，且容易造成當局的錯誤判斷。所以，在 1960年代後半期，歐美及若干發展中國家，已逐漸改用貨幣供給來當成是政策的指標。

2.貨幣供給量年成長率

由於，貨幣供給量年成長率容易被貨幣當局所控制，因此，以之作為政策指標，需有一套貨幣法則來判斷。我國根據以往經濟發展與物價變動的經驗，認為貨幣供給量年成長率在15%～20%之間屬正常，若低於15%，則表示信用趨於緊縮；而若高於20%，則代表信用過於寬鬆。由於在現實經濟社會中，商業銀行以外的金融機構成長快速，其資產負債的變化，對整體經濟之活動影響亦甚大。然而這些非存款貨幣機構之活動，卻未完全被涵蓋於貨幣供給量的定義中，因此，採用貨幣供給量年成長率指標，並不見得能完全反映全體社會真實貨幣供給情形。

3.基礎貨幣增加率

基礎貨幣為銀行準備金加上流通在外的通貨之總額。由於貨幣供給量為貨幣乘數乘上基礎貨幣，因此，在貨幣乘數固定不變的假設之下，基礎貨幣之變化將使得貨幣供給做同方向倍數之變化。以基礎貨幣衡量貨幣緊縮程度，與採用貨幣供給量作為衡量指標並無太大的差異。中央銀行雖然無法掌握貨幣乘數，但卻能掌控基礎貨幣，因此，透過控制基礎貨幣亦能控制貨幣供給。一般而言，當基礎貨幣的年增加率小於4%，表示信用趨於緊縮；反之，若基礎貨幣的年增加率高於4%，則表示信用趨於寬鬆。

4.銀行的自由準備金

自由準備金 (free reserve) 為銀行超額準備金中，扣除自中央銀行借入款之後所剩餘的部份。銀行的自由準備金為商業銀行體系可真正自由用來進行信用創造的能力，而這種銀行信用的創造能力，由於亦會影響到社會中貨幣的數量，因之，亦可當成貨幣政策的指標。當自由準備金為負的時候，表示銀行的資金準備大部份來自於中央銀行的融通，商業銀行便自動減低其信用創造，社會即顯示貨幣緊縮情形；反之，當銀行自由準備金為正的時候，銀行一方面增加利息收入，一方面為避免資金之呆滯，便極易過度擴張信用，使全體社會之貨幣過於鬆弛。

5.股價指數

股價指數往往亦能反映出經濟體系的鬆緊狀態。當貨幣數量增加，則市場利率下降，因此，股票便易吸引資金的投入，股價因而上揚。亦即，股價上揚通常代表資金寬鬆；反之，當股價下跌則表示信用緊縮。

事實上，以上所介紹的五種指標當中，並沒有單一指標，可以百分之百顯示信用緊鬆的情形。因此，當局在決定貨幣政策時，通常會考慮多種指標之後，再決定採行寬鬆或緊縮的貨幣政策。

二、貨幣政策的種類

中央銀行之貨幣政策可依其對全體社會影響之層面分為：一般性信用控制及選擇性信用控制二種。**央行貨幣政策的目的，若是就整體社會信用數量加以管制，則稱為一般性信用控制或稱量的信用控制。若央行貨幣政策的目的，僅在於干預信用數量之分配，以影響某些經濟部門之經濟活動，因為是有選擇性的實施貨幣政策，故稱之為選擇性的信用控制或稱質的信用控制。央行的一般性信用管制包括：存款準備率政策、重貼現率政策及公開市場操作。**

1.一般性信用管制

(1)存款準備率政策

央行規定各商業銀行，須依各種存款提列法定準備金不得動用之比率，稱之為存款準備率。**中央銀行藉由調整存款準備高低之方式，來影響商業銀行體系信用創造之能力，並進而達到控制全體貨幣數量之目的，稱之為存款準備率政策。**在經濟景氣繁榮時，若貨幣供給量成長過鉅，形成銀行過度寬鬆時，央行為避免惡性通貨膨脹所帶來物價膨脹之壓力，須採行緊縮政策。亦即，提高存款準備率，以降低商業銀行信用擴張之能力；反之，降低存款準備率，則可達成銀行擴張信用之能力，增加貨幣供給量。

我國對存款準備率之規定，依銀行法第四十二條及中央銀行法第二十三條規定，中央銀行收管銀行存款準備金比率：(a)支票存款，15%～40%。(b)活期存款，10%～35%。(c)儲蓄存款，5%～20%。(d)定期存款，7%～25%。

(2)重貼現率政策

客戶持未到期之票據向銀行請求兌換現金，稱之為貼現 (discount)。銀行若因資金不足，將客戶請求貼現之未到期票據，再持往中央銀

行請求兌現，稱之為重貼現 (rediscount)。重貼現時，必需負擔之利息，即是重貼現率。由於重貼現率代表商業銀行之資金成本，資金成本的高低將會影響到商業銀行進行重貼現放款之意願。中央銀行便可藉由重貼現率之調整，以達到信用控制之目的，此即是所謂的重貼現率政策。

當景氣過於繁榮時，央行可以調高重貼現率的方式，使得商業銀行之資金成本提高，由於資金成本調高，使得商業銀行對客戶貼現之意願減低。另一方面，由於銀行亦會調高其存放款利率，使得客戶亦自動減低向銀行請求貼現之意願。而在景氣蕭條時，央行為刺激經濟景氣，亦會以調低重貼現率的方式，誘導銀行降低存放款利率，以增加社會貨幣供給量，寬鬆貨幣。

⑶公開市場操作

央行在公開市場上買賣國庫券或政府債券等有價證券，以管制全體社會之信用進而影響貨幣供給量。但中央銀行欲藉由公開市場操作以達信用控制之目的，須有二個基本的條件：⒜必需有健全且交易之資本市場。⒝必需有足夠的信用工具以供操作。

公開市場操作之目的是要影響銀行的準備金。此項操作若是央行為主動改變銀行準備金數額，則稱之為動態性操作 (dynamic operations) 或自主性操作。反之，若央行的操作乃是因商業銀行採取某些行動，而這些行動可能干擾到貨幣數量，央行因而採取公開市場操作以抵消此一干擾，此種操作則稱為防衛性操作 (defensive operations)。

此外，央行亦可透過公開市場操作，在不影響全體社會貨幣數量之情形之下，來達到影響長短期利率或平衡國際收支之目標。例如，央行可在公開市場買入某一金額之長期債券，且同時賣出同等金額之短期債券。如此，社會上的貨幣供給仍舊維持不變，但短期利率將上升，而長期利率將下降；此種操作方式，稱為互換操作 (twist operation)。若目前國內景氣處於熱絡期且亦有通貨膨脹之虞，此外，國際收支亦持續出超。央行為兼顧出口成長帶動國內經濟發展與避免通貨膨脹的雙重目標，可進行所謂沖銷政策 (sterilization policy)。亦即當國際收支出超時，央行買入外匯同時釋出本國貨幣，便可在公開市場上賣出等額國庫券，以收回本國貨幣，如此便可在出口繼續成長之下，又不必擔心通貨膨脹之發生。

2.選擇性的信用管制

選擇性信用管制是指，中央銀行依據個別經濟部門的信用鬆緊情形加以控制。其貨幣政策影響所及，僅為某一經濟部門。**目前世界各國常使用的選擇性信用管制工具有：⑴消費者信用管制**(consumer's credit control)；⑵**不動產信用管制**(real estate control)；⑶**證券信用管制**。

⑴消費者信用管制

指中央銀行對不動產以外各種耐久性消費財銷售融資，所設的規定管制。例如中央銀行管制分期付款信用期限或付現條件，即為消費者之信用管制。主張中央銀行擁有此項權力者認為：⒜消費者信用積少成多，對全國經濟的影響是一不安定的因素。中央銀行之一般性信用管制，無法直接而迅速的影響消費者信用。⒝消費者信用之擴張，將使廠商的投資信用相對增加，扭曲全體社會信用之分配，而對經濟產生不利影響，因此有加以個別管制之必要。我國銀行法第三十九條規定：「銀行對個人購買耐久消費品得辦理中期放款；或對買受人所簽發經承銷商背書之本票，辦理貼現。」同法第四十條規定：「……必要時，中央銀行得就其付現條件及信用期限，予以規定並管理之。」由此可見，此種日漸重要的耐久消費財融資活動，中央銀行可視情況實施管制，以避免資源的扭曲而影響其他經濟活動。

⑵不動產信用管制

不動產信用管制，是指中央銀行就一般銀行對客戶購買新住宅或商業用房屋之貸款，規定其：⒜貸款的最高限額；⒝貸款的最長期限；⒞分攤還款之最低金額。由於不動產信用的期限較長，因此其利率變動的影響較大。且不動產的建築，與其他產業有密切的關聯，若不動產部門之不景氣，則有帶動全國經濟不景氣的風險。因此，中央銀行有必要對不動產部門的信用，予以特別的管制。

我國銀行法第三十八條規定：「銀行對購買或建造住宅或企業用建築，得辦理中、長期放款。但最長期限不得超過二十年。」同時對第三十八條中、長期放款之分期償還放款方式於同法第四十條賦予中央銀行管理之權力。銀行法第四十條規定：「……必要時，中央銀行得就其付現條件及信用期限，予以規定並管理之。」

⑶證券信用管制

證券信用管制，是指中央銀行於證券市場有關證券交易可進行貸款額與交易額的百分比，予以規定。此項百分比也就是一般所稱的保證金比率 (margin requirement)。在證券市場買入證券時，若無足夠的自有資金時，可以依保證金比率所訂之百分比，繳交頭款 (down payment)，餘款則以融資借款方式來買入證券。由於，證券市場之交易情形，如同一國的經濟櫥窗，因此，中央銀行有必要對證券市場的信用加以管制。保證金比率提高時，即表示，購買證券者須比以前用更多的資金來購買證券。例如，保證金比率，若由 40%提高至 60%，則表示證券購買者之自有資金由交易額之 40%，提高至 60%；亦即其所能獲得之貸款成數（融資比率）由 60%降為 40%，代表著證券信用之緊縮。反之，降低保證金比率則有信用寬鬆之目的。

我國銀行法第七十三條規定：「商業銀行得就證券之發行與買賣，對有關證券商或證券金融公司予以資金融通。前項資金融通，其管理辦法由中央銀行定之。」同時，銀行法第三十七條亦規定:「……中央銀行因調節信用，於必要時得選擇若干種類或抵押物，規定其最高放款比率。」由此可見，中央銀行可選擇證券市場以進行信用管制，並規定其最高融資比率（即最低保證金比率）。

3.其他信用管制

⑴直接管制

直接管制是指中央銀行依據有關法令之規定，對銀行信用的質或量直接加以干預的信用管制方式。

⒜信用分配 (credit rationing)

中央銀行衡量國內經濟情勢，將有限的資金，依法令所賦予的權力，對銀行的信用創造予以合理的分配或限制。例如，我國中央銀行依據政府經濟發展政策之需要，採行的專案融資或特案融資即屬信用分配管制。我國中央銀行法第二十條規定：「本行為協助經濟建設，得設立各種基金，運用金融機構轉存之儲蓄存款及其他專款，辦理中、長期放款之再融通。」

⒝直接干預 (direct interference)

中央銀行在法令規定下，直接干預商業銀行的授信業務，限制銀行放款額度及放款條件，並得干涉銀行對活期存款的吸收。此外，中央銀行亦得藉金融檢查，糾正銀行不當的業務。中央銀行可依據銀行法中規定各種類銀行放款投資範圍，進行干預。

(c)流動比率 (liquidity ratio)

中央銀行法第二十五條規定:「本行經洽商財政部後,得隨時就銀行流動資產與各項負債之比率,規定其最低標準。」由於中央銀行若提高銀行流動比率,商業銀行便不能任意將政府債券及其他流動資產用來作放款,以符合流動比率之要求。而中央銀行也藉此達到限制銀行信用擴張的目的。流動比率管制的實施,須輔以金融預警制度及金融檢查方始得奏效。

(d)利率上限 (ceiling rate)

中央銀行可視情況,依法令規定,訂定各銀行存款利率的上限,以防止銀行因惡性競爭吸收資金而增加倒閉之風險。中央銀行法第二十二條規定:「本行得視金融及經濟狀況,隨時訂定銀行各種存款之最高利率;並核定銀行公會建議之各種放款利率之幅度。」利率上限除了防止銀行惡性競爭外,也可限制銀行資金的吸收,而達到限制銀行信用過度擴張之作用。

(2)間接管制

間接管制是指中央銀行以協調之方式,要求銀行配合中央銀行的貨幣政策,其較無強制的約束力。因此,一般大多用於平時,無貨幣控制壓力時作為一般性信用管制,選擇性信用管制或直接管制的輔助措施。

(a)道義的說服(moral persuasion)

中央銀行以委婉的方式,向銀行說明其貨幣政策的目的,希望銀行的配合。通常在中央銀行擁有足夠法定權力時,道義說服較能使銀行所接受。因為若說服失敗,則中央銀行便可以法定工具來進行管制措施。

(b)維持良好關係

中央銀行可以隨時派人至銀行瞭解其實際經營情況,並協助解決其困難。一方面也可將中央銀行的貨幣政策態度表達給商業銀行。

(c)自動信用管制 (voluntary credit restraint)

所謂自動信用管制是指中央銀行透過銀行公會的力量,請各銀行相互約束,自動限制不利經濟社會的放款投資業務。

(d)公開宣告 (publicity)

中央銀行在執行某項信用管制措施時,利用傳播媒體,向銀行或社會大眾公開宣傳，以獲得支持。因此，公開宣告經常是在中央銀行採取實際行動前的預告。除了可預先給銀行或社會大眾有心理準備外，亦可在實際採行政策前，多方聽取各界之意見，以間接減少實際行動之阻力。

第四節　貨幣需求

人們為什麼會持有貨幣呢？持有貨幣的目的何在？有那些因素決定了我們要持有多少數量的貨幣？在本節當中，我們將要來討論這些問題。決定要持有多少的貨幣數量，即是對貨幣的需求 (demand for money)。**將全體社會當中，每一個個人對貨幣需求的數量予以加總，即得到所謂之總合貨幣需求**。一旦我們瞭解了有那些因素將會影響到貨幣需求，祇要將貨幣需求結合前面所討論的貨幣供給，我們便可以瞭解改變貨幣如何來改變利率，進而影響到均衡的所得水準。

通常人們使用貨幣來進行交易——購買商品及勞務。因此，**對貨幣的交易需求** (transactions demand for money)，**就是消費者為了消費商品及勞務的需要，因而持有貨幣**。

而人們持有貨幣的另一種用途，在於用來處理一些緊急之事故。因此，**預防** (precautionary) **的動機為人們對貨幣需求的第二大原因**。人們永遠無法正確的知道，在何時將會出現一些無法預期的費用，或在何時真實支出將會超過計劃性的支出，因此，人們經常性的在手上會持有一些貨幣，以應付一些臨時性或緊急性的支出。

最後，有一部份人持有貨幣的目的，在進行一些投機性的交易。**對貨幣的投機性需求** (speculation demand for money)，**即是因為對於其他資產的不確定** (uncertain)，**所創造出來的需求**。此種需求之所以會存在的主要原因為：由於貨幣是一種用來被當做是價值儲存的最具流動性工具，因此當一些資產價格改變時，人們即可利用貨幣來進行購買的行為。如果一個人認為股價最近會下跌，他可能手上會持有一些貨幣，當股價下跌至他心目中理想的價格時，他即會到證券公司購買股票。

一、貨幣需求函數

如果我們瞭解人們持有貨幣的目的之後，當然，我們就可以明白有那些因素將會改變人們手上持有貨幣的數量。從以上的討論當中，我們明白**人們持有貨幣的目的在於：⑴為了交易的目的；⑵為了預防的目的；及⑶準備隨時購買資產**。因而，利率及名目所得將會影響到人們為了進行上述的三項目，而持有貨幣數量之多寡。

1.利率

利率與對貨幣需求的數量之間，將會存在一種反向的關係，如圖 25.2 關係所示。由於，利率為持有貨幣的機會成本（如果在您的手上持有數萬元的鈔票，您便是在放棄將這數萬元置於銀行當中，賺取利息收入的機會），因此，在利率較低的時期，您所放棄的利息收入將會較小；然而在利率較高的時候，您所要放棄的利息收入將會變得較大。由於利率為持有貨幣之成本，因此當利率上升時，持有貨幣之機會成本上升了，人們將會因而減少對貨幣的持有（需求）數量。反之，當利率下降時，持有貨幣的機會成本下降了，因此貨幣持有的數量將會增加。換言之，利率與對貨幣的持有數量之間存在一種反向的關係。

圖 25.2　貨幣需求函數

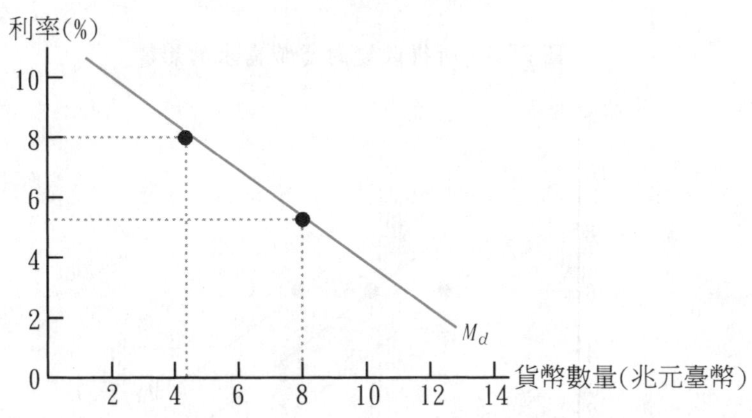

貨幣需求函數 (M_d) 為利率的反函數。由於，利率為持有貨幣的機會成本，因此，當利率愈高時，對貨幣需求的數量愈少。反之，當利率愈低時，由於，持有貨幣的機會成本愈低，因此，對貨幣的需求數量會愈多。當利率為 8%時，對貨幣需求為 4 兆元，當利率下降至 5%時，對貨幣的需求則會上升至 8 兆元臺幣。

在圖 25.2 所表示的貨幣需求函數當中，需求函數與利率之間呈現一種負向的關係。向右下方傾斜的貨幣需求函數 (M_d) 所表示的為對貨幣需求數量與利率之間存在一種負向的關係。例如，當利率為 8% 時，對貨幣的需求數量為 4 兆元，當利率下降至 5% 時，對貨幣數量之需求數量則上升至 8 兆元。

2.名目所得

對貨幣之需求數量，亦取決於名目所得的大小。由於所得的增加，使得人們對商品及勞務之需求量變得較大，因此，對貨幣需求的數量亦會較多。所以，當名目所得愈高時，對貨幣需求之數量便會愈大。名目所得的上升，可能源自於物價的上升，或源自於實質所得的上升，然而無論是那一種因素所形成的名目所得上升，人們對貨幣的需求皆將由於交易量的擴大而增加。

在利率水準固定的假設之下，任何名目所得的改變，都將會使得貨幣需求函數改變，在圖 25.3 當中所表示的關係，正是名目所得與貨幣需求函數之間的關係。如果所得由 Y_0 上升至 Y_1 時，貨幣需求函數將會由 M_d 右移到 M_{d_1}。如果所得由 Y_0 下降至 Y_2 時，貨幣需求函數將由 M_d 左移到 M_{d_2}。在利率為 6% 時；當所得由 Y_0 上升至 Y_1 時，對貨幣之需求數量將由 Q_0 上升至 Q_1；當所得由 Y_0 下降至 Y_2 時，對貨幣之需求數量將由 Q_0 下降至 Q_2。

圖 25.3　所得改變對貨幣需求的影響

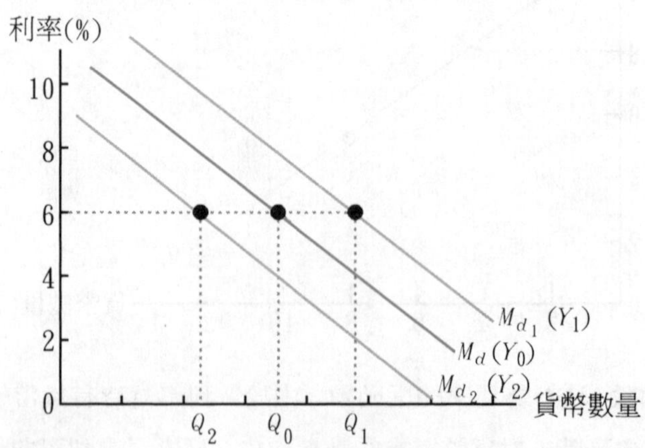

在利率不變的假設之下，當所得改變時，貨幣需求函數亦將會改變。起初，當所得為 Y_0 時，貨幣需求為 M_d，在利率 6% 時，此時對貨幣需求數量為 Q_0。當所得由 Y_0 上升至 Y_1 時，貨幣需求由 M_d 右移至 M_{d_1}，當利率仍固定在 6%水準時，對貨幣需求數量將會上升至 Q_1。而當所得由 Y_0 下降至 Y_2 時，對貨幣需求數量將由 Q_0 下降至 Q_2。

二、貨幣供給函數

由於貨幣供給數量的控制為央行貨幣政策的工具之一，且在前面一節當中，我們也已討論了一些中央銀行用來改變貨幣供給額的工具，因此在本節當中，我們將要來討論在貨幣市場當中，貨幣的供給函數。中央銀行可以透過政策來改變貨幣供給額的事實，意味著，貨幣供給額與目前利率水準及所得水準之間是獨立的。圖 25.4 所表示貨幣供給函數 (M_s) 關係，即在於表示此種獨立的關係。垂直的貨幣供給曲線 (M_s)，表示無論是在任何的利率水準之下，貨幣供給額均固定在 6.5兆元臺幣。如果中央銀行提高貨幣供給額時，垂直的貨幣供給曲線將會移往右邊，而若中央銀行減少貨幣供給額時，貨幣供給曲線則會移往左邊。

圖 25.4　貨幣供給函數

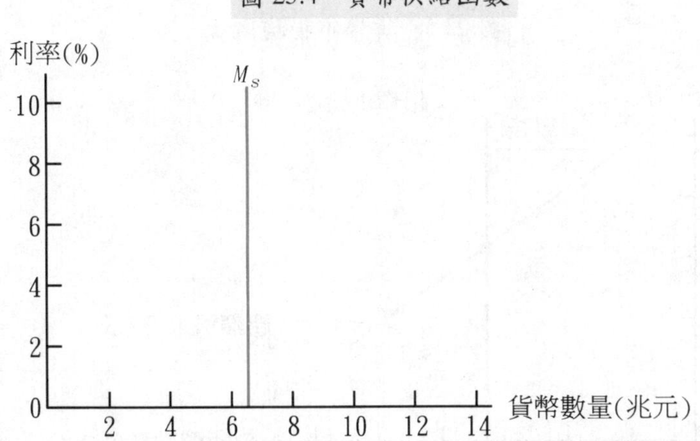

貨幣供給函數 (M_s) 為垂直線，意味著央行可自行決定貨幣供給之數量，而不必顧慮當前的利率或所得水準。圖中所表示的為中央銀行貨幣供給在 6.5 兆元之關係。當中央銀行提高貨幣供給額時， M_s 曲線將向右方移動，當央行緊縮貨幣時， M_s 曲線將向左方移動。

三、貨幣市場之均衡

將貨幣需求函數與貨幣供給函數結合在一起，即可得到在貨幣市場之內的均衡利率水準與均衡貨幣數量。圖 25.5正是描述了在貨幣市場內的均衡現象，均衡點 e，為貨幣需求函數與貨幣供給函數相交會之處，在本例當中，均衡利率為 6.5%，而均衡貨幣數量為 6.5兆元臺幣。

在貨幣市場當中，若失衡現象存在時，有那些力量將會使得市場再度回復到均衡的現象呢？利用圖 25.5，我們可以來探討在貨幣市場當中，均衡如何來調整？如果現在市場的利率水準低於 6.5%時，由於，市場利率水準較均衡水準為低，人們對貨幣的需求數量，將會較央行所供給的貨幣數量為多，因此，在貨幣市場之內，將會存在超額需求的現象。然而由於央行並未採行一些可以改變貨幣供給量的政策來增加貨幣的供給，因此，市場的利率將會以上升的方式，來消除市場內對貨幣的超額需求現象。為何會如此呢？由於，央行並未提高貨幣供給額，因此，人們為了滿足對貨幣的需求，勢必會將手上的債券或其他一些非貨幣性的資產轉換成為貨幣以滿足對貨幣之需求。而此一將債券轉換成貨幣的過程將會使得市場的利率上升。

圖 25.5　貨幣市場均衡

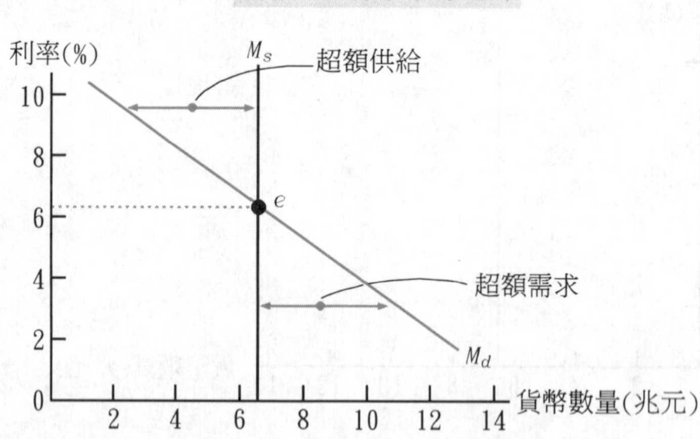

均衡點 e，為貨幣供給函數 (M_s) 與貨幣需求函數 (M_d) 相交之處。此時，貨幣市場均衡利率水準為 6.5%，而均衡貨幣數量為 6.5兆元。如果市場利率高於 6.5%時，則貨幣市場將存在超額供給的現象。當市場利率水準低於 6.5%時，貨幣市場將存在超額需求的現象。

為了瞭解買賣債券（或非貨幣性資產）與利率之間的關係，我們必需先明白，目前的債券利率（殖利率，yield），與債券的價格之間具有以下的關係：

$$目前利率 = \frac{年利息支付}{債券價格}$$

在債券的發行年限之內，由於年利息支付是固定不變的，因而，債券的價格就完全取決於債券的供給與需求量。根據以上的公式，當債券價格改變時，利率亦將會跟著改變，而且二者之間將呈現相反的關係。

例如，當某一債券價值 1000 元，而且每年付出 100元的利息時，代表市場利率為 10%。當人們想要將手上債券轉換成為貨幣時，由於債券的供給將會增加，因而，使得債券的價格下降。假設債券的價格由 1000元下跌至 800元時，由於，債券年利息支出 100元是固定不變的，因此，根據上式，債券價格的下降，意味著市場的利率上升至 12.5% ($\frac{\$100}{\$800}$)。而此種利率調升之過程，正是當貨幣市場出現超額需求時，市場利率的調升過程。當利率上升以後，由於持有貨幣的機會成本上升了，因此，人們將逐漸減少對貨幣的需求數量，漸漸的市場上超額需求的現象就會逐漸消失，最終，市場又回到均衡點 e。

反之，當市場的利率高於 6.5%時，貨幣市場內就會存在有超額供給現象。由於，此時市場當中有太多的貨幣，因此，人們便逐漸會將手上所持有貨幣，轉換成為債券或非貨幣性資產。由於市場中，對債券的需求上升了，因而使得債券的價格上升，在利息支付固定不變之下，債券價格上升，代表市場的利率就會下降。當利率逐漸開始下降以後，由於持有貨幣的機會成本下降了，人們逐漸增加對貨幣之持有，使得貨幣市場上超額供給現象逐漸消失，最後貨幣市場又將回到市場均衡關係 e 點。

四、貨幣與均衡所得

有了貨幣市場之均衡關係以後，我們已準備好要來討論貨幣政策與均衡實質所得水準之間的關係。我們將使用圖 25.6的關係，來說明如何透過貨幣供給的改變，來改變實質所得水準。

當央行以較為寬鬆的貨幣政策（如調低銀行準備率），來刺激低迷的景氣時，由於貨幣供給額的增加，使得貨幣市場的均衡利率水準由 i_1 下降至 i_2（見圖(a)）。而由於投資函數與利率之間存在一種反向的關係，因此，當利率水準下降以後，人們對投資的需求將會增加，由圖(b)可以看出來，當利率由 i_1 下降至 i_2 時，對投資需求將由 I_1 增加至 I_2。

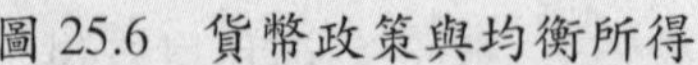

圖 25.6　貨幣政策與均衡所得

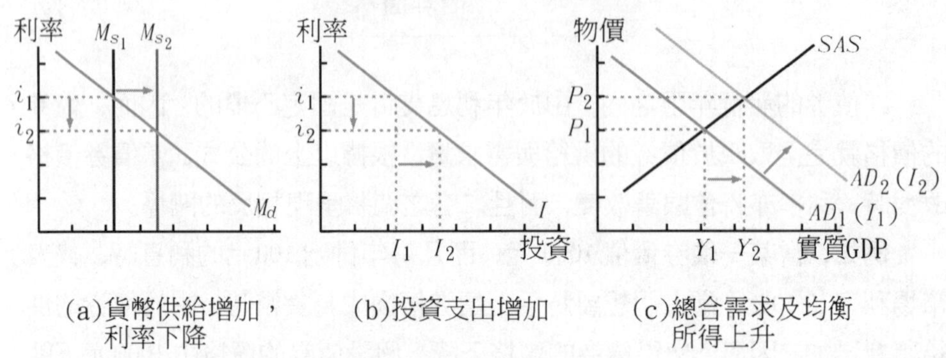

(a)貨幣供給增加，利率下降　(b)投資支出增加　(c)總合需求及均衡所得上升

圖(a)～圖(c)用來代表當貨幣供給增加時，均衡所得上升之過程。在圖(a)當中，當貨幣供給由 M_{s_1} 上升至 M_{s_2} 而使得市場均衡利率下降。由於均衡利率水準下降，使得企業對投資支出之需求將會增加。由於投資支出為一種自發性支出，因此，總合需求曲線 (AD) 將會往右方移動。總合需求往右方移動之結果，使得商品市場之實質產出上升，而物價亦跟著上升。

透過圖(c)所表示的總合需求與總合供給的關係，我們可以討論央行寬鬆貨幣政策與實質產出之間的關係。當投資支出增加以後，由於，投資支出屬於一種自發性的支出，因此，在任何價格水準之下，總合支出函數將會上升，使得總合需求曲線向右方移動出去。在總合供給曲線固定不變的假設之下，總合需求曲線向右方移動，將導致實質 GDP 上升，而且物價亦將會跟著上升。根據圖 25.6(c)的關係，經濟體系內的均衡所得將由 Y_1 上升至 Y_2，而均衡物價水準將由 P_1 上升至 P_2。

以上所討論，因為貨幣供給改變而導致所得改變的過程是有一點簡化，因為在整個調整的過程當中，我們祇假設投資支出會改變，然而，當利率上升或下降時，除了投資支出會改變以外，消費支出亦會改變，或甚至對國外商品的進出口亦會改變。有關這些相關因素的影響，我們將留待在後面的章節，再更進一步來討論。

重點彙整

1.資產為個人或企業所擁有的某些東西的價值，而負債則是個人或企業所積欠某些東西的價值。

2.在銀行的資產負債表當中，資產為銀行所擁有的任何東西，而負債則為銀行積欠別人的任何東西。

3.準備為銀行放在中央銀行的存款。根據銀行法，商業銀行的存款當中有一部份必需被當成是準備，稱之為法定準備金。

4.法定準備率等於準備金額除以存款金額的比例。

5.銀行在某一時點所擁有的準備，稱之為真實準備。

6.貨幣供給為通貨加上存款。

7.銀行準備為準備率乘上存款。

8.信用卡本身並不是一種貨幣，信用卡有點類似一種身份證明，為用來提領現金的一種身份證明文件。

9.如果人們手上所持有的通貨比例較高，信用創造的效果將會較小。

10.通貨加上準備稱之為基礎貨幣。

11.真實貨幣乘數則是定義為，由於基礎貨幣的改變，所引起貨幣供給額改變的比例大小。

12.如果在經濟體系當中，人們手上持有通貨金額較多時，貨幣的乘數將會愈小，換言之，此時央行貨幣政策的效果將會愈差。

13.中央銀行為國家金融制度的維護者，負責主管監督國家的金融秩序，執行一國之貨幣政策。一般銀行以營利為目的，然而中央銀行卻非以營利為目的，因此，中央銀行亦可稱為「國家金融政策銀行」。此外，由於中央銀行之業務對象為一般銀行，因此中央銀行又稱為銀行中的銀行。

14.中央銀行一般具有以下幾項功能：⑴作為銀行的銀行；⑵作為政府的銀行；⑶保管黃金及外匯準備，調節國際收支；⑷控制全國貨幣供給；⑸監督全國銀行業務。

15.中央銀行在進行信用管制的貨幣政策以前，必需根據一套參考衡量指標來決定採行寬鬆或緊縮的貨幣政策。這些指標包括有：短期利率水準、貨幣供給量年成長率、基礎貨幣增加率、銀行的自由準備金以及股價指數等。

16.自由準備金為銀行超額準備金中，扣除自中央銀行借入款之後所剩餘的部份。

17.央行貨幣政策的目的，若是就整體社會信用數量加以管制，則稱為一般性信用控制或稱量的信用控制。

18.若央行貨幣政策的目的，僅在於干預信用數量之分配，以影響某些經濟部門之經濟活動，因為是有選擇性的實施貨幣政策，故稱之為選擇性的信用控制或稱質的信用控制。

19.央行的一般性信用管制包括：存款準備率政策、重貼現率政策及公開市場操作。

20.中央銀行藉由調整存款準備高低之方式，來影響商業銀行體系信用創造之能力，並進而達到控制全體貨幣數量之目的，稱之為存款準備率政策。

21.客戶持未到期之票據向銀行請求兌換現金，稱之為貼現。

22.銀行若因資金不足，將客戶請求貼現之未到期票據，再持往中央銀行請求兌現，稱之為重貼現。

23.重貼現時，必須負擔之利息，即是重貼現率。由於重貼現率代表商業銀行之資金成本，資金成本的高低將會影響到商業銀行進行重貼現放款之意願。中央銀行便可藉由重貼現率之調整，以達到信用控制之目的，此即是所謂的重貼現率政策。

24.公開市場操作之目的是要影響銀行的準備金。此項操作若是央行為主動改變銀行準備金數額，則稱之為動態性操作或自主性操作。

25.若央行的操作乃是因商業銀行採取某些行動，而這些行動可能干擾到貨幣數量，央行因而採取公開市場操作以抵消此一干擾，此種操作則稱為防衛性操作。

26.央行可在公開市場買入某一金額之長期債券，且同時賣出同等金額之短期債券。如此，社會上的貨幣供給仍舊維持不變，但短期利率將上升，而長期利率將下降；此種操作方式，稱為互換操作。

27.沖銷政策亦即當國際收支出超時，央行買入外匯同時釋出本國貨幣，便可在公開市場上賣出等額國庫券，以收回本國貨幣，如此便可在出口繼續成長之下，又不必擔心通貨膨脹之發生。

28.目前世界各國常使用的選擇性信用管制工具有：(1)消費者信用管制；(2)不動產信用管制；(3)證券信用管制。

29.將全體社會當中，每一個個人對貨幣需求的數量予以加總，即得到所謂之總合貨幣需求。

30.對貨幣的交易需求，就是消費者為了消費商品及勞務的需要，因而持有貨幣。

31.預防的動機為人們對貨幣需求的第二大原因。

32.對貨幣的投機性需求，即是因為對於其他資產的不確定，所創造出來的需求。

33.人們持有貨幣的目的在於：(1)為了交易的目的；(2)為了預防的目的；及(3)準備隨時購買資產。

練習題

1.區分簡單貨幣乘數與真實貨幣乘數之不同。

2.討論信用卡是不是屬於通貨的一種？

3.簡述中央銀行的功能。

4.那些因素為央行決定貨幣政策的指標，並敘述這些因素的優缺點。

5.討論央行貨幣政策的種類。

6.區分央行動態性操作與防衛性操作之不同。

7.討論人們持有貨幣的目的。

8.討論在貨幣市場當中，均衡利率及均衡貨幣數量如何來決定？

9.如果中央銀行緊縮貨幣供給時，在其他條件不變之下，下列變數將呈現什麼樣的變化？試說明之。

(1)利率

(2)貨幣需求

(3)投資支出

(4)總合需求

(5)均衡所得水準

(6)物價

10.如果銀行體系之內有庫存現金1萬元、存在央行存款2萬元及客戶存款10萬元時：

(1)如果法定準備率為20%時，在既有銀行體系的準備部位之下，最大潛在貨幣供給將有多少？

(2)如果央行由市場購回價值5仟元的債券時，銀行體系之內將會有多少的超額準備？（假設債券商在收到5仟元之後，立即將錢存入銀行體系之內）在新的準備金部位之下，銀行體系之內將增加多少的貨幣供給額？

第 26 章 均衡所得的決定 —— IS–LM 模型

前　言

在前面的章節當中，我們曾經討論到凱因斯模型。在凱因斯的模型當中，貨幣變數並未扮演任何決定所得的角色。然而在第 25 章當中，當我們在介紹貨幣市場均衡時，我們曾經探討到，寬鬆的貨幣政策可為經濟體系帶來所得成長的效果，至少在短期是如此。因此，在 1937年，諾貝爾經濟學獎得主，約翰・希克斯 (John R. Hicks) 爵士，發展出一套新的總體經濟模型，稱之為 $IS-LM$ 模型。$IS-LM$ 模型的特色在於將貨幣及利率變數，包含進傳統凱因斯模型當中。在 $IS-LM$ 模型當中，包括了二個市場：商品市場及貨幣市場。在商品市場當中，總合需求與總合供給決定了均衡產出及所得。在貨幣市場當中，貨幣需求與貨幣供給決定了均衡利率。因此，IS代表在商品市場的均衡之下，投資 (I) 等於儲蓄 (S) 的關係，而LM 則表示在貨幣市場均衡之下，貨幣需求（又稱流動性偏好 (L)）等於貨幣供給(M) 的關係。

使用 $IS-LM$ 模型來分析，較先前所使用之$AS-AD$ 或 AE 模型，具有以下一些優點：(1)$IS-LM$ 模型考慮了貨幣存量的大小對利率的影響，進而影響到投資支出大小的關係；及(2) $IS-LM$ 模型考慮所得改變之後，貨幣需求變化的情形。$IS-LM$ 模型最主要的結論是：自發性支出的改變對均衡所得的影響，小於傳統凱因斯模型所預測的結論。$IS-LM$ 模型之所以會得到此一結論的主要原因乃由於投資的增加將會使得所得及支出均會同時增加的關係。而支出的增加則是代表需要更多的貨幣，由於對貨幣的需求上升，因此將會導致利率的上升，最終使得企業投資支出的成本將會再度上升，如此一來，將會限制企業投資支出的金額，結果使得所得與產出之擴張效果較凱因斯模型所預測的結果為小。

在本章當中，我們將推導出 IS 曲線與 LM 曲線的關係，此外，我們亦將利用 $IS-LM$ 模型來說明均衡所得與利率水準之決定，以及財政政策及貨幣政策的效果。

第一節　*IS* 曲線

一、商品市場

在總體經濟學的領域當中，一般會考慮在整個經濟體系之內存在有四種市場：商品市場、貨幣市場、勞動市場及其他資產（金融）市場。商品市場代表商品及勞務進行交換之地方，無論在凱因斯模型或傳統 $AS-AD$ 模型當中，並未考慮到利率與總合支出的關係，因而在本節當中，我們將介紹利率變數如何來影響到對產出之需求關係。在凱因斯的模型當中，加入利率變數以後，可以使得貨幣市場的關係影響到商品市場，此時，均衡所得的水準亦將會受到利率水準的影響。一旦將利率變數加入凱因斯模型以後，祇考慮商品市場的模型，將無法決定出唯一的均衡所得水準。

二、*IS* 曲線之推導

在第 22 章當中，我們介紹總合支出函數時，我們曾經討論到投資與利率的關係。我們知道投資與利率之間存在一種負向關係，當利率上升時，由於企業之資金成本上升，因此，對投資支出之需求將會下降。反之，當利率下降時，對投資支出之需求將會上升。由於投資假設不會受所得改變而變動，因此是屬於一種自發性支出的改變。當利率下降時，投資支出將會上升，因而使得均衡產出上升（透過總合支出模型），當利率上升時，由於投資支出下降，透過第 23 章所介紹的總合支出模型得知，此時均衡所得將會下降。而根據 IS 曲線之定義：**IS 曲線代表在商品市場均衡條件之下，利率與所得之間的一種負向關係。**既然由總合支出曲線可得到利率對投資進而對均衡所得之影響，而此意味著 IS 曲線可經由總合支出模型推導而得。圖 26.1 正代表 IS 曲線與總合支出模型之間的關係。

起初，當利率為 r_0 時，均衡產出為 Y_0，假設利率由 r_0 下降到 r_1 時，由於資金成本下降使得投資的自發性支出增加，AE 曲線將會由 AE_0 移到 AE_1。此刻，均衡所得水準將會上升至 Y_1（見圖(a)）。倘若利率由 r_0 上升至 r_2 時，由於投資的自發性支出將會減少，因而使得總合支出將會由 AE_0 移到 AE_2 的位置。此時，新的均衡所得為 Y_1，較先前均衡所得 Y_0 為小。將利率與所得的關係繪製如圖 26.1(b)，圖 26.1(b)中是利率與所得的關係，正表示使得商品市場達到均衡關係的曲線，而此一曲線即是 IS 曲線。

圖 26.1　IS 曲線之推導

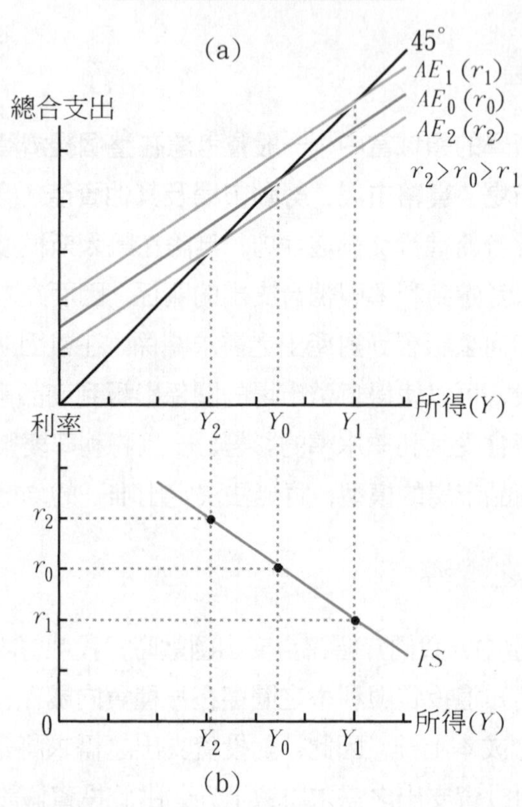

透過總合支出模型之應用，我們可以推導出在商品市場均衡的關係之下，所有利率與所得之間的關係，此即所謂的 IS 曲線。當利率由 r_0 上升至 r_2 時，均衡所得由 Y_0 下降到 Y_2；當利率由 r_0 下降至 r_1 時，均衡所得將由 Y_0 上升至 Y_1，而將這些利率與所得的負向關係描繪出來，即得到 IS 曲線。

三、IS曲線之移動

在推導 IS 曲線的過程時，透過改變利率的大小來改變總合支出曲線，進而來觀察均衡所得如何來變動。接下來，便是將不同的利率水準與均衡所得的關係繪製而得 IS 曲線。隱含在這前述的推導過程中的假設，便是其他條件不變。當其他條件若改變（例如政府支出改變）時，IS曲線又將會如何來變動呢？

讓我們來探討當自發性支出改變時，IS曲線將如何來改變。假設當自發性投資支出增加了，此時 IS 曲線將如何來變動呢？圖 26.2 的關係正敘述了這一個過程。起初的投資假設為 I_0，利率假設為 r_0，AE曲線為 $AE_0(r_0)$，均衡所得為 Y_1。當利率下降至 r_1，而投資金額仍維持 I_0 不變時，AE 曲線將會移到 $AE_0'(r_1)$處，而均衡所得為 Y_2；由 r_0，Y_1 及 r_1，Y_2 的關係所描繪出來之 IS 曲線，即是如同在先前所推導的 IS 曲線之過程。現再假設，如果投資支出增加了 ΔI_0 時，IS 曲線將會有何變化呢？當投資支出增加了 ΔI_0，而利率仍維持在 r_0 時，AE 曲線將由 $AE_0(r_0)$ 上升至 $AE_1(r_0)$，

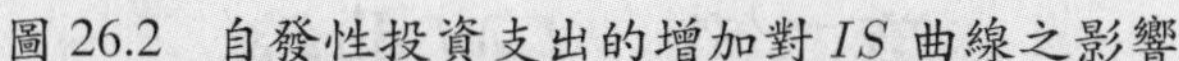

圖 26.2　自發性投資支出的增加對 IS 曲線之影響

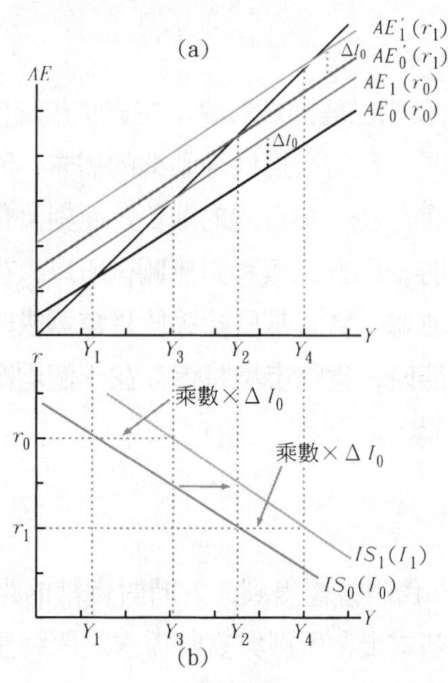

起初的 IS 曲線為 $IS_0(I_0)$。當自發性投資支出增加，將使得 IS 曲線由 IS_0 向右移到 IS_1 處，而原因則可由總合支出模型當中看出。當利率固定在 r_0 或 r_1 時，自發性支出之增加，將使得 AE 曲線移動 ΔI_0 之距離，結果由於乘數作用之關係，均衡所得上升之幅度，遠大於 ΔI_0 增加的大小。由於均衡所得之增加，在(b)圖當中，在利率為固定的假設之下，IS 曲線勢必往右方移動出去，乘數乘上 ΔI_0 的距離。

均衡所得由 Y_1 上升至Y_3。當利率由r_0 下降至 r_1，且投資支出增加 ΔI_0 時，AE 曲線將會由 $AE_0'(r_1)$ 上升至 $AE_1'(r_1)$，均衡所得將由 Y_2 上升至 Y_4。而將 r_0，Y_3及 r_1，Y_4 的關係繪製成一條新的 IS 曲線。由圖 26.2(b)的關係可看出，新的IS 曲線，將會在舊的IS 曲線的右方，代表在同樣利率水準之下，新的 IS 曲線之均衡所得會較高，而且新的IS 曲線與舊的IS 曲線之間是平行移動出去的，移動出去的距離正好為某一乘數乘以投資支出增加之金額 ($Y_3 - Y_1$ 或$Y_4 - Y_2$)。

第二節　LM 曲線

一、貨幣市場

在第 25 章當中，我們已經詳細討論了在貨幣市場當中，人們對貨幣的主要需求來源為對交易、預防及投機等動機的需求，因而，人們對貨幣需求數量與利率之間將會存在一種負向的關係。而對貨幣的供給，則是假設完全由中央銀行來掌控，因此，與利率無關，所以，在貨幣市場當中，貨幣供給曲線為一條垂直線。當貨幣供給等於貨幣需求時，貨幣市場達到均衡的狀態。在均衡狀態時，貨幣市場將會存在一個均衡的利率水準，及一個均衡的貨幣供需數量。

二、LM 曲線之推導

在第 25 章當中，我們曾經提到，人們對貨幣的需求將會因為所得之不同，而有所改變。基本上，所得與貨幣需求之間將呈現一種正向相關的關係。換言之，當利率水準固定不變時，由於所得的上升，將導致人們對貨幣需求的數量上升，亦即，貨幣需求曲線將會因為所得的上升而向右方平行移動出去。在經濟學的理論當中，就是利用所得與貨幣需求的關係，以及貨幣需求與利率的關係，來推導出在$IS - LM$ 模型當中 LM 曲線的關係。

三、LM曲線之移動

由於，在貨幣市場當中可以推導出 LM 曲線的關係，因此，透過貨幣市場的均衡關係，可以導出 LM 曲線的關係，圖 26.3 正說明了此一推導的過程。在圖 26.3當中，貨幣供給曲線 M_s，與貨幣需求曲線 M_d（所得為 Y_1）相交在 a 點上。在 a 點時之均衡利率水準為 r_1。倘若，假設在此時，因為某些因素的改變而使得所得水準也改變了，換言之，所得若由 Y_1 上升至 Y_2 時，由於人們的所得增加了，因此，對商品及勞務的需求或對金融資產之需求將會增加，所以對貨幣數量的需求亦將會同時增加。由於對貨幣需求將會增加，因而使得貨幣需求曲線將向右方移往 $M_d(Y_2)$ 之位置。在新的均衡點 b 之下，新的均衡利率水準為 r_2。r_2 較先前所得較低時之利率水準 r_1 為高。由貨幣市場均衡改變的過程當中，我們可以觀察到所得與利率之間似乎存在一種正向的關係。將此種正向關係，繪製在利率及所得的座標上，如圖 26.3(b)所示，即得到所謂的 LM 曲線。因此，**LM 曲線所表示的為，在貨幣市場均衡的情況之下，所得與利率之間所存在的一種正向的關係。**

圖 26.3　LM 曲線之推導

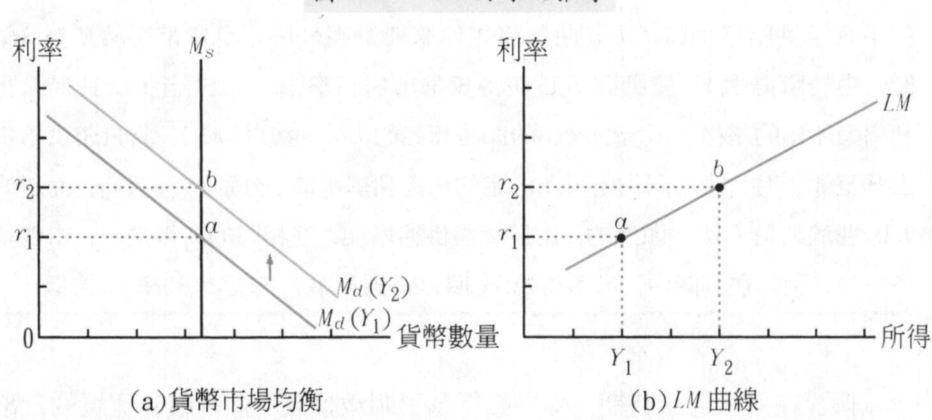

(a)貨幣市場均衡　(b) LM 曲線

在貨幣市場均衡的條件之下，貨幣供給 (M_s) 等於貨幣需求 ($M_d(Y_1)$)。如果因為某些因素而使得所得由 Y_1 上升至 Y_2 時，在利率固定不變的假設之下，人們對貨幣的需求將會增加，因而使得貨幣需求曲線向右上方移動出去至 $M_d(Y_2)$ 的位置。在新的均衡點 b 之下，利率水準將較原來均衡點 a 下的水準為高。而由貨幣市場之關係，我們觀察到所得與利率之間，將會存在一種正向關係，此一關係即是 LM 曲線，如圖(b)所示。

在推導 LM 曲線的過程當中，我們亦假設了在其他條件不變之下，來觀察當所得改變時，透過貨幣需求的改變如何在貨幣市場當中來決定不同的均衡利率水準。而所謂其他條件則是指包括了貨幣供給，或是自發性貨幣需求的改變。我們可以來討論當貨幣供給改變時，LM 曲線將如何來移動。圖 26.4正說明了此一情況。

圖 26.4　貨幣供給增加對 LM 曲線之影響

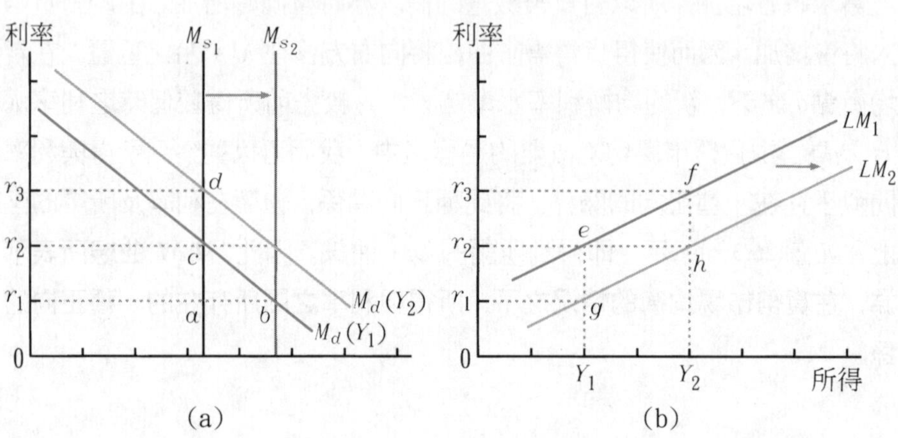

如果貨幣供給增加時，LM曲線將如何來變動呢？首先當貨幣供給量為 M_{s_1} 時，由於所得由 Y_1 變動到 Y_2，使得貨幣市場利率由 r_2 上升至r_3。此時，在利率與所得的座標上，所描繪出的即是起始的 LM 曲線 (LM_1)。當貨幣供給量上升至 M_{s_2} 時，由不同的所得所決定的均衡利率水準，分別為 r_1 及r_2，而新的 LM 曲線則是 LM_2。顯然的，由於貨幣供給增加，在相同的所得之下，市場利率下降；例如在(b)圖中，當所得為 Y_1 時，新的利率 r_1 較原來利率 r_2 為低。

假設在景氣低迷時期，中央銀行為了刺激景氣而採行較為寬鬆的貨幣政策。寬鬆的貨幣政策，將會對 LM 曲線有何影響呢？首先，在圖 26.4(a)中，所表示的是貨幣市場的均衡狀況。起初，貨幣供給為 M_{s_1}，而在不同的所得水準之下（Y_1及 Y_2）的貨幣需求曲線分別是 $M_d(Y_1)$ 及 $M_d(Y_2)$，市場均衡利率則分別為 r_2 及 r_3。由 Y_1，r_2及 Y_2，r_3 所決定出來的即是起初的 LM_1 曲線，推導LM_1 的過程正是如同在圖 26.3當中所學習到的 LM 曲線推導過程一樣。現假設央行將貨幣供給額提高至 M_{s_2} 處，由於在不同所得之下的貨幣需求曲線仍是 $M_d(Y_1)$ 及 $M_d(Y_2)$，但由於貨幣供給已經增加到 M_{s_2}，因此新的貨幣市場均衡利率水準分別是 r_1 及 r_2；利用 Y_1，Y_2及 r_1，r_2的關係，我們亦可推導出另一條新的 LM 曲線，稱之為 LM_2（見圖 26.4(b)）。顯然的，由於貨幣供給的增加，LM曲線將會向右方移動出去，代表在利率水準固定的假設之下，貨幣供給的增加將會使得均衡產出增加。

第三節　商品市場與貨幣市場均衡

在 *IS* 曲線上面所代表的利率及所得關係，為商品市場當中的均衡關係；在 *LM* 曲線上面所代表的利率及所得的關係，則是代表貨幣市場上的均衡關係。為了使商品市場與貨幣市場同時達到均衡的關係，必需祇能存在唯一的一組利率與所得的關係，能同時使得商品與貨幣市場達到均衡。為了決定這唯一的一組利率與所得的關係，我們必需同時使用 *IS* 曲線及 *LM* 曲線來決定。圖 26.5正好用來表示貨幣市場與商品市場的均衡關係。

圖 26.5　商品及貨幣市場之均衡

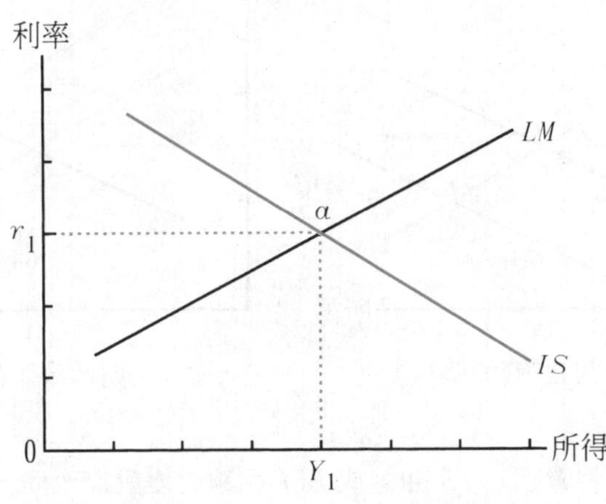

*IS*曲線代表在商品市場上的均衡利率與所得關係，而 *LM* 曲線則代表在貨幣市場上的均衡利率與所得的關係。由 *IS* 與 *LM* 曲線相交的一點，a 點，所決定之利率與所得（r_1 及 Y_1）的關係，則是能代表同時使得商品市場與貨幣市場均衡之利率與所得水準。

在圖 26.5當中，a 點所代表的為由 *IS* 曲線與 *LM* 曲線相交所決定的一點。a 點滿足了同時均衡之條件。當價格水準、自發性消費支出、自發性投資、自發性貨幣需求、名目貨幣供給及財政政策等因素均假設固定不變的條件之下，由 a 點所代表的利率及所得水準分別為 r_1 及 Y_1 的關係，而此點所代表的利率與所得的關係也正好能夠使得商品市場與貨幣市場同時達到均衡。

任何 IS 曲線或 LM 曲線的移動，均會導致均衡利率及所得水準的改變。例如，假設擴張性的貨幣政策使得貨幣供給增加，如圖 26.6(a)中的關係所示。根據圖 26.5，我們瞭解貨幣供給的增加，將會使得 LM 曲線向右方移動出去（由 LM_1 到 LM_2），結果我們將看到**擴張性的貨幣政策將會使得利率下降，但所得卻會上升**，如同在圖 26.6(a)所表示的關係。由於 LM 曲線由 LM_1 移到 LM_2，使得利率由 r_1 下降至 r_2，而所得則是由 Y_1 上升至 Y_2。所得的上升並不意外，因為，擴張性貨幣政策目的就是在於增加所得及產出，而較低的均衡利率則是意味著人們將由於利率水準較低，而持有較多比例的現金。

圖 26.6　$IS-LM$ 模型下的貨幣政策與財政政策

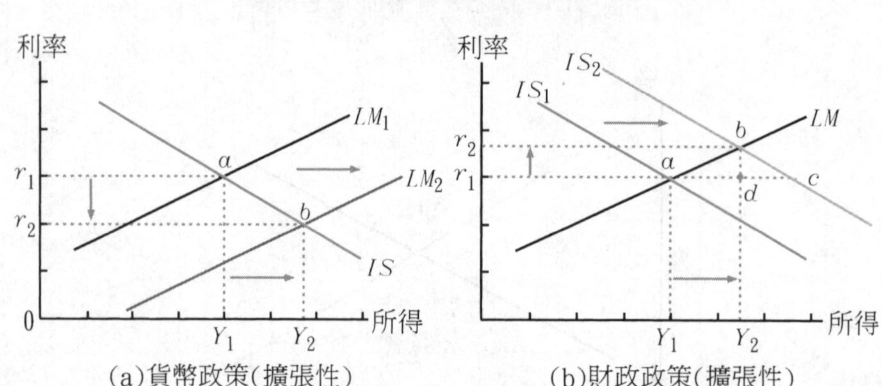

均衡利率與所得將會因為 IS 曲線或 LM 曲線之變動而改變。改變 LM 曲線之政策，稱之為貨幣政策，而改變 IS 曲線之政策則稱之為財政政策。擴張性貨幣政策將使得 LM 曲線向右移動出去，新的利率水準小於原來的利率水準，而新的均衡所得水準大於原來的所得水準。在擴張性的財政政策之下，IS 曲線亦是向右方移動出去，然而此時新的均衡利率水準卻會上升，而新的均衡所得水準亦會上升。由於利率上升的關係，使得私人企業之投資支出受到排擠，因而使得所得上升之幅度較預期為小。

而**擴張性的財政政策，則是代表 IS 曲線將由 IS_1 向右移到 IS_2 的位置。擴張性的財政政策，將使得均衡所得上升**（由 Y_1 到 Y_2）；**此外，均衡利率亦將由 r_1 上升至 r_2**。在擴張性財政政策之下，均衡所得上升會較擴張性貨幣政策來得小，主要原因乃在於均衡利率水準上升的緣故。出現較高利率水準的原因則是由於所得的上升，導致人們對貨幣的需求增加，然而，央行在此時並未同時增加貨幣的供給，因而在貨幣的供給固定，但需求上升的同時，代表貨幣價值的利率將因而上升，以使得貨幣市場能達到均衡狀態。較高的利率水準將會導致投資支出的減少，因而使得在擴張性財政政策所引起的總合需求增加當中，有一部份會因為投資需求的減少而下降了。**由於擴張的財政政策導致利率上升而使得企業投資支出減少時，經濟學上稱此一現象為擠出 (crowding out) 效果。**

重點彙整

1.IS代表在商品市場的均衡之下，投資等於儲蓄的關係，而LM則表示在貨幣市場均衡之下，貨幣需求等於貨幣供給的關係。

2.使用 $IS-LM$ 模型來分析，較先前所使用之 $AS-AD$ 或 AE 模型，具有以下一些優點：(1) $IS-LM$ 模型考慮了貨幣存量的大小對利率的影響，進而影響到投資支出大小的關係；及(2) $IS-LM$ 模型考慮所得改變之後，貨幣需求變化的情形。$IS-LM$ 模型最主要的結論是：自發性支出的改變對均衡所得的影響，小於傳統凱因斯模型所預測的結論。

3.在總體經濟學的領域當中，一般會考慮在整個經濟體系之內存在有四種市場：商品市場、貨幣市場、勞動市場及其他資產市場。

4.IS曲線代表在商品市場均衡條件之下，利率與所得之間的一種負向關係。

5.LM曲線所表示的為，在貨幣市場均衡的情況之下，所得與利率之間所存在的一種正向的關係。

6.擴張性的貨幣政策將會使得利率下降，但所得卻會上升。

7.擴張性的財政政策，則是代表 IS 曲線將由 IS_1 向右移到 IS_2 的位置。擴張性的財政政策，將使得均衡所得上升；此外，均衡利率亦將由 r_1 上升至 r_2。

8.由於擴張的財政政策導致利率上升而使得企業投資支出減少時，經濟學上稱此一現象為擠出效果。

練習題

1.說明 IS 曲線為何具有負斜率的關係？

2.說明 LM 曲線為何具有正斜率的關係？

3.利用 $IS-LM$ 模型來討論政府增加稅率政策之影響。

4.利用 $IS-LM$ 模型來討論央行調高法定準備率之影響。

第27章 景氣循環、通貨膨脹與失業

前　言

倘若你今天將要從學校中畢業，你對未來工作的期望如何呢？在1996年，臺灣失業率迭創新高，許多剛畢業的學子面臨找不到工作的窘境。許多企業在面對到景氣不振的時期，難免必需要去解僱一些工人，或甚至關閉企業的經營。在任何時點之下，工作機會不僅取決於個人的能力與經驗，更取決於就業時點的經濟狀態 (state of economy)。

經濟活動的循環，在歷經擴張期（產出與就業增加）之後，即是衰退期（產出與就業減少）。例如，在第二次能源危機 (1978～1982年) 所形成的景氣衰退期時，我國的失業率曾達到 2.7%（根據民國 85年 8月 23日，主計處所公佈新的失業率為 2.9%），而在景氣擴張時期的失業率則大抵在 1.5% 左右。當整體經濟在成長時，由於消費者對商品及勞務的需求上升了，為了增加生產一些商品及勞務，來滿足消費者之需求，廠商必需增加額外勞動力的僱用。經濟擴張的同時，亦會對物價帶來影響，當對商品及勞務的需求增加時，商品及勞務的價格亦多傾向同時上揚。我國經濟，在經歷了 1985～1989 年之間的一段景氣擴張時期之後，消費者物價指數的年上漲率，在 1989 年曾達到 4.4%，而此一數據在 1990

年亦達到 4.13%。由於物價波動及勞動力的僱用，通常亦會伴隨經濟的景氣變化而波動，但它們對於生活的標準、所得及購買力的影響卻是較難予以預料的。

為什麼某些事件存在類似一前一後的波動呢？失業與通貨膨脹之間又有何關聯呢？是什麼原因形成景氣循環？政府所採行的政策，對改善景氣又有何效果？失業率及通貨膨脹上升對那些人有害，而又對那些人有利呢？總體經濟學的目的之一，便是用來嘗試回答上述之問題。因而在本章當中，我們將先看看景氣循環，接下來討論失業及通貨膨脹，以及二者之間的關係。

第一節　景氣循環

景氣循環代表一種不規則及不重複經濟活動的上與下 (up-and-down) 移動行為。每一次的衰退與擴張或轉捩點，我國行政院的經建會均會予以標示。表 27.1 標示了自民國 42 年以來，臺灣地區歷次的景氣循環。而圖 27.1 則顯示了自民國 57 年以來，景氣循環之過程。

表 27.1　臺灣地區歷年景氣之循環

循環序號	谷　底	高　峰	谷　底	期間(月)		
				擴張期	衰退期	全循環
1	1954年11月	1955年11月	1956年 9月	12	10	22
2	1956年 9月	1964年 9月	1966年 1月	96	16	112
3	1966年 1月	1968年 8月	1969年10月	31	14	45
4	1969年10月	1974年 2月	1975年 2月	52	12	64
5	1975年 2月	1980年 1月	1983年 2月	59	37	96
6	1983年 2月	1984年 5月	1985年 8月	15	15	30
7	1985年 8月	1989年 5月	1990年 8月	45	15	60

資料來源：《臺灣景氣指標》，行政院經濟建設委員會，1996。

圖 27.1　歷年（1961～1996年）臺灣地區景氣循環之過程

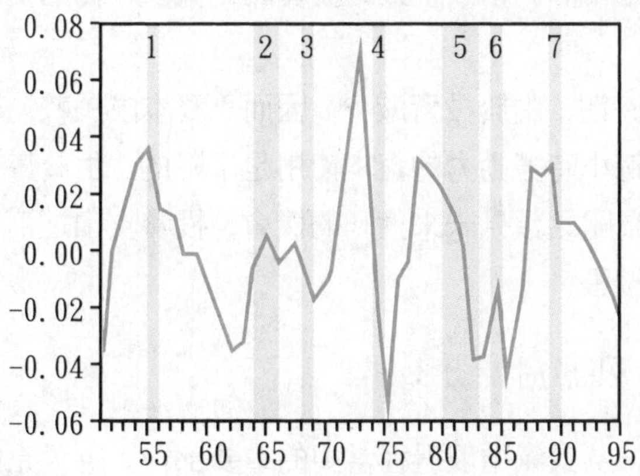

資料來源：實質 GDP取自於AREMOS系統中NIAA資料庫。

圖形當中的衰退期，大致符合表 27.1 中經建會所標示的衰退期間，經建會所標示的最近一次循環（第 7次）始於 1989年止於 1990年，然而由圖中可看出，似乎存在有第 8次衰退期。第 8 次大致始於1991 年而截至 1995 年仍未見復甦。

註：本圖係先將實質 GDP（1991年為基期）取對數之後，以 Hodrick & Prescott 法計算出趨勢之後，再將對數實質 GDP減去趨勢項而得。

很明顯的歷年的景氣循環之時間不一，而且形成的原因亦不同，因此很難去充份解釋形成景氣循環之原因，亦很難去預測到底什麼時候景氣開始轉壞，或什麼時候景氣開始轉好。然而在總體經濟學領域當中，卻有許多有關於景氣循環的理論，這些理論在嘗試使人們對於景氣如何形成的背後原因，有更深一層之瞭解。此外，雖然有諸多理論模型可用來解釋景氣，但在所有理論當中，均同意**投資與資本的累積的波動是造成景氣波動的主要原因**。

一、投資與資本在景氣中的角色

衝擊 (shocks) 無論是對經濟體系有什麼樣的影響，一定會影響到一個重要的經濟變數：投資。當投資減少時，景氣衰退開始，而當投資增加時，景氣又逐漸擴張。正是投資與資本累積的交替作用，使得景氣會產生反覆循環的主要原因之一。

在擴張期時，由於投資進行的速度很快，因此，使得資本成長亦非常快速。然而快速的資本成長，意味著每小時勞動力的資本 (capital per hour of labor) 亦會是快速成長。由於每人使用更多的資本，因而使得勞動生產力上升。但隨著資本使用量的上升，報酬遞減法則便開始運作。資本報酬遞減的結果，使得公司的利潤率開始下降。而由於利潤率的下降，公司的投資意願亦開始下降。結果企業的投資開始減少，終至使得景氣開始衰退。

在景氣衰退時期，由於投資減少，因而，資本成長較為緩慢。較慢的資本成長意味著每小時勞動力的資本使用是下降的。由於每小時勞動的資本使用較少，企業開始預見未來獲利的機會，投資支出逐漸上升，終至景氣又慢慢的開始擴張。

二、總合供給與總合需求模型

投資與資本，為景氣循環過程當中的重要部份。為了充份瞭解形成景氣循環的廣泛原因，我們必需使用考慮總體經濟的總合供給與總合需求模型（第 21 章）來討論。所有的經濟循環理論均可以透過使用總合供需模型來討論，所有的總體循環理論模型均可視為在探討有那些因素，使得總合供給或總合需求函數變動，而透過總合供需的變動，因而形成了景氣的循環。景氣循環之推動力 (impulses) 可能會影響供給面或需求面或二者，但截至目前為止，並未出現以強調供給為主的景氣循環理論。基本上，所

有有關於景氣循環的理論大致可以分成:

1.總合需求理論,

2.實質景氣循環理論 (Real business cycle theory)。

三、景氣循環的總合需求理論

從總合需求的關係來討論景氣循環的理論, 大致可分成以下三種模型:

1.凱因斯理論 (Keynesian theory)

凱因斯的景氣循環理論認為, 對未來一些經濟變數預期的波動, 為形成經濟波動的主要原因。以下我們將討論在凱因斯理論當中, 主要的推動力 (impulses), 及如何將推動力轉成實質 GDP 循環之機構。

(1)推動力

在凱因斯的理論當中, 景氣循環的主要推動力, 是預期未來的銷貨額及利潤 (expected future sales and profits) 的改變。對未來銷貨額及利潤的改變, 將會改變對新資本之需求及改變投資支出的水準。

關於預期銷貨及利潤如何來決定? 凱因斯已有一個完整的理論來說明。由於對未來的不確定性及無法預測性, 使得對這些變數的預期將會是波動的。凱因斯認為, 任何有關於未來稅率的改變、利率之改變、科技之進步, 或任何會改變銷售及利潤的任何因素之消息或謠言, 均會改變預期, 而其影響程度可能很大, 且亦無法予以數量化。

為了強調形成預期銷貨與利潤改變來源的波動性及多樣性, 凱因斯以「動物精神」(animal spirits) 來描述這些預期。凱因斯並不認為這些預期是非理性的, 而是認為, 由於無法預測未來利潤與銷貨, 因此根據謠言、猜測、直覺等來預測預期銷貨與利潤可能是理性的。此外, 一些對未來的觀點, 可以很快的根據一些新的訊息而改變之行為亦屬合理。

(2)架構

在凱因斯理論當中, 一旦「動物精神」改變, 則投資將會改變, 使得整個循環機構開始運作, 當中有二個元素為形成循環機構運作的主因:

(a)一開始投資的改變, 具有乘數效果: 投資改變將會改變總合支出，實質 GDP及可支配所得。由於可支配所得的改變，使得消費支出改變，因而總合需求將會以乘數乘上投資改變的大小來改變，使得總合需求曲線向右方或向左方移動，代表景氣之擴張或衰退。

(b)凱因斯循環機構的第二個元素為，實質 GDP對總合需求改變的反應。短期總合供給曲線是接近於水平的。在水平的短期總合供給曲線之下，任何使得總合需求變動的因素，均祇會帶來實質 GDP的變動，而不會有物價的變動。但是短期總合供給曲線，則是取決於名目工資率。如果名目工資率是固定（或僵固）的，短期總合供給曲線將不會變動。而如果名目工資率是會改變的，短期總合供給曲線就將會移動。在凱因斯的理論當中，名目工資對來自於總合供給變動之反應是不對稱的(asymmetric)。

當總合供給減少時，失業率將會上升，但名目工資並沒有改變。亦即在凱因斯模型當中，假設工資具有一種僵固性，當總合需求下降時，工資並沒有改變，因而使得經濟體系仍處於一種失業的均衡。此時，並沒有任何的自然力量，可以使得經濟回復到充份就業的均衡。整個經濟體系必需等到「動物精神」再度出現，使得投資增加以後，才有可能回到充份就業均衡。

當總合需求上升時，失業率將會下降，而達到低於自然的失業率，此時，名目工資將會開始快速上升，因此工資在總合需求上升的過程當中，是可調整的 (flexible)。在超過充份就業的均衡狀態之下，水平的短期總合供給曲線，並未扮演任何的角色，僅有垂直的長期總合供給曲線，會受到影響。當總合需求增加之後，將伴隨著名目工資率的上升，此時，物價會開始快速上揚，以排除因超額需求所形成的失衡狀態，使得經濟體系再度回復到充份就業的均衡狀態。整體經濟之均衡要一直等到因「動物精神」下降，使得投資下降導致總合需求下降了以後，才會再度改變。圖 27.2及圖 27.3為使用總合供給及總合需求模型來敘述凱因斯理論之過程。

在圖 27.2當中，經濟體系一開始的均衡關係在 a 點。a 點為充份就業之均衡，因為，在 a 點時長期總合供給曲線、短期總合供給曲線及總合需求曲線相交於此點上。當「動物精神」開始下降時，由於投資支出減少，透過乘數的作用，將使得總合需求減少得更多。總

合需求曲線將會由 AD_0，左移至 AD_1 處。在名目工資是僵固的假設之下，實質產出將由 Y_0 下降至 Y_1，失業率將會上升，勞動力供給將有所剩餘。但由於名目工資是僵固的，因此整體經濟將會繼續停留在 b 點，直到有其他力量（動物精神）來改變時為止。而這一股力量將會使得經濟體系有由 b 點向右上方移動的傾向，如同圖 27.3中的關係所示。

圖 27.2　凱因斯的景氣衰退

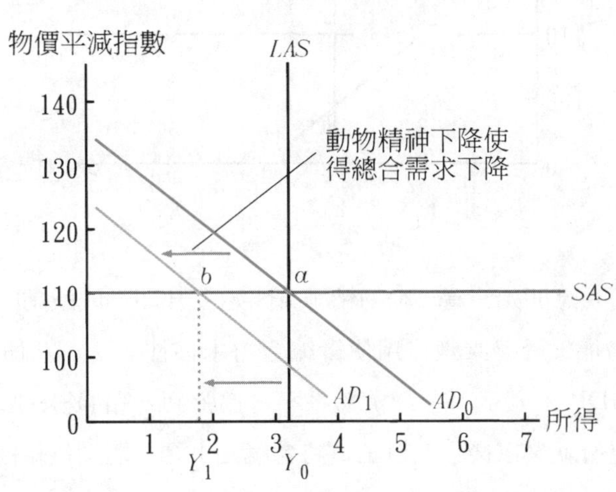

a 點為長期均衡點，為 LAS、 SAS 及 AD_0 曲線相交的一點。凱因斯衰退的產生，係由於「動物精神」下降造成投資需求減少，總合需求曲線因而向左移到 AD_1 的位置。由於工資具有僵固性，實質 GDP 下降至 Y_1，但物價並未改變，經濟均衡移往 b，而 b 為失業均衡。

當「動物精神」開始上揚以後，投資支出將會增加，透過乘數效果的作用，使得總合需求曲線，向右方移至 AD_2 的位置。當總合需求曲線在 AD_2 時，所得將開始上揚，經濟亦將開始擴張。祇要是所得低於潛在的所得（或充份就業所得 Y_0），名目工資及物價將會維持不變。但是所得永遠不會移到 c 點（ SAS_0與 AD_2 交點），主要原因是由於，一旦實質所得超過潛在所得時，失業將會低於自然失業率，名目工資將會開始上揚，使得短期總合供給曲線亦開始向上方移動至 SAS_1 處。當工資開始上揚，物價亦將跟著上升，使得實質所得上升之幅度減緩，整體經濟體系依照 $b \to d$ 之路徑來調整到一個具有較高物價水準的充份就業均衡水準。

圖 27.3　凱因斯的景氣擴張

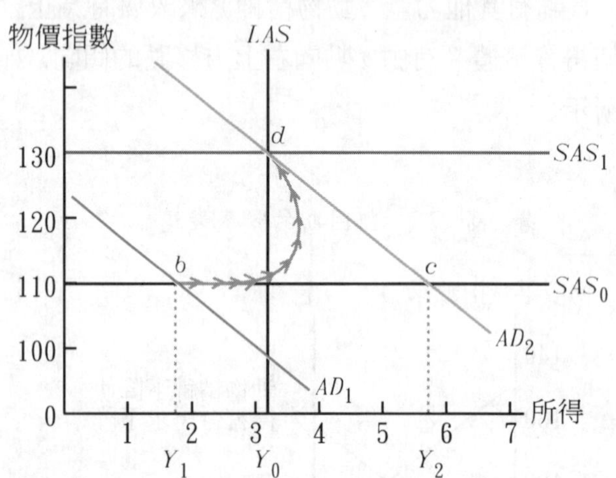

由失業均衡 b 點開始，當「動物精神」開始上升即形成所謂的凱因斯之擴張。投資支出增加，透過乘數作用使得總合需求移往 AD_2。在僵固工資的假設之下，實質 GDP 上升至 Y_0。經濟體系不會擴張到 c 點 (Y_2)，原因是由於當經濟體系到達充份就業以後，名目工資將會開始上揚，短期供給曲線由 SAS_0 上升至 SAS_1，使得物價開始上揚，整體經濟移往 d 點均衡。

2.貨幣學派理論 (Monetarist theory)

貨幣學派的景氣循環理論認為，由於貨幣供給的變動，而產生了經濟之波動。這一派的理論主要係源自於諾貝爾經濟學獎得主的密爾頓‧傅利得曼 (Milton Friedman) 及其他一些經濟學家。如同在探討凱因斯的理論一般，我們亦將從推動力及機構二方面來討論本學派的循環理論。

(1)推動力

在貨幣學派的經濟循環理論當中，貨幣數量的成長率 (growth rate of the quantity of money) 為造成景氣循環之推動力。貨幣成長速度若加快時，將使得景氣逐漸擴張，當貨幣成長較為減緩時，將使得景氣逐漸衰退。而貨幣成長變動之主要來源則是央行的貨幣政策。

(2)貨幣學派的景氣循環架構

在貨幣學派的理論當中，一旦中央銀行開始改變貨幣成長率時，循環的機構便會開始運作，與凱因斯理論相同的是，本學派的理論亦是認為透過總合需求曲線之改變，而造成景氣的循環。當貨幣成長率上升時，由於經濟體系內的實質貨幣餘額將會增加，利率將會下降，而匯率亦將下降（代表本國匯率貶值）。這些起初在金融市場所產生之效果，將會開始逐漸溢出至其他市場當中，使得投資支出與出口均會增加（由於利率下降，匯率貶值）。透過乘數的作用，貨幣成長的增加，終將使得總合需求曲線向右方移動出去，使經濟帶來擴張的現象。同樣的，當貨幣成長率下降時，將會使得總合需求曲線向左方移動進來，代表經濟進入一種衰退時期。

在貨幣學派理論當中，總合供給曲線亦會因應總合需求之改變而變動。貨幣學派假設，短期總合供給曲線是具有正斜率的。在正斜率的短期總合供給曲線之下，總合需求曲線之變動，將使得物價與所得同時改變。此外貨幣學派學者認為，實質所得不同於潛在所得的現象，祇是暫時性的。

在貨幣學派的理論當中，名目工資僅是暫時性的僵固。當總合需求開始下降以後，將導致失業率開始上升，名目工資終究會開始下降。當名目工資開始下降以後，物價亦會開始下降，在經過一段的調整時期以後，經濟體系又會回復到充份就業的水平。當總合需求增加，且失業率下降時，名目工資便會開始上升。由於名目工資之上升，使得物價亦跟著上漲，在經過一段時間調整之後，實質GDP將會回到潛在GDP水準，而失業率又將回到自然的失業率。

圖27.4的關係則是用來說明貨幣學派的循環理論。在圖(a)當中，起初經濟處在一種充份就業的水準（a點）。由於貨幣成長率的下降，使得總合需求減少，總合需求曲線由AD_0向左移到AD_1的位置，形成實質所得由Y_0下降到Y_1，經濟體系開始進入衰退時期（b點）。然而由於失業的增加，使得勞動力有所剩餘，名目工資將會開始下降。當名目工資開始下降以後，短期總合供給曲線，便會向右方移動到SAS_1，以反應工資下降之情形。短期總合供給曲線向右方移動出去，將使得物價水準開始下降，實質GDP開始擴張，經濟體系新的均衡將會移到c點。c點代表一種較低物價水準的充份就業均衡。

圖(b)則是用來表示當貨幣成長增加時，經濟體系的調整過程。首先，起始均衡點在c點上，由於貨幣成長率的上升，使得總合需求由AD_1向右移到AD_2之位置，形成實質所得與物價均同時上升，此時新的均衡在d點上。由於在d點時，實質所得高於潛在所得，因此名目工資將會開始上漲。因為名目工資的上漲，將使得物價亦同時上漲，導致短期的總合供給曲線，向左方移到 SAS_2 之位置，此時，實質所得將會下降而回到具有較高物價之充份就業水準的實質所得（e點）。

圖 27.4　貨幣學派的景氣循環

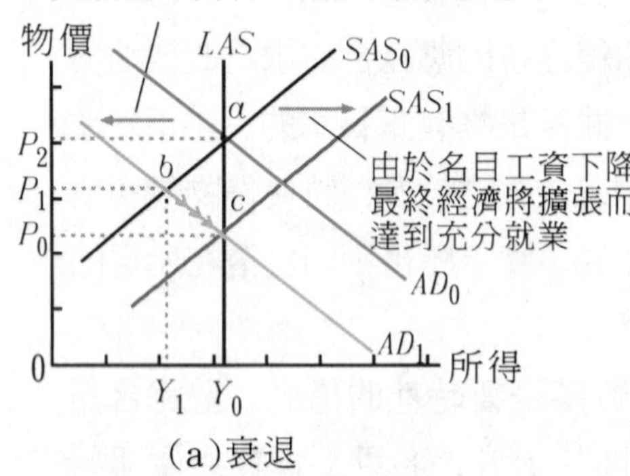

(a)衰退

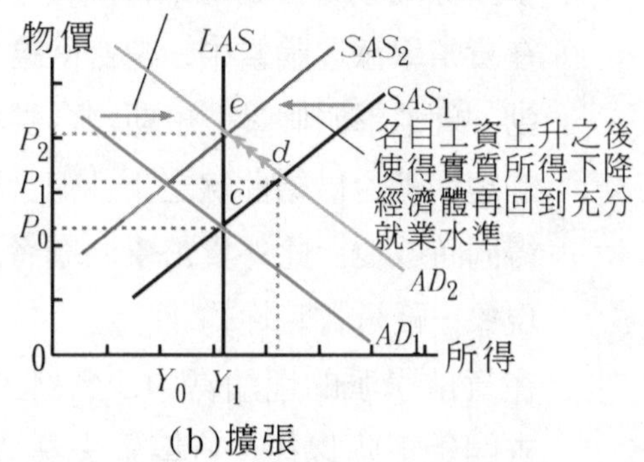

(b)擴張

貨幣學派理論認為景氣衰退起因於貨幣成長率之下降。由於貨幣供給減少導致 AD 曲線將左移至 AD_1，形成實質所得下降至 Y_1。由於短期內工資仍屬僵固，因此均衡在 b 點上。但隨著失業的增加，工資將會開始下降，促成短期總合供給曲線向右方移動，產出逐漸增加，最後在充份就業水準之下，經濟體系再度達到均衡（c點）。而經濟擴張，按貨幣學派之看法，應起因於貨幣成長率的增加，而造成總合需求移到 AD_2 之位置。由於 d 點所在的位置為高於充份就業之均衡，因而造成在勞動市場當中對勞動具有超額需求之現象，此一超額需求的現象將使得名目工資開始上漲。隨著名目工資之上漲，物價亦將開始上漲，最後由於短期供給曲線會向左方移動，而使得經濟體系再度回到充份就業均衡（e點）。

3.理性預期理論 (Rational expectations theory)

理性預期為根據所有相關訊息來做的一種預測行為，理性預期的景氣循環理論，則是根據對物價水準之理性預期的結果，來決定名目工資率之理論。在理性預期理論當中，亦可再分成二派不同的理論：⑴新古典之景氣循環理論 (new classical theory of the business cycle) 及⑵新凱因斯之景氣循環理論 (new Keynesian theory of the business cycle)。新古典學派認為在總合需求當中之無法被預期的變動，才是形成經濟波動之主因。這一派的學者包括 Robert E. Lucas, Jr., Thomas J. Sargent等學者。新凱因斯學派則是認為，可被預期與無法被預期的總合需求之波動，均是形成經濟波動之主要原因。

(1)推動力

在理性預期理論當中，形成景氣循環的主要推動力來源為總合需求當中無法被預期部份的改變 (unanticipated change in aggregate demand)。在經濟體系之內，如果有比原來就預期到的總合需求增加更多的總合需求時，將會為經濟體系帶來擴張的現象。反之，若真實的總合需求增加，遠小於可以被預期到的總合需求增加，則經濟景氣將進入衰退期。任何改變總合需求之因子（如財政或貨幣政策）的改變，如果無法被預測到時，均將會帶來實質所得之改變。

(2)機構

首先，以討論新古典學派之理性預期景氣循環的機構為主。當總合需求減少，如果名目工資並未改變時，實質所得與價格水準均將會下降。物價下降將使得實質工資上升，以及失業增加。在新古典學派理論當中，當總合需求下降無法被預期到的時候，上述之事件才會發生。如果總合需求的減少，是可以被預期到的時候，物價水準亦會被預期到將會下降，因而資方與勞方均會同意降低工資水準，此舉可使得實質工資維持不變，避免引起失業率之上升。

同樣的，如果勞資雙方均預期未來的總合需求將會上升時，雙方面均會預期物價將會上升，因而同意較高的名目工資水準。如此一來，可以避免因實質工資的下降，而造成失業率的下降。僅有在總合需求波動之中，無法被預測到的部份存在時，才將會造成實質工資的改變，導致失業之波動而使得實質所得亦跟著變動。

雖然新凱因斯學派學者，亦相信名目工資水準將受到對物價水準之理性預期的結果所影響。然而新凱因斯學派強調大部份工資合約的一些長期特性，他們認為**今日**的名目工資，將會受到**昨日**的理性預期的影響，而這些過去所形成之預期，由於所根據是一些舊的訊息，而且可能已知是不正確的訊息，因此，可能形成錯誤之預期。

一旦勞資雙方同意工資合約（一般較屬長期）之後，如果勞資雙方均同時預期到未來總合需求會改變，但由於合約的長期性關係，雙方均無法立即改變名目工資。因之，從新凱因斯學派的觀點看來，即使可被預期的總合需求改變了實質所得，但工資仍屬僵固性的。針對此點，新古典學派學者則認為，當工資合約不合現狀時，是可以重新協議的，因此，新古典學派的學者並不認為長期合約為形成名目工資具有伸縮性之障礙，祇要勞資雙方均能同意在某些情況之下，合約是可以更改的，則工資並非是僵固的。如果勞資雙方均預期物價將會改變時，雙方可以透過改變原先所同意的名目工資水準來反應相同之預期。在這種情形之下，被預期的總合需求之改變，將會改變名目工資率及物價，但實質所得仍得以維持不變。理性預期的景氣循環理論可透過圖 27.5的關係來說明。

圖 27.5　理性預期的景氣循環

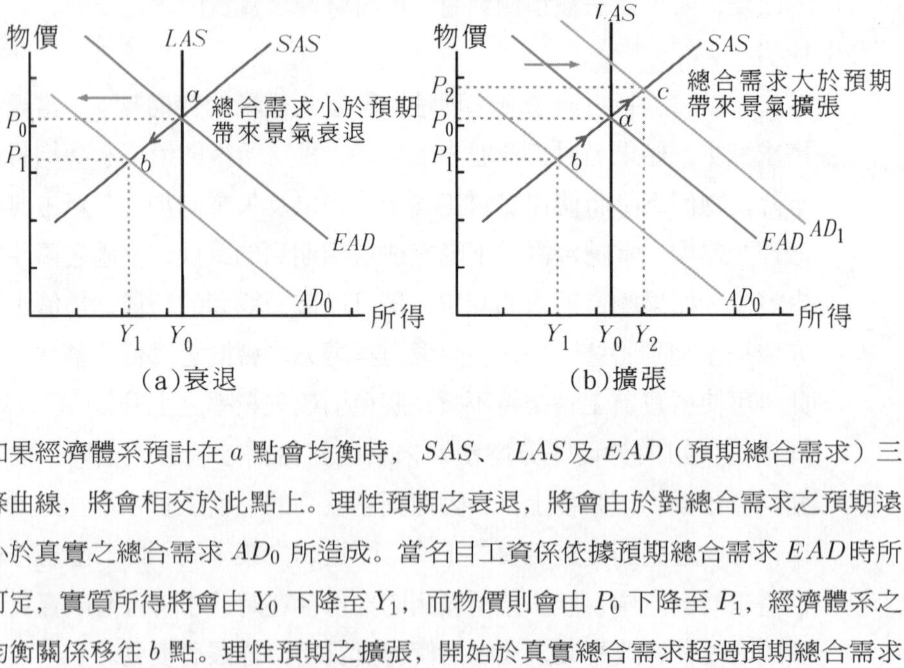

如果經濟體系預計在 a 點會均衡時，SAS、LAS 及 EAD（預期總合需求）三條曲線，將會相交於此點上。理性預期之衰退，將會由於對總合需求之預期遠小於真實之總合需求 AD_0 所造成。當名目工資係依據預期總合需求 EAD 時所訂定，實質所得將會由 Y_0 下降至 Y_1，而物價則會由 P_0 下降至 P_1，經濟體系之均衡關係移往 b 點。理性預期之擴張，開始於真實總合需求超過預期總合需求 AD_0。此時 AD 曲線將由 AD_0 移到 AD_1。當名目工資為依據 EAD 關係來訂定時，實質所得將會增加至 Y_2，而物價將上漲至 P_2，此刻，經濟均衡移到 c 點。

假設潛在 GDP 是在 Y_0，而長期總合供給曲線為 LAS，總合需求曲線則預期在 EAD (expected aggregate demand)。在已知潛在 GDP 及 EAD 之下，名目工資率是訂在預期可以使經濟體系達到充份就業的水準，在這一個名目工資率水準時，短期供給曲線為 SAS。想像若一開始總合需求正好等於預期的總合需求時，經濟體系會處在一種充份就業的狀態，實質所得為 Y_0，而物價水準為 P_0。如果真實的總合需求，遠小於所預期的總合需求，在 AD_0 之位置時，衰退將會開始。此刻，實質所得將下降至 Y_1，物價將下跌至 P_1，經濟均衡將會移到 b 點，而 b 點為一種失業的均衡。由於失業的增加，使得勞動力供給將會有所剩餘，但是由於總合需求預期在 EAD 之位置，因此名目工資率將不會改變。由於名目工資維持不變，因而使得短期總合供給曲線維持在原來的 SAS 之位置。

當總合需求一直增加到預期的水準時，衰退才會結束。如果總合需求的增加，遠大於 EAD 時，經濟體系就會進入一種擴張的時期，如圖 27.5(b)關係所示。當總合需求曲線向右一直移到 AD_1 之位置，而非 EAD 位置時，實質所得將上升至 Y_2 的位置，物價亦將上漲到 P_2 之位置，經濟均衡移到 c 點。由於此時失業率遠低於自然失業率，但由於總合需求預期在 EAD 之水準，使得短期之內，名目工資水準不會改變，因而短期總合需求曲線是維持不變的。由於總合需求在 AD_0 及 AD_1 且環繞著 EAD 之間來變動，因而造成實質所得的波動。

二種不同的理性預期理論之差別在對於預期總合需求改變所會造成的影響之預測有所不同。新古典學派理論預測，一旦預期總合需求改變時，名目工資及短期總合供給均會改變。而新凱因斯學派則是認為，名目工資之改變是非常緩慢的，因之，短期總合供給曲線之移動，亦是非常的緩慢的。而這一差別對經濟政策是非常重要的，**根據新古典學派的看法，被預期到的政策僅會改變價格水準，而不會改變實質所得及失業率，原因在於當預期政策將改變時，名目工資亦將會改變，使得短期總合供給曲線亦同時移動，因而抵消了政策對所得之效果。反之，新凱因斯學派學者則是認為，當勞資雙方合約改變時，名目工資才會改變，因此被預期的政策將可改變實質所得，且可用來穩定景氣的循環。**

四、實質景氣循環理論

最新的景氣循環理論稱之為實質景氣循環理論 (real business cycle theory, 簡稱 RBC)。RBC 理論認為生產力 (productivity) 之波動，為造成經濟景氣波動之主要原因。生產力波動的主要原因，則認為是由於技術進步的步調不一致的關係。但是其他一些原因，如國際間的干擾、氣候之波動或一些天然災害，亦可能為形成景氣波動的一些原因。RBC最早可溯自 Robert E. Lucas, Jr., 但是首先展示 RBC 理論之能力的經濟學家首推為 Edward Prescott 及 Finn Kydland 與 John Long 及 Charles Plosser。

(1)推動力

RBC理論之推動力為，由於技術改變所造成的生產力的成長率 (growth rate of productivity that results from technological change)。支持 RBC 理論的經濟學家認為，這個推動力的來源，主要產生自對新技術的使用與創造等的研究發展過程。在某些時刻，技術進步的步調非常快速使得生產力上升很快；在某些時間，由於技術進步步調趨緩，使得生產力成長趨緩。

(2)機構

根據 RBC理論所形成的經濟循環機構，是較由總合需求模型機構所形成的循環，來得更為複雜。當生產力改變以後，二個立即的效果即將造成景氣擴張或衰退：

(a)對投資需求改變，

(b)對勞動力的需求改變。

在衰退時期，由於技術的改變，使得一些既有的資本設備變得無用，加上生產力暫時的下降，企業因此預期未來的利潤將會下降。由於企業家對利潤之預期下降，廠商因而縮減了對新資本的投資，由於勞動生產力的下降，廠商計劃解僱一些工人。因此，暫時性的生產力下降，將降低企業對投資需求及對勞動力之需求。由於投資需求之下降，將導致實質利率下降，而實質利率下降之後，將會使得目前工作的報酬下降，因而亦同時降低了勞動之供給。由於生產力下降之衝擊對於勞動力之需求，將會大於實質利率下降對勞動供給之影響，結果使得實質工資率下降及就業水準下降，因而景氣衰退開始。

由於總就業之減少，總產出及總供給亦會減少，因而使得長期總合供給曲線向左方移動。加上總合需求曲線亦將由於投資需求之減少，而向左方移動進去，結果整體經濟的產出及物價均會下降。

在 RBC 理論當中，認為景氣係由一些真實 (real) 事物，而非名目或貨幣事物所形成的。雖然貨幣數量的改變，會使得總合需求改變，但是如果沒有實質事物的改變（例如沒有關係生產所使用之要素的改變，及潛在GDP之改變）時，貨幣的變動，充其量僅會改變物價。在RBC理論當中，除非一些真實事物使得長期總合供給曲線改變，否則任何使得總合需求改變的政策，均祇會改變物價，而無法改變產出或所得。

第二節　通貨膨脹

雖然在今天我們並沒有太多的通貨膨脹的經驗，然而在1970年代及1980年代時，通貨膨脹確實是一個主要的問題。通貨膨脹為物價水準一直上升，而貨幣價值一直喪失的一種過程。在通貨膨脹的定義當中有二個特性必需予以強調說明的。首先，**通貨膨脹是一種貨幣現象，是由於物價水準改變，因而使得貨幣的價值改變的現象，而非單純祇是某些商品的價格變化**。例如，如果油價上升，但電腦價格下降，使得物價水準維持不變，則此時並未表示通貨膨脹的存在。其次，**通貨膨脹是一種持續的過程，而非一次價格上升之事件，此點隱含著，唯有價格持續的上升，才能定義為通貨膨脹**。

通貨膨脹率之計算方式，在第19章當中已經討論過，在此再予以列出來:

$$\text{通貨膨脹率} = \frac{\text{當期物價水準} - \text{前期物價水準}}{\text{前期物價水準}} \times 100\%$$

通貨膨脹可能源自於總合需求之增加或總合供給之減少。如果通貨膨脹之原動力是來自於這二個原因時，就可以分別稱之為:

1.**需求拉引 (Demand Pull) 型通貨膨脹**,

2.**成本推動 (Cost Push) 型通貨膨脹**。

首先讓我們來看看需求拉引型的通貨膨脹。

一、需求拉引型通貨膨脹

通貨膨脹如果是由於總合需求上升所造成的則稱之為需求拉引型通貨膨脹。任何會造成總合需求上升之因子，均會造成本類型之通貨膨脹的產生。這些因子包括:

1.貨幣供給的增加，

2.政府支出的增加，

3.出口的增加。

總合需求增加的通貨膨脹效果

假設去年的物價水準為 P_0，潛在所得為 Y_0，圖 27.6(a)正顯示了此一起初的均衡狀況。短期總合需求為 AD_0，而短期總合供給曲線為 SAS_0，長期總合供給曲線則為 LAS。在今年，總合需求增加到 AD_1（可能係由於央行採行寬鬆貨幣政策，或是政府支出增加）。在潛在所得沒有改變的情形之下，名目工資維持不變，因而長期總合供給曲線，短期總合供給曲線仍分別維持在 LAS 及 SAS_0 之位置。經濟均衡則移到新的總合需求曲線 AD_1 與短期總合供給曲線 SAS_0 相切之處，使得今年國內物價上升至 P_1，而實質所得上升至 Y_1。經濟體系面臨到物價上漲、景氣擴張，及失業率下降，低於自然失業率的現象。然而這些現象祇是一些短期的效果，接下來便是工資開始逐漸上揚的過程。

圖 27.6　需求拉引之物價上漲過程

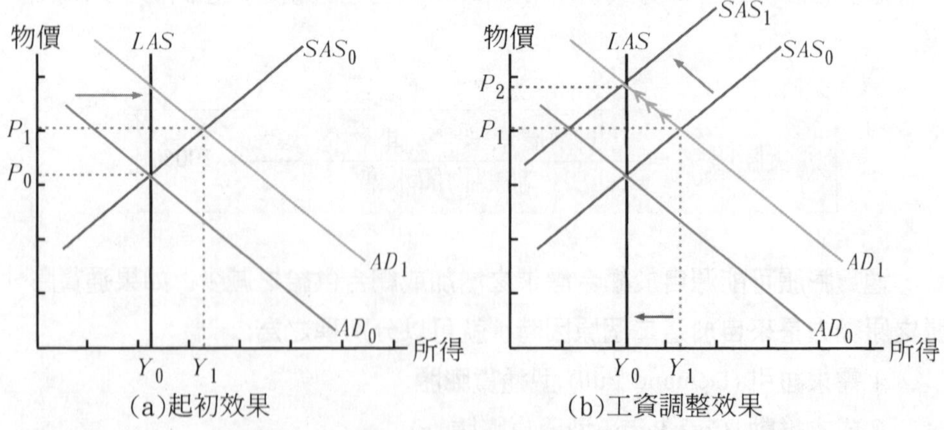

(a)起初效果　(b)工資調整效果

在圖(a)中，由於總合需求增加所引起之效果為，物價由 P_0 上升至 P_1，但產出由 Y_0 上升至 Y_1。由於 Y_1 為高於充份就業之均衡，因此接下來在經濟體系之內，將會由於工資的上漲，使得短期總合供給曲線向左方移動，最後短期總合供給曲線將移到 SAS_1 位置（圖(b)）。此時所得仍回到一開始的充份就業之均衡所得，但物價則會由 P_1 上升至 P_2。

如果由於總合需求之上升，而導致今年的實質所得高於潛在所得時，失業率將會低於自然失業率。由於勞動市場出現了供給短缺的現象，因此工資將會開始上揚。由於工資在上揚之後，將會造成短期總合供給曲線向左移動，因而使得物價水準再度上揚，實質所得因而下降。

當總合需求不再繼續增加（維持在 AD_1）時，短期總合供給曲線將會一直左移到 SAS_1 位置之後停止（見圖 27.6(b)）。在新的均衡之下，物價上升至 P_2，而實質所得則將回到原來的潛在所得 Y_0 之處。在以上所討論的物價上漲過程當中，我們僅假設一次的總合需求上升，如果總合需求的增加是一種持續性的過程時，物價將會持續上升。

導致總合需求持續增加的唯一方式，就是貨幣數量的持續增加。例如，當政府透過以創造貨幣的方式，來支付歷年的預算赤字時，每年的總合需求曲線便會一直向右方移動出去。正由於總合需求曲線持續的向外移動出去，而形成了物價上漲的壓力，此刻，我們就說經濟體系面臨了所謂的需求拉引型通貨膨脹。

圖 27.7　需求拉引之通貨膨脹不斷上升過程

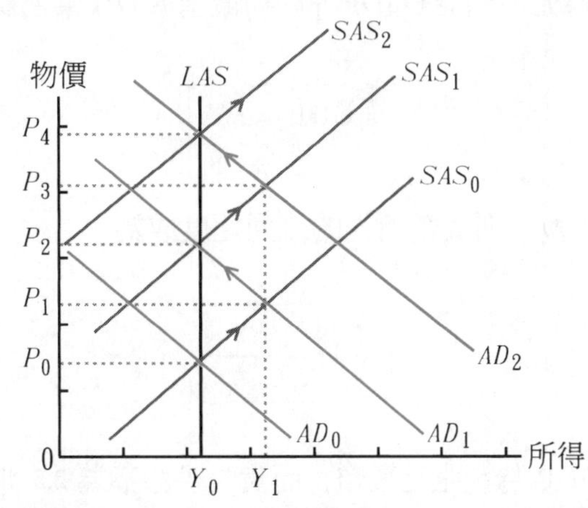

每次當央行增加貨幣供給時，總合需求亦會增加，使得總合需求一直向右方移動出去，由 AD_0 到 AD_1 到 AD_2……。當每次實質所得高於潛在所得時，失業率就低於自然失業率，於是貨幣工資持續上升，使得短期總合供給曲線由 SAS_0 到 SAS_1 到 SAS_2……。當總合需求持續上升，物價由 P_0 上升至 P_2，P_3，P_4……。經濟體系於是形成了一種物價不斷上升之過程，而所得則在 Y_0 與 Y_1 之間不斷的變動。

圖 27.7則用來表示此種需求拉引型的通貨膨脹過程。起初經濟體系的均衡在物價為 P_0，而產出為 Y_0 之處。隨著總合需求持續之增加，及工資之持續的上揚，經濟體系最終將會面對到物價的持續上升，但長期均衡所得，仍祇會回復到潛在所得之處。**當總合需求因貨幣供給持續增加而增加時，物價水準亦將會是持續的上升，因而形成了需求拉引之通貨膨脹不斷上升 (A Demand-Pull Inflation Spiral) 的過程**。

二、貨幣數量學說 (The Quantity Theory of Money)

貨幣供給的成長，長期而言祇會帶來物價不斷的上漲，對實質所得不會有任何改變的想法，主要來自於貨幣數量學說的看法。貨幣數量學說為 David Hume所提出，在經歷費雪及芝加哥大學的一些學者修正之後，被認為對於貨幣與產出之間的關係具有良好的解釋能力。**根據貨幣數量學說，長期而言貨幣供給額的增加，祇會帶來同比例的物價上漲。貨幣數量學說的精髓在於貨幣的所得流通速度 (income velocity circulation) 及交易方程式 (equation of exchange)**。

貨幣所得的流通速度 V，用來表示為了達成某年的交易量 (名目GDP)，貨幣需轉手的次數。而名目 GDP等於物價水準 (P) 乘上實質 GDP (Y)，或

$$\text{GDP} = PY$$

假設貨幣數量為 M，則貨幣所得的流通速度成為

$$V = \frac{PY}{M}$$

例如，當名目 GDP 為 5 兆元臺幣，而貨幣供給額為 2.5 兆元臺幣時，貨幣所得流通速度為 2。換言之，每一塊錢的貨幣在當年之內轉手了 2次用來購買計算在當年 GDP 之最終商品及勞務。

在圖 27.8當中，我們分別繪製了自 1978～1995年， M1A, M1B及 M2的貨幣所得流通速度。在 1985年到 1989年之間，以 M1所計算的貨幣所得流通速度有下降的趨勢，而在 1989年之後，貨幣所得的流通速度才又逐漸上升。M1A的流通速度大抵在 3～5.5之間變動， M1B的流通速度大致在 2～4之間變動，而 M2的流通速度則大致穩定在 0.6～1.0之間。由於 M2定義包

含一些較廣義的貨幣定義（一些新型態的存款），因此M2的流通速度相對較為穩定。

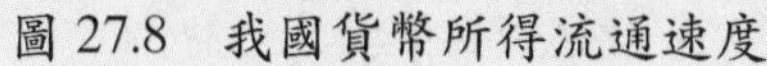
圖 27.8　我國貨幣所得流通速度

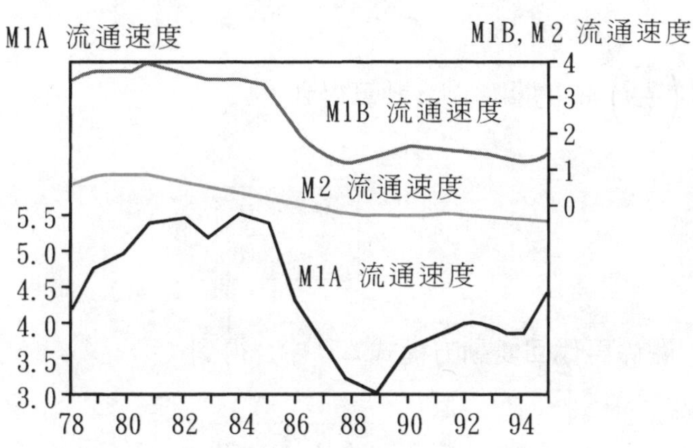

資料來源：AREMOS系統內的NIAA資料庫與FSM資料庫。

交易方程式敘述了貨幣(M)乘上流通速度(V)等於名目GDP (PY)的關係，或

$$MV = PY$$

交易方程式並不代表貨幣數量學說。貨幣數量學說之所以成為一個理論必需具有以下一些假設條件：

1.貨幣數量不會影響到貨幣所得的流通速度，

2.潛在GDP不會受到貨幣數量的影響。

如果上述二個假設是正確的話，交易方程式告訴我們以下的事實：在長期之下，某一比例的貨幣供給的增加，祇會帶來同比例的物價上漲的關係。此一結論可將交易方程式略加修正而得到驗證。將交易方程式左右各除以實質 GDP(Y)得

$$P = \frac{MV}{Y}$$

在長期之下，實質GDP等於潛在GDP，而根據假設，潛在GDP與貨幣所

得流通速度均不會受到貨幣數量的影響。因此 (V/Y) 可視為某一常數。對上式左右各取變動率的關係，得到

$$\Delta P = \left(\frac{V}{Y}\right)\Delta M$$

由 $P = \left(\frac{V}{Y}\right)M$ 的關係中，計算得到

$$\frac{V}{Y} = \frac{P}{M}$$

將 V/Y 關係再代回變動方程式 ΔP 中，得到

$$\frac{\Delta P}{P} = \frac{\Delta M}{M}$$

$\frac{\Delta P}{P}$ 表示物價增加的百分比，而 $\frac{\Delta M}{M}$ 表示貨幣供給額增加的百分比。此一方程式所代表的正是貨幣數量學說的觀念；長期而言，貨幣供給的增加率 $\left(\frac{\Delta M}{M}\right)$ 祇會等於物價增加率 $\left(\frac{\Delta P}{P}\right)$。

物價上漲率就是通貨膨脹率，而貨幣供給增加率就是貨幣供給的成長率，因此透過通貨膨脹率與貨幣供給成長率的關係，我們可以來驗證貨幣數量學說是否成立。

圖 27.9 為 1968 年到 1994 年之間，我國歷年通貨膨脹率（以 CPI 來計算）及 M1B 成長的關係。由歷史資料來看，大抵在貨幣供給大幅成長之後，物價亦呈現大幅變動的現象，歷史資料（特別在八〇年代以前）似乎支持了貨幣數量學說的推測。

三、成本推動型通貨膨脹

由於成本上升所引起的通貨膨脹稱之為成本推動型通貨膨脹。二個形成成本上升的主要來源分別是：

1.名目工資之上漲，

2.原料之貨幣價格的上揚。

圖 27.9　我國的通貨膨脹率與貨幣供給成長率之間的關係

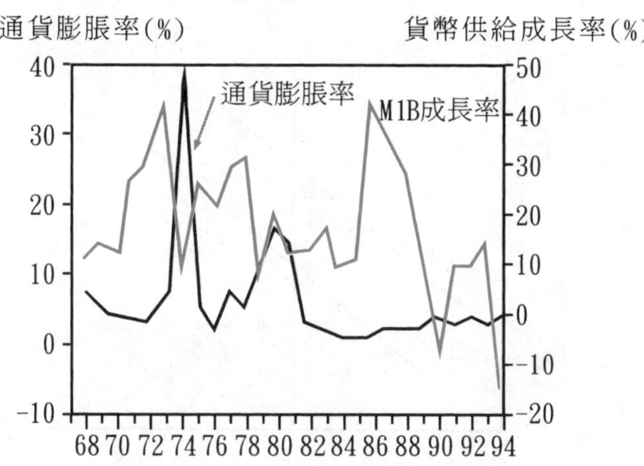

資料來源：ARE-MOS系統內之FSM資料庫。

在商品的價格水準維持不變的情況之下，廠商的生產成本愈高，企業的生產意願就會愈低。因之，當工資或原料價格上升時，企業將會減少對商品及勞務之供給，而導致總合供給的減少，此時，短期總合供給曲線將出現向左方移動進去之現象。這整個調整的過程可以透過圖 27.10來說明。

在圖 27.10中，期初的經濟均衡在物價為 P_0，所得為 Y_0 之處。假設由於石油價格的上升，使得短期供給曲線由 SAS_0，左移至 SAS_1 之位置，此時，物價由 P_0 上漲至 P_1，而實質所得則由 Y_0 下降至 Y_1。**實質所得下降與物價上漲同時出現之組合，在經濟學上稱之為滯留型通貨膨脹**(stagflation)。如果也是如同前面在探討需求拉引型通貨膨脹的過程一樣，均假設為一時 (one time) 的供給面之衝擊 (supply shock) 時，石油的一時價格上升，並不足以形成通貨膨脹。通貨膨脹的產生必需要伴隨著政府為了修正因成本上升所引起之景氣衰退，所採行的一連串經濟政策，特別是貨幣供給的持續性增加。

當實質所得開始下降，失業率上升而高過於自然失業率時，通常採行必要的經濟政策，以使經濟體系回復到充份就業均衡之要求就會出現。現假設，央行透過以貨幣供給額增加的方式，來促使景氣回復時，由於貨幣供給額的增加，將會使得總合需求增加。我們可以利用圖 27.11的關係來描述總合需求增加的情形，在圖 27.11當中，我們看到總合需求曲線將會向右方移動到 AD_1 之位置，AD的增加，使得所得回到充份就業水準，但物價卻由 P_1 再上升至 P_2。

圖 27.10　成本推動之物價上漲

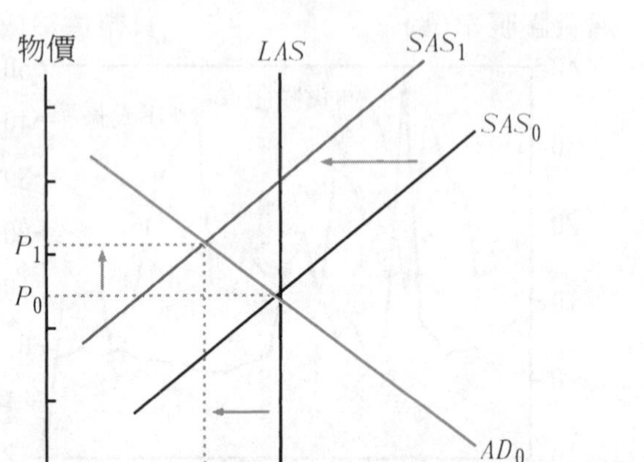

起初，總合需求曲線為 AD_0，而短期總合供給曲線是 SAS_0，長期總合供給曲線為 LAS。由於工資的上漲，或原料價格的上升，使得短期總合供給曲線移到 SAS_1 的位置，經濟體系均衡移到物價 P_1，產出為 Y_1 之處。經濟體系面臨到景氣衰退，但物價卻上揚之滯留型通貨膨脹的現象。

圖 27.11　成本上升之後總合需求之反應

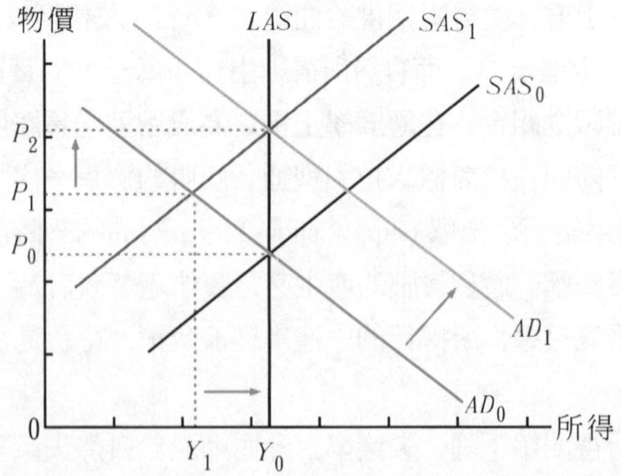

成本上升之後，所得低於潛在所得，失業率高於自然失業率。如果央行以寬鬆的貨幣政策來使得總合需求向右方移動，以達到充份就業水準之均衡時，經濟體系將面對的是一個充份就業之所得水準，但代價是更高的物價水準。

假設，當經濟體系之物價上漲至 P_2 以後，石油生產商觀察到市場上所有商品及勞務的價格上漲了，因而決定再度提高石油的價格時，則用圖

27.12的關係來顯示接下來的物價上漲過程。短期總合供給曲線現在將會再移到 SAS_2 之位置，而形成了另一次的滯留型通貨膨脹。物價再度上升至 P_3 的位置，失業率再度上升。如果此時，央行依舊再度採行貨幣供給增加之政策時，總合需求曲線將會移到 AD_2，雖然此舉使得所得回到充份就業水準，但物價卻上漲到更高的 P_4 處。上述過程若不斷的進行，將因而形成了**成本推動通貨不斷上升** (A Cost-Push Inflation Spiral) 之過程。

圖 27.12　成本推動型通貨膨脹不斷上升之過程

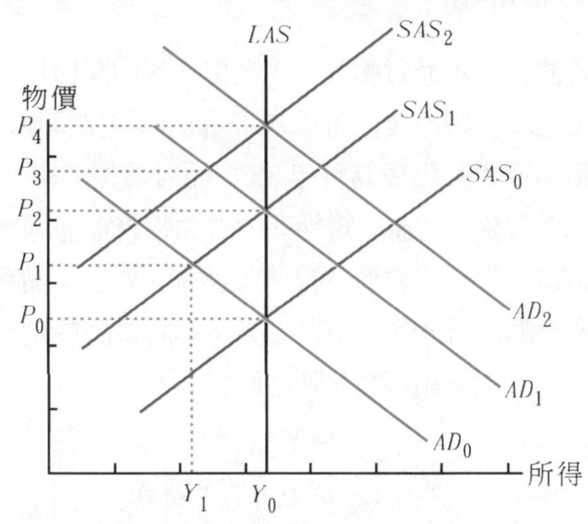

當成本上升，使得短期總合供給曲線由 SAS_0 左移至 SAS_1，而物價由 P_0 上漲至 P_1 時，央行嘗試以增加總合需求的方式來改善景氣，結果使得總合需求由 AD_0 移到 AD_1。雖然，所得回到潛在所得，但物價卻上漲到 P_2 之位置。再一次的原料成本的上升，將使得短期總合供給曲線移到 SAS_2，物價由 P_2 上升至 P_3，所得再度下降至 Y_1 的位置。如果央行再度以刺激總合需求的方式來改善景氣時，物價將再度上揚，因而形成成本推動之通貨膨脹不斷上升的過程。

第三節　通貨膨脹與失業：菲力普曲線

在第 19 章第二節當中，我們已經清楚定義了失業的意義、失業率之計算及失業的成本。在本節當中，我們將同時探討失業率與通貨膨脹之間的關係。在 $AS-AD$ 模型當中，我們所注意的是物價與實質 GDP 之關係，雖然透過這二個變數，我們仍可以瞭解通貨膨脹與失業率間的關係，但較直接的研究方式則可透過菲力普曲線 (Phillips curve) 來探討通貨膨脹與失業率之間的關係。紐西蘭經濟學家 A. W. Phillips首先觀察到通貨膨脹與失業率之間似乎存在一種負向關係。**菲力普曲線可以用來敘述通貨膨脹與失業率之間存在的一種負向關係**。菲力普曲線因時間長短的不同，而存在了二種不同時間版本的菲力普曲線，分別是：

1.短期菲力普曲線，

2.長期菲力普曲線。

一、短期菲力普曲線

短期菲力普曲線表示通貨膨脹與失業率之間的關係，但假設預期通貨膨脹率與自然失業率維持不變，而圖 27.13 顯示了短期菲力普曲線($SRPC$)的關係。假設預期通貨膨脹率為每年 3%，而自然失業率為 1.5%，如圖中點 a 的位置所示之關係，此時，短期菲力普曲線將會通過此點。如果通貨膨脹高於預期值時，失業將會低於自然失業率，如由 a 點到 b 點之過程。同樣的，如果通貨膨脹低於預期值時，失業率將會高於自然失業率，如同在短期菲力普曲線上由 a 點移往 c 點之過程。

圖 27.13　短期菲力普曲線

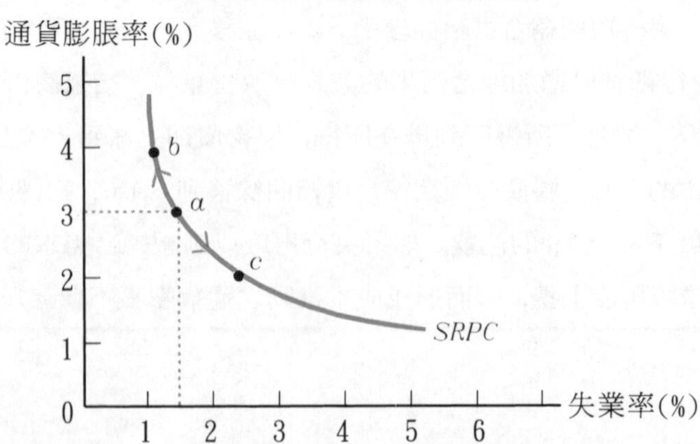

短期菲力普曲線敘述了在已知預期通貨膨脹率及自然失業率之下，通貨膨脹與失業率間的關係。在年預期通貨膨脹率為 3%，自然失業率為 1.5%之假設下，短期菲力普曲線會通過 a 點。由於未被預期到的總合需求的增加，使得失業率下降，但卻也使得通貨膨脹增加 ($a \to b$)。而若未被預期到的總合需求減少時，失業雖然會增加，但通貨膨脹卻會減少 ($a \to c$)。

沿著短期菲力普曲線的通貨膨脹與失業率間所具有的負向關係，可利用 $AS-AD$ 模型來解釋。圖 27.14 所表示的為$AS-AD$ 模型與 $SRPC$ 模型之間的關係。

圖 27.14　$AS-AD$模型與短期菲力普曲線

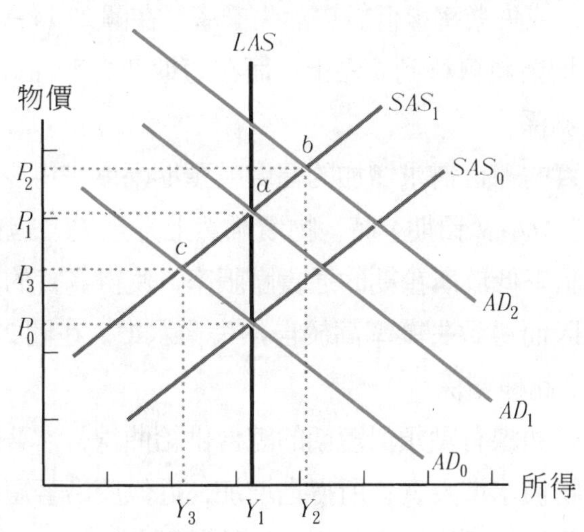

如果總合需求預期增加使得總合需求曲線由 AD_0 移到 AD_1，名目工資亦將上升，使得短期總合供給曲線由 SAS_0 移到 SAS_1，物價由 P_0 上升至 P_1，而經濟均衡在a 點。 a點所表示的關係正如圖 27.13 $SRPC$ 上的 a 點的關係。如果在同樣的預期通貨膨脹率之下，總合需求曲線由 AD_0移到 AD_2 時，物價將上升到 P_2 的位置，均衡在 b 點（同 $SRPC$ 上之 b點），此時物價雖上升了，但失業率卻下降。而如果在相同的預期通貨膨脹率之下，總合需求不變（在 AD_0）時，則物價雖上升至 P_3，但低於預期的 P_1，此刻失業上升，而經濟均衡將會移到 c 點（同 $SRPC$ 上之 c 點）。

起初，總合需求曲線為 AD_0，短期總合供給曲線為 SAS_0，長期總合供給曲線為 LAS，實質所得為 Y_1，而物價為 P_0。由於預期總合需求將會增加，因而總合需求曲線將會向右方移到 AD_1 的位置。由於預期總合需求將會增加，名目工資將開始上揚，使得短期總合供給曲線將會移到 SAS_1 之位置。到底真實通貨膨脹與所得將會改變多少，則完全取決於總合需求改變的大小。

首先，假設真實總合需求如預期一般的移到 AD_1 之位置，物價由 P_0 上升至 P_1，而通貨膨脹率如同被預期的一般 $[((P_1-P_0)/P_0)\times 100\%]$，真實所得將維持在潛在所得水準，而自然失業率在自然失業率水準，經濟均衡移到圖 27.14之 a 點上，或在圖 27.13短期菲力普曲線之a 點。

其次，假設預期的總合需求會移到 AD_1 位置，但是真實的總合需求，卻移到遠大於預期的 AD_2 的位置，此時，物價上升將達到 P_2 而非 P_1，因而導致通貨膨脹率上升的幅度遠大於所預期的上升幅度，此外真實所得亦將高於潛在所得，或失業率會低於自然失業率。在圖 27.14當中，我們可以看到此時的經濟均衡將會移到 b 點上，而在短期菲力普曲線上，b 點所代表的亦正是此種關係。

最後，當真實的總合需求增加的幅度較預期幅度來得少時，例如，移到 AD_0 而非移到 AD_1（預期）時，物價雖然上升至 P_3，但卻低於預期的 P_1。由於通貨膨脹率低於所預期的通貨膨脹率，使得真實的實質所得將會小於潛在所得，因而導致失業率高於自然失業水準。在圖 27.14及 27.13上 c 點所代表的正是此種關係。

短期的菲力普曲線有點類似短期的總合供給曲線，沿著短期總合供給曲線所形成之高物價水準及實質所得之增加，近似於沿著短期菲力普曲線所帶來的通貨膨脹增加及失業率下降之取捨的關係。

二、長期菲力普曲線

長期菲力普曲線代表著當真實通貨膨脹率等於預期通貨膨脹率時，通貨膨脹與失業率之間的關係。長期菲力普曲線為位於自然失業率水準時的一條垂直線。在圖 27.15當中，垂直線標示 $LRPC$，即是長期菲力普曲線。長期菲力普曲線告訴了我們，在自然失業率之下，可能存在多種可以被預期到的通貨膨脹率關係。在先前討論過的 $AS-AD$ 模型當中，當通貨膨脹率等於被預期的通貨膨脹率時，實質所得正好等於潛在所得，因而經濟體系之內的失業率為自然失業率水準。

當預期通貨膨脹率改變時，短期菲力普曲線亦會跟著移動。當預期通貨膨脹率為 π_0 時，短期菲力普曲線為 $SRPC_0$，如圖 27.15所示的關係。而如果預期通貨膨脹率下降到每年祇有 π_1 時，短期菲力普曲線將向下移動到 $SRPC_1$ 之位置。

為什麼預期通貨膨脹率改變時，短期通貨膨脹率亦會跟著改變呢？假設經濟均衡是在充份就業水準之下，而被預期的通貨膨脹率為 π_0，再假設央行為了降低通貨膨脹率，而採行緊縮的貨幣政策時，由於總合需求之成長開始下降，使得真實通貨膨脹率將逐漸下降至 π_1 處。一開始由於物價的下跌，尚未被人們所預期到，因此名目工資仍舊會依原來的預期通貨膨脹率在上漲，此舉將導致短期總合供給曲線向左方移動，形成實質所得下降及失業率的上升，如同在圖 27.15中，沿著 $SRPC_0$ 由 a 點移到 c 點之過程所示。

圖 27.15　短期及長期的菲力普曲線

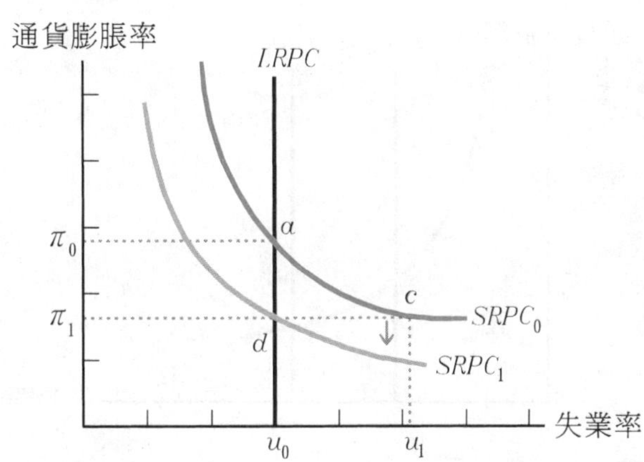

長期菲力普曲線為 $LRPC$，為在自然失業率水準的一條垂直線。當預期通貨膨脹率下降時，短期菲力普曲線亦會向下移動。例如，當預期膨脹率由 π_0 移到 π_1 時，短期菲力普曲線由 $SRPC_0$ 移到$SRPC_1$，新的短期菲力普曲線與長期菲力普曲線相交於 d 點。在原來之預期通貨膨脹水準 π_0 之下，真實通貨膨脹率若是 π_1，則失業率為 u_1，如圖中 c 點所示的關係。

如果真實通貨膨脹繼續維持在 π_1 水準時，漸漸的人們將開始可以預期到這個通貨膨脹率。此時，工資上升率將會開始減緩，短期總合供給曲線向左方移動的速度亦會開始減緩。最終，總合供給曲線向左方移動的速度，將會與總合供給曲線向右方移動的速度相同。由於真實通貨膨脹率會等於預期的通貨膨脹率，因此經濟體系再度回到充份就業均衡。在圖 27.15中，菲力普曲線由 $SRPC_0$ 移到$SRPC_1$ 之位置，而 d 點的關係所代表的正是此時的經濟均衡。

自然失業率並非是固定不變的，當自然失業率改變時，長期菲力普曲線與短期菲力普曲線均將同時變動，圖 27.16則是用來表示此一關係。如果自然失業率由 u_0 上升至 u_1 時，長期菲力普曲線將由 $LRPC_0$ 移到 $LRPC_1$ 之位置。如果預期通貨膨脹率持續維持在 π_0 之位置時，短期菲力普曲線

將由 $SRPC_0$ 移到 $SRPC_1$ 之位置。因為預期通貨膨脹率是固定的，新的短期菲力普曲線 $SRPC_1$ 與新的長期菲力普曲線相交在 e 點。e 點之預期通貨膨脹率與 a 點相同（原來的長期菲力普曲線與短期菲力普曲線相交的一點）。

圖 27.16　自然失業率之改變與菲力普曲線之關係

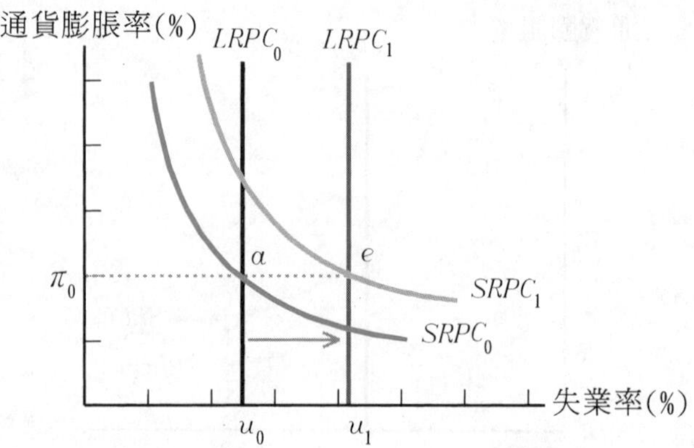

由於自然失業率的改變，將使得長期及短期菲力普曲線均會同時移動。當自然失業率由 u_0 上升至 u_1 時，長短期菲力普曲線，分別移到 $SRPC_1$ 及 $LRPC_1$ 處。如果預期通貨膨脹率假設是固定時，新的均衡點為 e 點， e點與a點具有相同之預期通貨膨脹率 π_0。

三、臺灣的菲力普曲線

圖 27.17所表示的為我國自 1968年以來的一些通貨膨脹率與失業率之間的關係。由離散圖的關係看來，似乎並無法確切觀察到如菲力普所觀察到的通貨膨脹率與失業率二者之間會呈現的一種負向關係。

雖然從離散圖的關係當中，無法明確看出通貨膨脹率與失業率之間所具有的負向關係，但根據這些資料，我們卻可解釋為因短期菲力普曲線在移動的關係。在七〇年代初期，自然失業率大致在 1.5%，而預期的通貨膨脹大概在 8%（如點 b），因而此一期間的短期菲力普曲線如 $SRPC_0$ 的關係。第一次石油危機所帶來的停滯型通貨膨脹時，使得人們對通膨之預期上升至 32%，而自然失業率亦上升至 1.9%左右（如 d 點），此時之短期菲力普曲線如$SRPC_2$ 的關係所示。在第二次石油能源危機時，自然失業率大

圖 27.17　臺灣的菲力普曲線

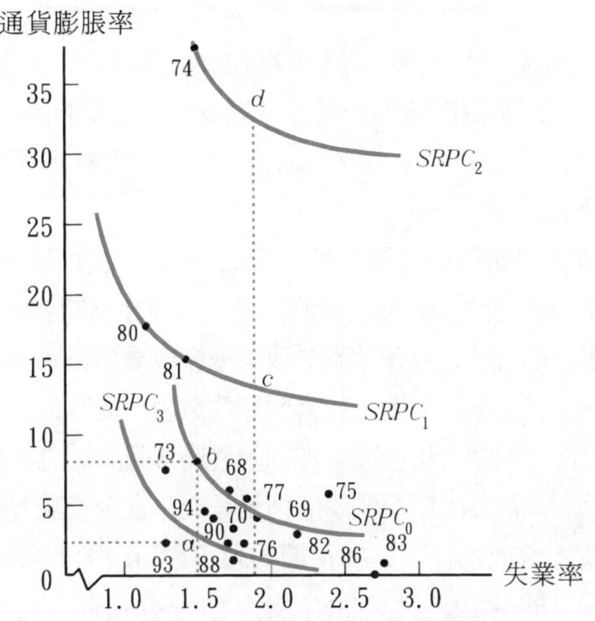

資料來源：AREMOS系統中，Price 資料及 MAN資料庫，並由作者在進行一些假設之後，繪製而成。

致仍維持在 1.9%左右，但對通貨膨脹之預期 (14%) 已明顯小於第一次能源危機時之預期 (32%)，因此，短期菲力普曲線移到 $SRPC_1$ 處。八〇年代末期，九〇年代初期，自然失業率又逐漸移回到 1.5%的水準，但由於此時物價較為平穩，因此預期膨脹率大約在 3%左右（如 a 點），因而此時之短期菲力普曲線的關係如 $SRPC_3$ 所示。

雖然由歷史資料當中，並無法明顯看出我國的失業率與通貨膨脹率之間存在明顯的負向關係，但主觀的由資料當中我們卻可繪出多條具有負向斜率之曲線關係。此一結果告訴我們，失業率與通貨膨脹率之間是具有一種負向的關係，而且短期的菲力普曲線亦是經常在移動。

重點彙整

1.景氣循環代表一種不規則及不重複經濟活動的上與下移動行為。
2.投資與資本的累積的波動是造成景氣波動的主要原因。
3.有關於景氣循環的理論大致可以分成: ⑴總合需求理論, ⑵實質景氣循環理論。
4.從總合需求的關係來討論景氣循環的理論, 大致可分成以下三種模型: ⑴凱因斯理論, ⑵貨幣學派理論, ⑶理性預期理論。
5.新古典學派的看法, 被預期到的政策僅會改變價格水準, 而不會改變實質所得及失業率, 原因在於當預期政策將改變時, 名目工資亦將會改變, 使得短期總合供給曲線亦同時移動, 因而抵消了政策對所得之效果。反之, 新凱因斯學派學者則是認為, 當勞資雙方合約改變時, 名目工資才會改變, 因此被預期的政策將可改變實質所得, 且可用來穩定景氣的循環。
6.通貨膨脹是一種貨幣現象, 是由於物價水準改變, 因而使得貨幣的價值改變的現象, 而非單純祇是某些商品的價格變化。
7.通貨膨脹是一種持續的過程, 而非一次價格上升之事件, 此點隱含著, 唯有價格持續的上升, 才能定義為通貨膨脹。
8.通貨膨脹可能源自於總合需求之增加或總合供給之減少。如果通貨膨脹之原動力是來自於這二個原因時, 就可以分別稱之為:
⑴需求拉引型通貨膨脹,
⑵成本推動型通貨膨脹。
9.通貨膨脹如果是由於總合需求上升所造成的則稱之為需求拉引型通貨膨脹。
10.當總合需求因貨幣供給持續增加而增加時, 物價水準亦將會是持續的上升, 因而形成了需求拉引之通貨膨脹不斷上升的過程。
11.根據貨幣數量學說, 長期而言貨幣供給額的增加, 祇會帶來同比例的物價上漲。貨幣數量學說的精髓在於貨幣的所得流通速度及交易方程式。
12.貨幣所得的流通速度 V, 用來表示為了達成某年的交易量, 貨幣需轉手的次數。
13.交易方程式敘述了貨幣 (M) 乘上流通速度 (V) 等於名目 GDP(PY) 的關係。

14.交易方程式並不代表貨幣數量學說。貨幣數量學說之所以成為一個理論必需具有以下一些假設條件:(1)貨幣數量不會影響到貨幣所得的流通速度,(2)潛在GDP不會受到貨幣數量的影響。

15.由於成本上升所引起的通貨膨脹稱之為成本推動型通貨膨脹。

16.二個形成成本上升的主要來源分別是:(1)名目工資之上漲,(2)原料之貨幣價格的上揚。

17.實質所得下降與物價上漲同時出現之組合,在經濟學上稱之為滯留型通貨膨脹。

18.菲力普曲線可以用來敘述通貨膨脹與失業率之間存在的一種負向關係。

19.長期菲力普曲線代表著當真實通貨膨脹率等於預期通貨膨脹率時,通貨膨脹與失業率之間的關係。

練習題

1.討論凱因斯學派與理性預期景氣循環理論之異同。

2.討論貨幣學派的景氣循環理論,說明在本派理論所形成景氣波動的推動力為何?景氣循環的過程為何?

3.什麼是實質景氣循環理論?從形成景氣波動之推動力及形成景氣的機構二方面來說明。

4.什麼是交易方程式及貨幣所得流通速度呢?貨幣數量學說需要那些假設才能成立?而根據貨幣數量學說,可得到什麼樣的結論呢?

5.短期菲力普曲線告訴我們什麼樣的關係?

6.什麼是長期菲力普曲線?

7.區別短期與長期菲力普曲線之不同?使用 $AS-AD$ 模型來解釋長短期菲力普曲線之差異。

第28章

經濟政策

前　言

在 1994 年，政府支出約為玖仟陸佰億元臺幣：平均而言，花在每個國民身上近 48,000 元。政府支出很明顯的會從很多方面來影響到我們的生活：例如，幫我們決定該接受的教育，國防預算的大小，法律制度的建立，民主過程的實行等。但是政府每年如此龐大的支出如何來影響我們經濟的體質呢？政府支出方式是否可以避免引起通貨膨脹或景氣衰退而使得經濟持續成長呢？

在 1936 年，凱因斯首先引進政府支出與稅收不僅應該考慮到公共財政之成本與收益，亦應該考慮其對景氣循環之衝擊的觀念。凱因斯建議，應該透過政府支出與稅收之間的協調，來去除經濟循環中衰退與膨脹的現象。

當我國在 1991 至 1996 年之間，由於景氣持續衰退，可預見而且可經常看到的就是，央行會透過採行一些貨幣政策嘗試使得景氣回復，或政府嘗試以一些公共建設的方式來使得景氣回升。經濟學家亦經常研究，到底央行會在什麼樣的情況之下，來降低利率，刺激支出。根據經濟學家的研究發現：一般而言，當失業率上升，央行會採行降低利率之政策，而在失業率下降的時候，央行通常會採行利率上升的政策。在 1996 年 8 月 23 日，行政院主計處所公佈的失業率為2.9%，為十年來新高。隔日，8 月 24 日，中央銀行宣佈調降銀行準備率，嘗試引導我國的利率水準下降。究竟央行採行一些貨幣政策會多有效呢？

在本章中，我們將分別討論財政政策及貨幣政策之定義及其對調整景氣之有效性。

第一節　財政政策 (Fiscal Policy)

在本節當中，我們將首先探討如何透過**財政政策**來改變總體經濟之情況。而所謂的**財政政策表示使用政府支出與稅收等工具，來追求總體目標的方式**。

一、政府的預算功能及收支

在現代國家當中，政府所扮演的角色愈來愈重要，舉凡社會福利制度的建立、公權力的伸張、民主角色的扮演、市場失靈的管制、消費者福利的保障等等，均需或多或少由政府部門來執行。此外，在景氣循環的過程當中，政府的預算亦可扮演穩定景氣的功能，當景氣繁榮時，透過增加稅收，減少政府支出可緩和景氣循環之過熱現象，而當景氣衰退時，政府部門亦可透過增加支出或減少稅收的方式來彌補總支出之不足，進而緩和景氣的衰退。

1.政府的預算功能

政府的預算具有三種主要的功能：可影響總體經濟的穩定、可影響資源的分配及可影響國民所得的分配。

透過自動穩定的機能，政府的支出或稅收的改變能夠緩和景氣的循環。而在下一節當中，我們將會更深入來討論政府預算與總體經濟穩定間的關係。

當政府以課徵牌照稅的方式來抑制人民購買小客車，而以課徵所得的稅收來擴建大眾捷運系統時，人民就會減少小客車的購買，而改使用大眾運輸系統，此為政府影響資源分配的例子。

而政府透過預算的方式亦可達成所得重分派的功能。例如，將稅收所得以移轉性支付的方式，將所得轉給社會當中的某一特定族群。例如「老人年金」的發放，即是以移轉性支付的方式，將一般老百姓稅收轉給老年人。同樣的，「農民年金」或「失業救濟金」……等，均是類似的社會福利政策。

2.政府的收支

政府的預算包含了收入 (revenue) 與支出二部份。政府收入的主要來源為各種稅收、獨占及專賣收入（如公賣局的收入）、各級政府及所屬生產事業之營業收入（如中油）、財產孳息收入、規費收入、罰款及賠償收入、捐獻及贈與收入及一些其他雜項收入等。而政府支出一般可分為一般支出、國防支出、教育科學文化支出、經濟發展支出、社會支出、債務支出及其他雜項支出。歷年我國政府預算當中各項收入占總收入比例及各項支出占總支出的比例關係見圖 28.1 及圖 28.2。

圖 28.1　歷年 (1960~1995 年) 政府各項收入占總收入的百分比

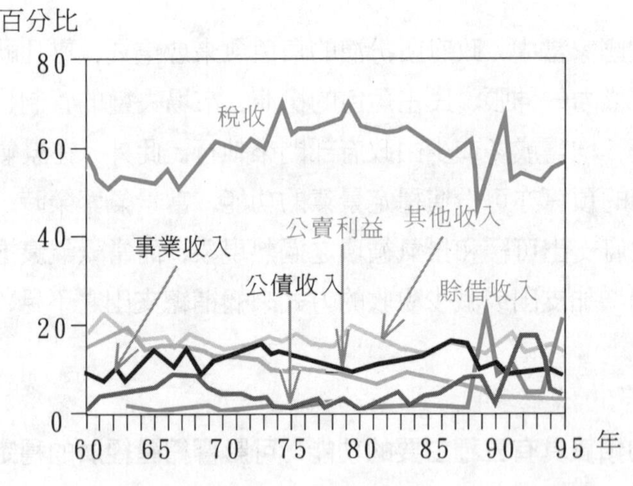

資料來源: AREMOS系統中GOVT資料庫。

圖 28.2　歷年 (1960~1995 年) 政府各項支出占總支出的百分比

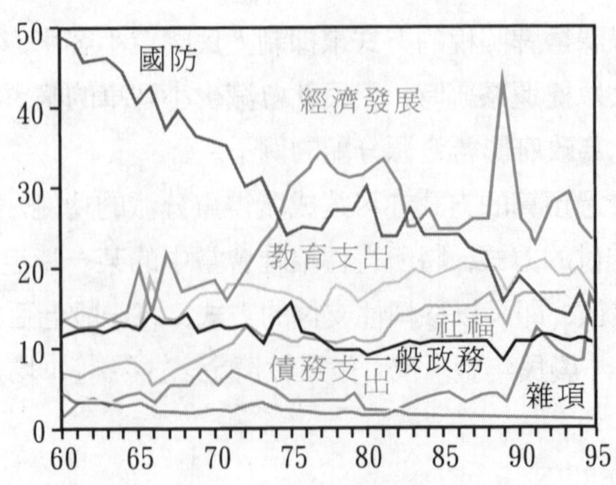

資料來源: AREMOS系統中GOVT資料庫。

在我國政府的歷年收入當中，以稅收收入所占的百分比最多，約在50%～60%之間（見圖28.1），其次為其他收入（含規費、罰款‧‧‧‧‧等等）。公賣利益的收入，隨著市場愈來愈開放，已由早期近18%逐年下降至1995年的約占8%左右。而政府部門所經營的事業收入則歷年大致穩定在10%左右。

在支出方面，早期（1960年代）以國防支出占總支出的比例最大（50%左右），但國防支出占總支出的比例已有逐年下降的趨勢，至1995年時，此一比例已降到約祇占有總支出的15%左右。另一方面政府投注在經濟發展費用的比例卻有逐年上升的趨勢。在1970年代時，此一比例由早期18%左右，躍升至35%左右，而在1989年，此一項目支出更達到42%左右，但隨著1990年代景氣的衰退，政府部門在經濟發展的經費，則大致維持在25%左右（見圖28.2）。在教育支出方面，早期此一支出占總支出的比例，大約在15%左右，近年來此一比例則大致維持在18%～20%左右。

值得注意的是，政府在社會福利支出的比例及債務支出的比例，在近年來（1990年代之後）有逐漸上升的傾向。在1995年時，政府債務支出占總支出比例已達20%左右，而社會福利的支出亦占有總支出的17%左右。隨著政府的支出一直在膨脹，但收入卻無法快速增加之下，政府就必需透過發行公債的方式，來募集各項支出所需的費用，因而使得政府在債務的支出項上一直持續上升。當政府的收入大於支出時，代表我們的政府有預算盈餘 (budget surplus)，當政府的收入小於支出時，則表示政府有預算赤字 (budget deficits)，當政府收入等於政府支出時，則稱政府具有平衡預算 (balanced budget)。歷年我國政府收入占GDP比例與支出占GDP比例的關係如圖28.3所示。

由圖28.3可看出，歷年政府收入與支出占GDP之比重有逐年上升的傾向，在1960年代初期，政府支出大於收入因此存在所謂預算赤字的關係，然而自1965年以後，政府的收入始終大於支出，特別在1970～1980年之間，政府的預算盈餘最多。然而在1990年代以後，政府收入大抵等於支出，因而是出現一種平衡預算的關係。到1995年時，政府支出與收入約占GDP的30%左右，與60年代的20%來比較，政府部門消費支出對經濟循環的影響已有逐年加重的趨勢。

大部份的政府支出及稅收是與財政政策不相關的。例如，政府在國防上的支出，照顧年老或貧窮者的支出，及提供義務教育的支出；或稅收目標在於平均所得分配或在推廣某些活動但限制某些活動時，這些支出或稅收的活動，基本上對產出與就業不會有太大的影響。相反的，**如果政府有意的 (deliberate) 以控制政府支出與稅收的方式，來影響產出與就業或通貨膨脹時，這些政府支出或稅收就可稱之為財政政策。**

圖 28.3　歷年總收入與總支出占 GDP 的比例關係

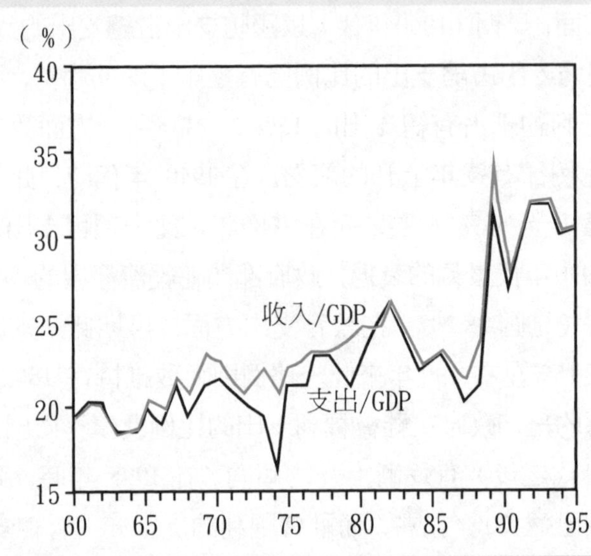

資料來源: AREMOS系統中GOVT資料庫。

二、自動穩定機能 (Automatic Stabilizers) 及權衡性財政政策 (Discretionary Policy)

無論是有意的或非有意的，連續的政府支出及稅收改變的過程，將會影響到總合支出。有二類的政府支出及稅收政策可產生以上的效果：自動穩定機能及權衡性財政政策。**自動穩定機能為政府非有意控制的支出或稅收政策，但這些政策卻傾向能自動緩和景氣的循環。**而**權衡性財政政策則是指政府為了達成總體經濟目標，所有意採行的支出或稅收的政策。**

1.自動穩定機能

所得稅制、失業補償 (unemployment compensation) 及一些福利政策，均可能自動緩和循環的干擾 (cyclical disturbance) 來對抗景氣的循環。這些自動穩定機能的功用完全取決於當時經濟情況，而不需依賴政策者之權衡性行動。

(1)所得稅的自動穩定效果

政府收受所得稅的多寡完全決定於，在全體經濟體系當中可以課稅的所得再乘上一個平均稅率而得。如果一個經濟體系當中，平均稅率為 20%，而總課稅所得為 1兆元臺幣，則政府課稅收入為 2仟億元。如果總課稅額上升至 1.5兆元時，政府課稅收入將上升至 3仟億元。所得稅稅收將隨著所得之增加或減少而增加或減少。

假設經濟體系進入衰退期，且個人所得開始下降，即使維持在目前的稅率水準之下，政府的稅收亦將會減少。此外，一般在景氣衰退時期，由於個人所得減少，因稅制的關係（累進稅制），個人在景氣衰退時期會較景氣繁榮時支付較少的稅。由於所得稅制的關係，在景氣衰退時期，雖然整體經濟的所得下降了，但可支配所得下降的幅度卻較所得下降的幅度來得小。換言之，稅制可以被用來當成是一種自動穩定的機能，以緩和循環性的干擾。**突發性的所得下降，將導致對應的稅收收入下降，因而，緩和了稅後所得的下降比率。**

⑵失業補償及福利金支付

當經濟進入衰退期時，由於失業人口的增加，使得符合領取政府失業補償金資格的人數增加。除此之外，由於失業人口的上升，亦使得一些家庭的收入降低，因此，領取社會福利金的人口亦會上升。透過領取失業救濟金及福利金的方式，使得這些人口的消費支出行為不至於中斷，如此一來，可避免因消費支出的過度下降而加深了景氣的衰退。在經濟繁榮時期，亦可透過取消對已經找到工作或收入已經開始增加的老百姓之失業救濟金及福利金的支出，以及政府亦可能由這些人的薪資當中，扣除一些失業救濟金及福利金的公積金，因此，減緩了在景氣繁榮時期，因個人消費支出的過度擴張，而導致的高度通貨膨脹之可能。因此失業救濟金及福利金亦具有自動穩定的機能。自動穩定機能並不能完全中和景氣循環，如果支出下降，自動穩定機能僅能中和部份的產出下降。為了能完全控制景氣的循環，有一部份的學者認為政府應該採行權衡性的財政政策。

2.權衡性財政政策

政策實踐主義 (policy activism) 的擁護者們相信，透過權衡性財政政策的實行，可去除景氣的循環。**政策實踐主義強調採用權衡性財政或貨幣政策，來達成總體目標之完成。權衡性財政政策是指採用自發性的稅率或政府支出改變的政策來達成總體的目標。自發性的稅率或政府支出的改變，則是用來表示與所得無關的支出改變。**

權衡性財政政策的擁護者們相信，總體政策應該超越依賴自動穩定機能之運作。透過適當的財政政策之運用，政策執行者可消除膨脹或衰退缺口。圖 28.4 用來表示如何透過財政政策的使用來消除一些缺口。在圖 28.4(a)當中所表示的在經濟均衡 e 點時，經濟體系之內存在一個衰退缺口的狀態。由於此刻經濟體系內的失業率高於自然失業率，而所得 Y_0 小於潛在所得 Y_1，因此，如果此時，政府能透過調整支出或稅收的方式，來使得總合需求向右方移動到 AD_1 的位置時，新的總體均衡將會移到 e'。由於在 e' 時為充份就業之均衡，因此衰退缺口將會消失。透過總合需求的增加，將可使得產出與物價同時上升。但是如果透過自動穩定機能的運作時，產出最後亦會回到潛在產出，但物價卻不會上漲反而會下跌（如 a 點之均衡）。**透過增加總合需求的財政政策稱之為擴張性財政政策** (expansionary fiscal policy)。

圖 28.4　針對衰退缺口與膨脹缺口之財政政策

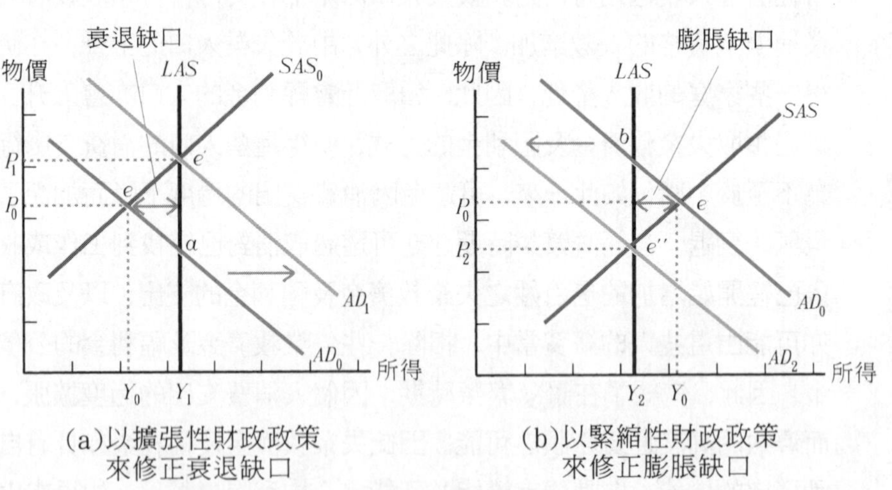

(a)以擴張性財政政策來修正衰退缺口　(b)以緊縮性財政政策來修正膨脹缺口

圖(a)顯示，透過擴張性財政政策如何來消除衰退缺口之做法。自發性政府支出的增加，或是自發性減稅，皆會使得 AD 曲線移往右邊，使得經濟體系回到充份就業均衡。而在圖(b)中，則是運用緊縮性財政政策來消除膨脹缺口。自發性政府支出減少或自發性增稅，均將使得總合需求曲線向左方移動，使得經濟體系再度回到充份就業的總體均衡。

在圖 28.4(b)中所表示的關係，即是使用緊縮性財政政策來消除膨脹缺口的過程。當整體經濟體系處於一種景氣過熱的階段時，財政政策的目標，在於降低總合需求以期達成在充份就業水準之下的經濟均衡。**緊縮性財政政策** (contractionary fiscal policy)則**是指透過減少政府支出或增加稅率的方式，來降低總合需求之政策**。

根據支持權衡性財政政策的學者的說法，如果經濟均衡出現膨脹缺口時，政府部門應該減少支出或增稅；而如果經濟均衡出現衰退缺口時，政府部門應該增加支出或減稅。如果政府部門的支出改變或稅率改變的**時間**與**大小**均正確的話，缺口應該會很快的消失。

擴張性及緊縮性的財政政策，具有不同的政治成本與利益。擴張性財政政策由於包含減稅、增加社福支出及社會救濟，因此較討人喜歡；反之，緊縮性財政政策由於涉及加稅，社會福利支出的減少，因此較為一般人所反對。

3.稅在財政政策中的角色

稅率政策 (tax policy) 可同時影響到總合供給與總合需求，主要是因為稅率的改變將會影響到一些經濟的行為，而這些行為的改變，將會改變平均稅率 (average tax rates) 及邊際稅率(marginal tax rates)。平均稅率為以賦稅支出除以可扣稅所得 (taxable income) 所得到的關係。邊際稅率則是指每增加 1塊錢的可扣稅所得時，所必需增加支付之賦稅支出。例如，當一個納稅義務人，在年收入 100萬元當中，支付了 20萬元的稅金時，代表平均稅率為 20%。當該納稅人的所得上升至 150萬元，但卻支付了 50萬元之稅金時，則此時的邊際稅率為 60%。

供給面經濟學 (supply-side economics) 的學者認為，降低個人或企業的邊際稅率，將有助於增加總合供給。供給面經濟學家們相信，當邊際稅率降低以後，個人將會更認真工作且儲蓄更多，而企業則是會去投資更多新的技術與設備。一旦當人們增加了他們的工作努力，而企業增加工廠與設備的投資之後，總合供給將會增加。

在圖 28.5當中，我們透過圖形的方式來說明在權衡性減稅措施之下，需求面經濟學與供給面經濟學之不同的看法。在圖 28.5(a)中，減稅所形成的總合需求增加，代表需求面經濟學家的看法。而在圖 28.5(b)中，減稅所形成的短期總合供給之增加，則是代表供給面經濟學家的看法。一般而言，減稅均會使得總合供給與總合需求增加，如果總合需求增加的比較多時，產出與物價均會上升，而如果總合供給增加的比較多時，產出會增加但物價會下跌。

圖 28.5 需求面及供給面經濟學對減稅的效果之觀點

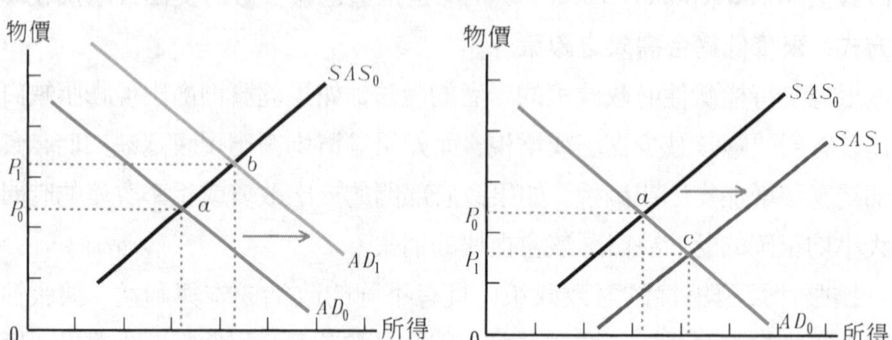

(a)減稅的需求面觀點　　(b)減稅的供給面觀點

根據需求面經濟學家的看法，減稅將使得總合需求曲線向右方移動，使得所得與物價均同時上升。根據供給面經濟學家的看法，減稅將使得總合供給曲線向右方移動，使得產出增加，但物價下跌。

三、財政政策的有效性

權衡性財政政策的目標，在於能夠較自動穩定機能以更快的方式來消除膨脹或衰退缺口。然而，在**進行權衡性財政政策時，一般經常會遭受到以下的幾點批評：⑴財政政策之過程過於繁冗且緩慢，⑵財政政策（特別是稅率政策），對改變總合需求的效果並不確定，而在有些情況甚至是無效的，⑶政府支出之增加，可能對私人投資支出形成擠出 (crowding out) 效果，因而反而造成長期經濟成長率下降的現象。**

1.財政政策之時間落差問題

由於稅率與政府支出的改變均需要經過立法院的同意之後才能實行。在當今國內的立法院議事效率之下，一個財政政策的實施，恐怕要拖上相當長的一段時間之後，才有可能在立法院通過而付諸實施。而**妨礙財政政策之落差 (lag)，一般而言具有以下三種**：首先，立法院與行政院，在對於財政政策改變之需要的認知上有落差的現象。一些有關於真實經濟情況的統計資料通常需要一段時間的準備，因此，沒有人確切瞭解現今經濟情況的轉壞是屬於暫時性，或是永久性的，所以，很難去認定到底在什麼時候應該採行權衡性財政政策。因此，**認知性落差** (recognition lag) 將使得財政政策在實施的時點上難以掌握。

其次，財政政策亦受到實際的**履行落差**(implementation lag) 的影響。當財政政策經過立法院通過而付諸實施時，政策可能已經不符合當時經濟情況之時宜了。

最後，為**有效性落差**(effectiveness lag)。有效性落差代表在履行了財政政策之後，而經濟情況真的開始改變之間的時間。一些有關於有效落差時間長短之統計研究結果卻是不一致的，但是由一些研究所得到的結果看起來，結論通常都是認為有效性落差需要一段比較長時間。因此，有一些評論家認為，從政治上的角度來考量，在如此長時間的落差之下，採用權衡性財政政策是否恰當值得商榷。

2.恆常所得 (Permanent Income)

權衡性稅率政策的效果，將會受到恆常所得效果的影響而減小。透過減稅的方式來影響總合支出要能有效，唯有在較低的稅率之下，消費支出才會增加。祇要是邊際消費傾向維持不變，減稅所形成的可支配所得的增加，應可以引起消費者的消費支出改變。換言之，較低的稅率代表消費者將會有更多的可支配所得來消費。然而消費與所得之間的關係到底有多穩定呢？凱因斯認為，在所有經濟變數當中，消費與所得之間的關係是最穩定的。但凱因斯之後的許多經濟學家，則不做如此的看法。

許多現代經濟學家如諾貝爾經濟學獎得主，Fransco Modigliani 及 Milton Friedman 認為，人們傾向依據他們一生的所得 (life-cycle income) 或稱**恆常所得**，而非暫時性的當期所得的變化，來決定消費的大小。**恆常所得為個人預期在長期之內，可以賺得之平均所得**。

由於暫時性稅率的改變所形成的暫時性所得的變化，對於目前的消費僅有非常小的影響。這是由於短期性的稅率改變，對長期平均所得之影響非常小，因此，僅有少數一些人，才會因為短期性稅率的改變而大幅去改變目前的一些消費習性。

當人們的消費支出決策根據恆常所得而決定時，年所得與年消費之間的關係，就會變得非常不穩定。由於減稅對於私人消費支出的影響是未知的，因此權衡性稅率政策之效果亦將受到質疑。

3.擠出 (crowding out) 效果

政府支出的增加，亦會產生擠出效果。例如，當政府增加在全民健保、教育、道路及公園等項目上的支出時，可能會引起一些私人的支出的減少。當政府購買且提供較私人成本為低的商品及勞務時，由於政府增加對這些替代品之支出所形成的市場物價與利率的上升，將會形成對私人支出減少的一種直接擠出 (direct crowding out) 作用。如果直接排擠效果是完全的，當政府支出增加之後，並不會帶來總合支出之增加。完全擠出效果意味著，政府支出之增加造成了等量私人支出之減少。

圖 28.6用來表示政府財政政策擠出效果之關係。當政府以增加支出或減稅的方式來使得總合需求增加，而如果經濟體系所面對的是一條斜率較陡的短期總合供給曲線時，總合需求的上升將使得物價上升幅度較大，因而導致消費與投資支出的減少。此外，由於總合供給曲線斜率較為陡峭，因此總合需求增加所能帶來的所得亦較小。由於較高的物價所將帶來的高利率，所將導致消費與投資減少的部份，可能正好等於由於總合需求所導致所得增加的部份，因而形成了完全的排擠效果。

圖 28.6　財政政策的擠出效果

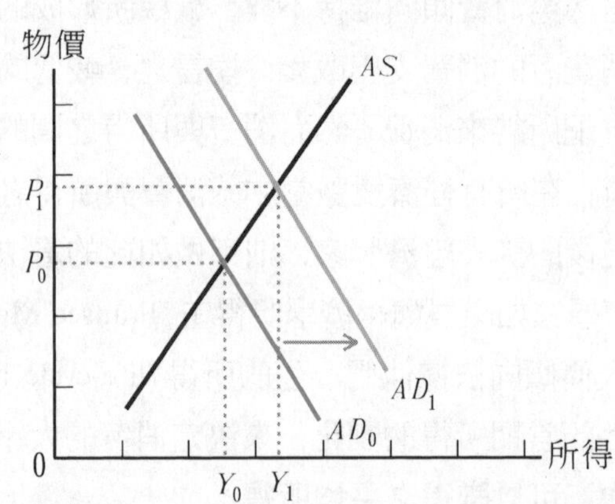

在較陡之總合供給曲線之下，擴張性的財政政策將帶來較高的物價上漲水準，然而對所得貢獻的增加卻是不多。由於較高的物價將使得利率上升，因此私人消費與企業投資將會減少。由於消費與投資之減少，將使得所得上升之部份受到侵蝕。如果投資與消費減少之部份，正好等於所得增加之部份時，則此時財政政策將出現完全擠出效果的現象。

第二節　貨幣政策 (Monetary Policy)

貨幣政策將會影響到通貨膨脹，在短期之內，貨幣政策亦將會影響到實質所得與失業率，就如同我們先前在討論 $AS - AD$ 模型當中所介紹的過程一般。此外，由於貨幣政策亦會影響到利率，因此在財務市場中的一些參與者，會經常注意中央銀行調整利率的相關措施。**在貨幣政策的實施上，經常有三個待討論之議題：**

1.**中央銀行在今日應該採行什麼樣的政策？**

2.**中央銀行應該遵循什麼樣的長期政策？應該採行法則性 (rules) 或權衡性的貨幣政策呢？央行應該採行什麼樣的法則或什麼樣的權衡性原則來執行貨幣政策呢？**及

3.**應該由那一個機構來執行貨幣政策？**

1.今日的行動

央行今日應該採行什麼樣的貨幣政策呢？應該以進行公開市場操作的方式來增加基礎貨幣100億元、150億元或200億元呢？抑或是以調降重貼現率0.5個百分點或0.25個百分點的方式來控制貨幣供給量。央行今日的行動完全決定於(1)央行所追求的目標是什麼？是要控制通貨膨脹？或是要維持目前物價水準？抑或是要防止景氣衰退而不管通貨膨脹率有多高？(2)採用什麼樣的行動能最有效達成央行的目標？央行應該控制 M1B的成長率，或是 M2的成長率？是否應該管制名目利率？或是採用其他的政策工具才能更有效的達成目標呢？(3)央行在今日應該採行什麼樣較為明確的行動呢？應該進行100億元或200億元的公開市場操作，以達成 M1B成長5%之目標呢？

2.法則或權衡

央行應該是依據它的權衡（根據每日對經濟情況之判斷）來採取行動，或是要依據政策法則來行動呢？**政策法則 (policy rule) 為敘述執行機構應該遵循什麼樣的政策**。例如：政策法則可能敘述，每個月央行應該透過公開市場操作的方式來達成 M1B 年成長率為5% 的目標，此為簡單政策法則之例子。

簡單政策法則 (A simple policy rules)，為無關當時經濟情況所需要的一種特別的政策法則。而**偶發性政策法則 (A contingent policy rule) 則是用來描述在某些特別的經濟情況之下，應該實施什麼樣的經濟政策的法則。**

偶發性經濟政策敘述了「如果經濟情況為 *X*，則採用乙政策」。例如，偶發性政策法則可能有類似以下之敘述：

「當物價如果高於3%時，央行應該透過調高重貼現率的方式，來緊縮M2的成長率至15%以內」。偶發性政策法則能夠指定應付任何情況，包括任何層次複雜性的情況。到底應該選用那一種政策法則呢？與前面在討論有關今日的行動準則非常類似，換言之，到底貨幣政策在追求什麼樣的目標呢？應該採用什麼樣的行動才能最有效的達成目標呢？央行可能會自行設定一些政策法則，然而並沒有任何法律可以用來約束央行是否會遵循這些法則，或是改變這些法則。透過立法院通過一些法律來規範央行必需要遵循的一些特定法則，如此一來，才可以增加央行會確定實施某些政策的可能性。

可信用的政策法則 (A credible policy rule) **為一種人們相信政策執行單位一定會去遵循的法則**。而**權衡性政策則是不需要政策執行單位會去遵循的一些特定的政策法則**。

一般而言，大部份的經濟政策多屬於權衡性的，由中央銀行持續的評估當前的經濟情況，而做出可能是最有利當前經濟狀況之貨幣決策。

3.貨幣政策執行機構

中央銀行在貨幣政策的執行上，應該是一個獨立的機構？或是應該受到立法院或總統的控制呢？央行應該具備有什麼樣的權力？是否應該立法允許私人銀行印發鈔票呢?這些問題均是在貨幣政策的執行上，有待進一步討論的問題。

一、權衡性貨幣政策

多數有關貨幣政策的討論集中在探討：央行目前應該做些什麼？什麼是最佳的權衡性貨幣政策？回答這二個問題的答案包括，選擇目標而後選擇適當的行動來達成這些目標。透過使用總合供給與總合需求 ($AS-AD$) 模型，許多經濟學家們相信，央行應該先透過選用能夠穩定總合需求的行動來維持實質所得水準儘可能接近於充份就業的均衡水準。一般而言，這些經濟學家建議採用較主動的經濟政策，因而偏向使用權衡性的經濟政策。其他一些經濟學家則是認為，央行應該儘量維持低而且穩定的通貨膨脹率。這一類的經濟學家傾向透過經濟體系當中的自動穩定機能來使得經濟體系回到充份就業均衡水準。而有一些經濟學家則是支持，同時取得較低且穩定的通貨膨脹率以及穩定的實質所得成長之間的妥協。央行通常以對利率所產生的效果，來描述貨幣政策的有效性。而利率則可能是指貨幣市場利率，或是同業拆款的利率。一般而言，貨幣政策包括了寬鬆的貨幣政策 (looser monetary policy)，或緊縮的貨幣政策 (tighter monetary policy)。

寬鬆貨幣政策目的，在於增加基礎貨幣或廣義貨幣的成長率，或是嘗試降低市場利率。透過公開市場的購買行為、調降存款準備率或重貼現

率，央行便可達成寬鬆的貨幣政策（見第25 章）。

而**緊縮的貨幣政策則在於，減少基礎貨幣或廣義貨幣的成長率，或是嘗試提高市場利率。透過公開市場的賣出行為、調升存款準備率或是重貼現率，央行可達成緊縮貨幣的目標。**

寬鬆貨幣政策有時亦稱為**擴張性**貨幣政策，而緊縮貨幣政策有時稱**收縮性**貨幣政策。當通貨膨脹率上升時，央行通常會執行緊縮的貨幣政策，央行通常會儘可能少量緊縮貨幣成長，以避免過度緊縮政策，造成景氣衰退。在物價穩定及衰退即將來臨時，央行通常會採行較寬鬆的貨幣政策。

現在假設，由於石油價格的上升，使得總合供給減少，總合供給曲線（長短期）由圖 28.7 中 AS_1 移到 AS_2 之位置。如果央行維持名目貨幣供給額固定不變如圖(a)所示時，經濟均衡將由 a 點移到 b 點；物價將由 P_1 上升至 P_2，而實質所得由 Y_1 下降至 Y_2。長期而言，所得將由 Y_1 下降至 Y_3，而物價則是由 P_1 上升至 P_3（點 c）。央行無法防止經濟在長期由Y_1 降至 Y_3，但毫無疑問，央行可以透過經濟政策來影響短期之均衡。如果此時，央行以提高足夠的貨幣供給額來使得總合需求曲線由AD_1 上升至 AD_2（圖

圖 28.7　總合供給減少之效果

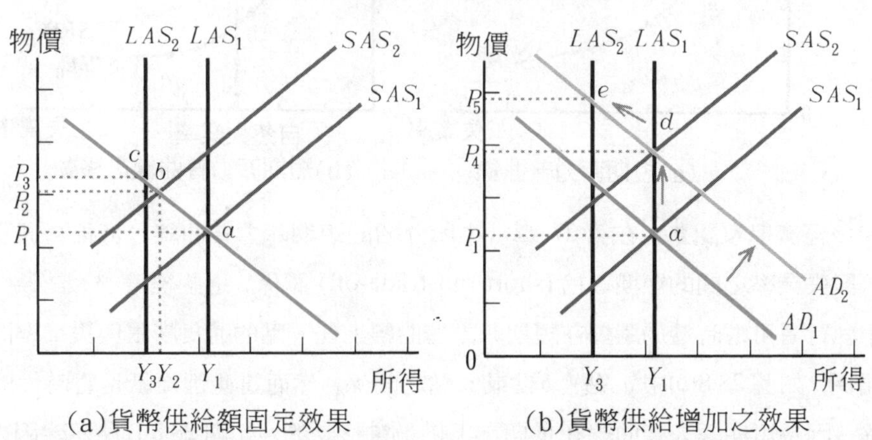

(a)貨幣供給額固定效果　　(b)貨幣供給增加之效果

(a)如果總合供給由 AS_1 移到 AS_2 時，而且總合需求維持不變時，產出將下降至 Y_2 水準，而長期產出將下降至 Y_3。(b)如果總合供給由 AS_1 移至 AS_2 時，短期權衡性貨幣政策的目的，就在於嘗試將總合需求拉回到 AD_2 之位置。在短期時，所得仍維持在 Y_1，但物價會上升至 P_4。而在長期時，所得將降回到 Y_3，但價格則是上升至 P_5。

28.7(b)），此時，在短期內經濟均衡將由 a 點移到 d 點；物價將由 P_1 上升至 P_4，但是實質所得並未下降至 Y_3 而是仍維持在 Y_1 的位置。但在長期均衡時，經濟均衡仍會回到 e 點。

許多經濟學家認為，在第 27 章當中所介紹的短期菲力普曲線可視為通貨膨脹與失業率之間的短期取捨 (short-run trade-off) 關係。這些經濟學家認為，政策執行者可暫時透過選擇在短期菲力普曲線上任一點的通貨膨脹與失業率間的關係，如圖 28.8(a)中的 a 點、b點或 c點之關係。然而這些選擇祇是暫時性的關係，因為短期菲力普曲線在長期之下仍是會移動的，如圖 28.8(b)所示的關係。因之，無論政策執行者選擇何種的通貨膨脹率與失業率的組合，長期而言，經濟均衡均終將會回到自然失業率水準。

圖 28.8　通貨膨脹與失業率取捨關係之傳統觀點

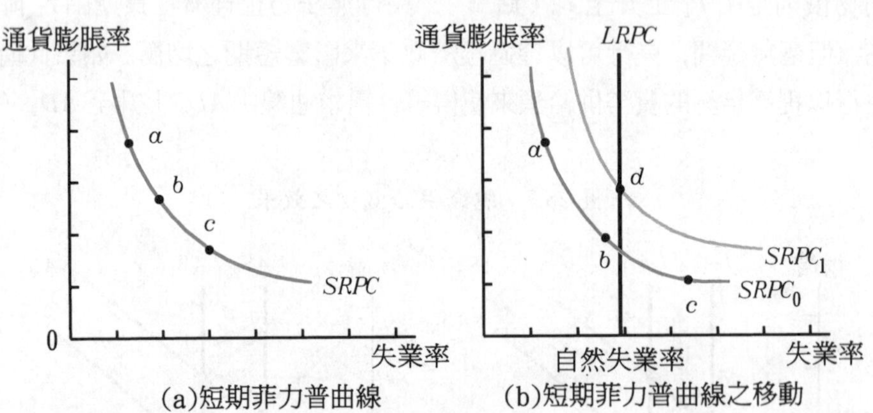

許多經濟學家認為，在第 27 章當中所介紹的短期菲力普曲線，可視為通貨膨脹與失業率之間的短期取捨 (short-run trade-off) 關係。這些經濟學家認為，政策執行者可暫時透過選擇在短期菲力普曲線上任一點的通貨膨脹與失業率間的關係，如圖 28.8(a)中 a 點、b點或 c 點之關係。然而這些選擇祇是暫時性的關係，因為短期菲力普曲線在長期之下仍是會移動的，如圖 28.8(b)所示。因之，無論政策執行者選擇何種的通貨膨脹率與失業率的組合，長期而言，經濟均衡均終將會回到自然失業率水準。

大部份支持採用權衡性貨幣政策的學者則認為，央行應該同時注意通貨膨脹與所得（或失業率）之間的取捨關係。他們相信央行應該採行反景氣循環 (countercyclical) 的貨幣政策。**反景氣循環之貨幣政策為，當失業率**

高而通貨膨脹率低的時候，央行應採行較寬鬆的貨幣政策；當失業率低而通貨膨脹率較高時，央行應該採用較為緊縮的貨幣政策。

採用反景氣循環政策的主要理由在於：假設由於消費支出或投資支出的減少而造成總合需求的下降，因而使得實質所得下降而失業率上升的情形時，經濟體系將由圖 28.8 中的 b 點移到 c 點。如果央行採行反景氣政策而採用較為寬鬆的貨幣政策時，將可使得經濟均衡再度回到 b 點，失業率下降而通貨膨脹率上升（$c \rightarrow b$）。因此，反景氣循環貨幣政策是以付出較高的通貨膨脹的代價，來換得較低的失業率。寬鬆貨幣政策的重點在於將經濟均衡帶回到 b 點，而非回到a點，否則通貨膨脹將會變得更為嚴重。

同樣的，如果因為總合需求上升，使得經濟均衡由 b 點移到 a 點時，緊縮的貨幣政策，應該可以將經濟均衡由 a 點帶回到 b 點。此時，政策的重點是在於緊縮貨幣政策之大小，應該能正好將經濟均衡帶回到 b 點，而非到 c 點。所有反景氣循環的經濟政策皆包括了如何來區分到底是要強調注意通貨膨脹率的問題，或是注意失業率的問題？然而學者對於這一個問題的看法卻不太一致。

二、權衡性貨幣政策的三個缺點

反對使用權衡性貨幣政策的學者認為，至少有三個缺點，使得採用權衡性貨幣政策變得並不是很恰當：

1. **至少有二種落差 (lags)，使得政策效果變得更為複雜。**
2. **央行缺少有關經濟改變之訊息。**
3. **透過改變人們的誘因 (incentive) 及對法則的承諾，將能夠改善整體經濟的表現。**

以下就分別針對上述三點來加以說明如次：

1.落差的問題

權衡性政策的第一個問題在於履行的落差。政府部門包括央行對經濟改變是需要時間來反應的。此外，如同在財政政策當中所討論到的一些問題，當資料收集完整以後，今日所公布的總體資料已經是幾個月前的訊息，因此，新的資料並不能充份反應當時的經濟狀態。由於這二個時間落後的問題，將形成央行在貨幣政策履行上的落差。

此外，貨幣政策對總合需求、產出及物價的影響，亦需要在一段時間之後才能充份反應出來。一些實證的結果顯示，由於這一段時間落差不長，而且變動亦大，因此很難去予以預測，如此一來將使得央行無法確切知道，應該在什麼時候來執行貨幣政策，且貨幣政策實行的大小為何。例如，央行也許希望使用較為寬鬆的貨幣政策來幫助經濟脫離衰退的時期，但是由於時間落差的關係，政策的效果在未來才會出現。然而在未來時，景氣本身可能已經自行轉好了，因而，央行今日的寬鬆貨幣政策，也許祇會加大日後的通貨膨脹率。

2.缺乏資訊的問題

權衡性經濟政策的第二個問題在於，政策執行者對於當前經濟情況「缺乏足夠之訊息」。政策執行者應該需要但通常並沒有的二種型態的重要訊息分別為：(1)他們並沒有足夠的訊息明瞭目前經濟變化的情形。(2)他們並沒有足夠的訊息來瞭解到底他們的政策如何來影響經濟。

(1)關於經濟情況之資訊

無論是政策執行者，或是經濟學家，通常並不確定目前的所得是否已經發生變化，也不確定目前經濟體系所發生的改變是為永久性的變化，或祇是暫時性的變化。即使是一些已發生的經濟事件，經濟學家對到底是什麼原因形成這些事件的看法亦不一致。在對目前經濟改變缺乏足夠的瞭解之下，央行並沒有足夠的資訊來實施權衡性的經濟政策。

Milton Friedman就曾經認為，落差及缺乏資訊的問題，已使得央行的權衡性經濟政策加大了對實質所得及通貨膨脹率的波動。當總合需求或總合供給下降，使得失業率上升時，央行通常會採行寬鬆的貨幣政策來協助降低失業率及提升國民所得。但央行的貨幣政策通常祇會反應過度，一部份原因是由於央行對當前經濟情況缺乏足夠的資訊，而另一部份的原因則是，政策通常在一段時間落差之後，才會對經濟體系有所影響。在一段時間落差之後，當央行政策效果開始出現時，失業率可能已經下降到低於自然率的水準。但是失業率並非永久會低於自然率水準，最終的失業率將會回到自然失業率的水準。然而此一失業率上升的過程將會對央行形成政治上的壓力；要求央行採行寬鬆貨幣政策來降低失業率的聲浪將會愈來愈大，雖然在短期，央行可再透過貨幣政策來使得失業率下降，但在整體經濟體系當中所必需要付出的代價則是面對一種較高的通貨膨脹率水準。當人們已逐漸能適應較高的物價水準時，央行則繼續透過增加貨幣供給的方式來降低失業率，到了最後，當物價水準上漲到人們實在無法再忍受時，政治的壓力才會再要求央行採行緊縮的貨幣政策，結果此時失業率將再度攀升而超過自然失業率，景氣則開始進入衰退時期。

圖 28.9　過度反應的貨幣政策

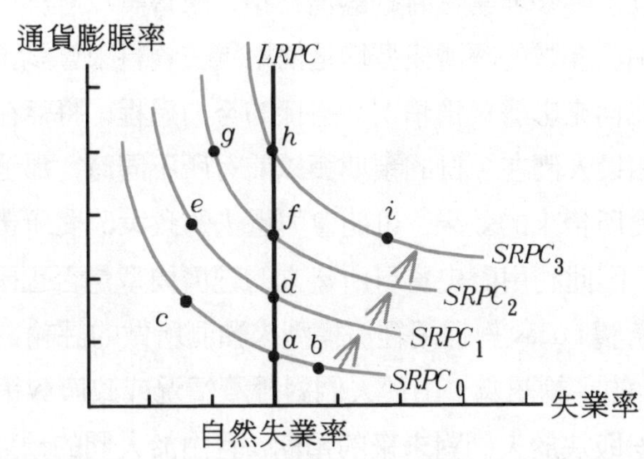

當總合需求下降使得經濟均衡由 a 點移到 b 點時，央行將會採行寬鬆的貨幣政策，但由於落差與資訊的問題，使得短期均衡會因為過度反應而移到 c 點。由於短期菲力普曲線將往上移，長期均衡將再度到 d 點。央行對失業率再度上升的反應，乃是再透過以寬鬆的貨幣政策來調整，此一過程使得經濟均衡將移到 e 點。這種過程可能會一直反覆，使得經濟均衡移到 f，移到 g，最後導致長期經濟均衡移到 h 點。由於來自對再減緩通貨膨脹的政治壓力，使得央行開始採行緊縮的貨幣政策，因而導致經濟進入一種衰退之均衡 ($h \to i$)。

圖 28.9以短期菲力普曲線來說明 Friedman的論點。當總合需求下降，使得經濟均衡由 a 點移到 b 點時，通貨膨脹率將會下降但失業率將會上升。由於央行過度反應此時的經濟情況，而過度採行寬鬆的貨幣政策，結果使得經濟均衡由 b 點移到 c 點。在 c 點時，失業率雖然下降了，但通貨膨脹率卻開始上升。當人們逐漸可以預期到新的通貨膨脹率時，短期菲力普曲線會由 $SRPC_0$ 移到 $SRPC_1$，總體均衡將開始往 d 點移動過去，如果此時，央行仍是以提高貨幣供給成長的方式，來反應當前的經濟狀況，將會再度使得經濟均衡往 e 點移動過去。當央行仍繼續採行寬鬆的貨幣政策時，經濟均衡將再度往 f 點移動過去。最後當短期菲力普曲線因央行的寬鬆貨幣政策而

再度移動出去，且當人們開始顧慮到通貨膨脹的問題時，新的經濟均衡已經移向 h 點。接下來由於央行為了降低通貨膨脹所採行的緊縮貨幣政策，將會使得經濟體系進入另一階段的景氣衰退過程。

(2)關於經濟政策效果的資訊

政策執行者對他們的政策效果缺乏足夠的資訊來瞭解。雖然經濟學家建立了許多非常複雜的經濟模型，來嘗試瞭解經濟政策的效果。但是由於多數的經濟模型均是使用過去資料來嘗試預測目前的經濟政策如何來影響經濟情況，這樣的努力過程，將存在一個基本的問題：如果人們在今日的預期與以前有所不同時，那麼今日一個政策的改變所帶來的效果，可能會與過去的政策改變所帶來的效果有所不同，因此利用歷史資料所建立的經濟模型是否正確呢？此點即引申出所謂 Lucas 對採用經濟模型來預測所做的評論。

Lucas 的評論認為：**由於人們對經濟情況或政府政策改變的反應有一部份取決於人們對未來的預期，且由於人們的預期會一直改變，因此人們對於一些經濟情況或政府政策改變的反應未必全然會是相同的。**

3.政策法則的特點

權衡性政策的第三個缺點為，放棄對法則承諾之特點 (benefit)。一個值得信賴的法則除了為人們所相信且能夠遵循外，亦將會影響到人們的預期、誘因及行為。因此，針對某一經濟情況而來採行一個可以信賴的法則時，將可得到較權衡性政策行動更佳的結果。

三、貨幣政策的法則

經濟學家建議了一些執行貨幣政策的法則，在本節當中，我們將大略討論這些法則的一些優缺點。這些法則包括：

1.維持貨幣供給成長率固定

政策法則之一就是要求央行的年名目貨幣供給額（M1B或 M2）的成長率必需是固定的。例如，現行我國年名目貨幣供給額 M2的成長率介於 15%～20%之間。

(1)優點

本政策將使得通貨膨脹率變得穩定且可以預測，人們將可學習如何來處理通貨膨脹的問題。如果央行設定貨幣年成長率等於長期實質 GDP 之成長率時，長期而言，平均通貨膨脹率將會等於零。

使用貨幣成長率固定的法則，將可以創造較小的景氣循環。過去的資料顯示，當央行嘗試應用貨幣政策來穩定實質 GDP 時，通常會造成更大的景氣循環。當通貨膨脹上升而央行又過度的緊縮貨幣供給時，將導致另一波的景氣衰退。而當央行嘗試將經濟體系帶離衰退的過程時，又將會因為信用的過度擴張，而使得通貨膨脹上升過劇。加上落差及訊息不完全等問題，使得權衡性經濟政策祇會使得景氣循環變得更惡劣。

如果央行遵循本法則，通貨膨脹將會維持在較低及較穩定之情況，因之名目利率亦應維持在較低及較穩定的狀態。因而本法則將有助於穩定貨幣的流通速度 (velocity of money)，穩定貨幣的流通速度將有助於穩定總合需求。

(2)缺點

本法則將無法完全穩定通貨膨脹率，因為人們對貨幣的需求經常會改變，因而無法予以正確的預測。換言之，貨幣流動速度通常會以無法預測的方式來改變。央行可以透過改變貨幣供給方式，來調整貨幣需求的變化，以達到對通貨膨脹更好的控制。

2.訂定通貨膨脹率的目標

另外一個經常被用到的法則則是，建議央行應該經常改變貨幣供給的成長率，使得通貨膨脹率被控制在某一目標水準內，例如，每年 3%。

(1)優點

本法則優於維持貨幣供給成長率固定法則的原因是因為，在本法則當中，考慮到貨幣流動速度。如果貨幣流動速度上升，本政策法則將建議央行應嘗試使得貨幣供給成長減緩，以避免物價過度上升。此外，本法則亦可避免由於央行的過度反應，而使得景氣循環變得更惡劣的可能性。

(2)缺點

本法則正如同前一法則的缺點，並無法真正減小景氣循環的大小。政策執行者可以透過反景氣循環的貨幣政策來控制經濟景氣。此外，本法則將較難去遵循。由於央行影響物價的行動，需要在一段時間之後，才會對經濟有所影響，如此一來，使得央行要控制通貨膨脹率在某個目標區的做法，變得較為困難。

3.設定名目GDP 成長率之目標

(1)優點

本反景氣循環的法則與其他一些反景氣循環的法則具有相同的優點，亦即同時可將通貨膨脹率與實質 GDP 列入考慮。此外，本政策在總合需求改變時，可同時穩定物價水準與實質 GDP 。當總合需求下降時，物價與實質 GDP 均會同時下降，因此名目 GDP 亦下降。此時，本法則要求央行採行足夠的寬鬆貨幣政策，來使得經濟均衡回到原來的水準以穩定名目 GDP 。

(2)缺點

由於落差與缺乏訊息的關係，本政策法則將一如其他反景氣循環的政策一般，將會使得景氣循環變得更大。除此之外，當實質 GDP 成長率下降時，採用本法則將也會需要以物價上漲來達成名目 GDP 的成長。當實質 GDP 成長時，本法則則需要物價下降來達成名目 GDP 的成長。然而，較佳一點的政策法則應該是要同時亦能維持通貨膨脹率的穩定。

此外，由於名目 GDP 之目標是非常任意的 (arbitrary)，政策執行者在通貨膨脹率為 0%，而實質 GDP 成長為 6%時，及實質 GDP 成長為 0%，而通貨膨脹率為 6%時，應該採取不同的行動，雖然二種情況下的名目 GDP 成長率完全相同。

四、貨幣機構之問題

機構之功能應以能幫助政策之完成為首要目標，除此之外，亦應具備有以下一些功能：能協助政策執行者在最小政治干涉之下來實行權衡性政策，或是強化對貨幣政策的政治控制力量。一些經濟學家甚至認為，應該將一些貨幣政策編成法律以利執行，如此一來可以使得法則變得透明化，有利於執行。此外，一些經濟學家亦要求央行應完全不受政治壓力，或受到某些行政部門的控制以具有超然的獨立性。這些經濟學家們認為，政治壓力通常著眼於短期目標，然而貨幣政策亦應該將一些長期問題列入考量，因此，超然的獨立性意味著央行才能夠追求最佳的權衡性貨幣政策。

重點彙整

1.財政政策表示使用政府支出與稅收等工具，來追求總體目標的方式。

2.政府的預算具有三種主要的功能：可影響總體經濟的穩定、可影響資源的分配及可影響國民所得的分配。

3.如果政府有意的以控制政府支出與稅收的方式，來影響產出與就業或通貨膨脹時，這些政府支出或稅收就可稱之為財政政策。

4.自動穩定機能為政府非有意控制的支出或稅收政策，但這些政策卻傾向能自動緩和景氣的循環。

5.權衡性財政政策則是指政府為了達成總體經濟目標，所有意採行的支出或稅收的政策。

6.所得稅制、失業補償及一些福利政策，均可能自動緩和循環的干擾來對抗景氣的循環。

7.突發性的所得下降，將導致對應的稅收收入下降，因而，緩和了稅後所得的下降比率。

8.政策實踐主義強調採用權衡性財政或貨幣政策，來達成總體目標之完成。

9.權衡性財政政策是指採用自發性的稅率或政府支出改變的政策來達成總體的目標。

10.自發性的稅率或政府支出的改變，則是用來表示與所得無關的支出改變。

11.透過增加總合需求的財政政策稱之為擴張性財政政策。

12.緊縮性財政政策是指透過減少政府支出或增加稅率的方式，來降低總合需求之政策。

13.進行權衡性財政政策時，一般經常會遭受到以下的幾點批評：(1)財政政策之過程過於繁冗且緩慢，(2)財政政策（特別是稅率政策），對改變總合需求的效果並不確定，而在有些情況甚至是無效的，(3)政府支出之增加，可能對私人投資支出形成擠出效果，因而反而造成長期經濟成長率下降的現象。

14.妨礙財政政策之落差，一般而言具有以下三種：(1)認知性落差；(2)履行落差；(3)有效性落差。

15.恆常所得為個人預期在長期之內，可以賺得之平均所得。

16.在貨幣政策的實施上，經常有三個待討論之議題：

(1)中央銀行在今日應該採行什麼樣的政策?
(2)中央銀行應該遵循什麼樣的長期政策?應該採行法則性或權衡性的貨幣政策呢?央行應該採行什麼樣的法則或什麼樣的權衡性原則來執行貨幣政策呢?及
(3)應該由那一個機構來執行貨幣政策?

17.政策法則為敘述執行機構應該遵循什麼樣的政策。

18.簡單政策法則,為無關當時經濟情況所需要的一種特別的政策法則。

19.偶發性政策法則則是用來描述在某些特別的經濟情況之下,應該實施什麼樣的經濟政策的法則。

20.可信用的政策法則為一種人們相信政策執行單位一定會去遵循的法則。

21.權衡性政策則是不需要政策執行單位會去遵循的一些特定的政策法則。

22.寬鬆貨幣政策目的,在於增加基礎貨幣或廣義貨幣的成長率,或是嘗試降低市場利率。透過公開市場的購買行為、調降存款準備率或重貼現率,央行便可達成寬鬆的貨幣政策。

23.緊縮的貨幣政策則在於,減少基礎貨幣或廣義貨幣的成長率,或是嘗試提高市場利率。透過公開市場的賣出行為、調升存款準備率或是重貼現率,央行可達成緊縮貨幣的目標。

24.反景氣循環之貨幣政策為,當失業率高而通貨膨脹率低的時候,央行應採行較寬鬆的貨幣政策;當失業率低而通貨膨脹率較高時,央行應該採用較為緊縮的貨幣政策。

25.反對使用權衡性貨幣政策的學者認為,至少有三個缺點,使得採用權衡性貨幣政策變得並不是很恰當:
(1)至少有二種落差,使得政策效果變得更為複雜。
(2)央行缺少有關經濟改變之訊息。
(3)透過改變人們的誘因及對法則的承諾,將能夠改善整體經濟的表現。

26.由於人們對經濟情況或政府政策改變的反應有一部份取決於人們對未來的預期,且由於人們的預期會一直改變,因此人們對於一些經濟情況或政府政策改變的反應未必全然會是相同的。

練習題

1.討論自動穩定機能與權衡性財政政策之異同。
2.討論如何以所得稅、失業補償或福利金來緩和景氣循環的干擾?
3.說明當經濟體系之內出現衰退缺口時，採行擴張性財政政策的調整過程。
4.那些問題將會影響到財政政策的有效性，試說明之。
5.說明什麼是認知性落差、履行落差及有效性落差?
6.說明恆常所得如何來影響權衡性稅率政策的效果?
7.討論什麼是財政政策的擠出效果?
8.說明在貨幣政策當中，政策法則與權衡性政策之不同?
9.何謂反景氣循環之貨幣政策?
10.說明落差如何來造成權衡性貨幣政策的困難性?
11.討論 Lucas 的評論。

第29章 經濟成長

前 言

雖然學習經濟學的主要目的在於瞭解景氣循環的過程，但在大多數的經濟體系之內，長期而言，國民所得仍舊會是呈現一種成長的趨勢。臺灣實質 GDP 的長期趨勢以及多數國家的長期趨勢，仍多傾向存在正的成長關係。然而不同的國家之間，面臨著不同的經濟成長率，例如，我國歷年經濟成長率約在 7% 左右，美國之年成長率則大致在 3% 左右，而日本之年成長率則大約有 4% 左右。為什麼在不同國家之間，會有不同的經濟成長率呢？是什麼因素形成經濟成長以及生活水準的上升呢？在本章當中，我們將集中注意力來討論長期的經濟成長的趨勢。我們將定義經濟成長以及討論它的重要性，其次我們將討論決定經濟成長的一些重要因素，以便瞭解何以不同國家之間會有不同的經濟成長率。

第一節　經濟成長之定義

經濟學家使用二種計算方式來衡量成長：實質 GDP 及平均每人實質 GDP (per capital real GDP)。透過這二種衡量的方式，可以來比較不同經濟體系在歷年成長的大小。

一、實質 GDP

基本上，**經濟成長代表實質 GDP 的增加**。當更多的商品及勞務被生產出來以後，人們可以消費得更多。為了計算整年 GDP變動的百分比，我們僅需要將實質 GDP變化的部份，除以年初的 GDP，再乘上 100即可計算而得。例如，在 1994年臺灣實質 GDP（依 1991年價格）為 5817402百萬元，而在 1993年的實質 GDP為 5460471百萬元，因此在 1994年臺灣經濟成長率約為 6.5%，或

$$\text{實質 GDP 之改變 (1994年)} = \frac{\text{當年改變值}}{\text{期初值}} \times 100\%$$

$$= \frac{5817402 - 5460471}{5460471} \times 100\% = 6.5\%$$

1.複成長 (Compound Growth)

從 1980 年到 1992 年之間，工業國家之年平均實質 GDP 成長率約為 2.9%，而在同一段時間之內，一些低所得發展中國家 (developing countries) 的實質 GDP 年平均成長率約為 6.1%。在同一段時期之內，我國的實質 GDP年平均成長率則是 7.8%。 2.9%、6.1%及 7.8%從數字的大小上看起來，似乎差異並不大，但事實上這三個數字之間的差異，如果以每年複利 (compound) 的方式來計算之後，差異則是非常嚇人的。

圖 29.1用來表示複成長率的差異。在圖中最上面一條曲線所表示的關係為一個經濟體系實質 GDP 之年成長率為 7.8% 的歷年實質 GDP 之成長路徑 (path)。而中間一條曲線則是用來表示年實質 GDP 為6.1% 之歷年成長路徑，而最下面一條曲線，則是用來表示年實質 GDP 成長率為 2.9% 之歷年的成長路徑。

假設在每一個經濟體系之內，一開始的實質 GDP 均為 1 兆元臺幣，在首先的五年之間，實質 GDP 之大小並沒有太大的差異（見圖 29.1）。然

而隨著時間之增加，複成長率的差異將會變得愈來愈明顯。在經過 30 年以後，2.9%、6.1% 及 7.8%成長率，對實際產出量之影響變得非常明顯：2.9%年成長率國家的產出，在30年之後變成為2.36兆元臺幣，而6.1%年成長率國家的產出，在30年之後成為5.91兆元臺幣的產出，而7.8%年成長率國家的產出，到30年之後則有 9.52兆元臺幣之產出。如果一個國家每年經歷7.8%之成長率時，在經過30年之後該國家的產出，將會是多於每年祇有2.9%成長率經濟體系之產出達4倍之多。

圖 29.1　實質 GDP 年成長率 2.9%、6.1%及 7.8%在 30 年後產出之差異

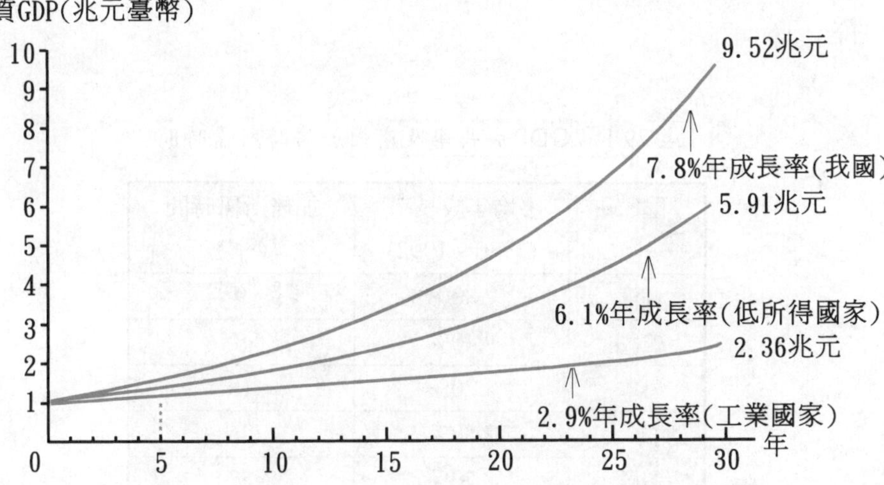

在1980到1992年之間，工業國家實質GDP之平均年成長率約為2.9%，而發展中國家之平均年成長率則有6.1%，同一時段之內，我國平均年成長率有7.8%。從百分比上看來，這之間差異似乎不大，但經過每年的複利計算，在30年以後實質產出的差異變得非常明顯。

2."72" 法則 (The Rule of 72)

複成長率解釋了何以各國均非常重視維持高度的經濟成長率。**如果經濟成長率是維持在固定比率時，我們可以使用"72" 法則來計算產出加倍時，所需要的時間。將72除以成長率，即可以大概估計出產出加倍之時間。**

如果你到銀行存入100 萬元而銀行年利率為6%，再假設如果銀行亦是採行複利率的計算方式時，存在帳戶內的金錢，會以每年6%的方式成

長，在6%的利率水準之下，根據“72”法則，大約需要12年，帳戶內的金錢才會到達200萬元，亦即：72/6 = 12。

“72”法則可應用到任何方面，如果實質GDP之年成長率為6%，則實質GDP產出若要加倍時，需要大約12年的時間。如果實質GDP之年成長率為3%時，則需要大約24年，實質GDP才會加倍。

表29.1則是列出了一些國家在1980年到1992年之間的實質GDP年成長率及實質GDP加倍所需的大約時間。在表中所列出的幾個國家當中，年成長率最高的國家為韓國的9.4%，最低的則是德國的2.6%。如果這些國家之歷年成長率均是**固定**，如表29.1中關係所示時，韓國僅需要8年的時間，就可使得實質GDP加倍，而德國則需要花上28年才會使得實質GDP加倍。

資料來源：除臺灣由行政院主計處之《國民經濟動向統計季報》中取得外，其餘國家資料取自世界銀行所出版之*World Development Report,* (Washington, D.C., 1994)。

表29.1　GDP成長率及產出加倍時所需時間

國家	平均年成長率 (1980～1992)	加倍所需時間（年）
臺灣	7.80%	9
韓國	9.40%	8
日本	4.20%	18
加拿大	2.80%	26
美國	2.70%	27
德國	2.60%	28

二、平均每人實質GDP

我們已經定義了實質GDP的增加為經濟成長。但是如果利用這一個定義的成長，來代表該國人民的生活品質之提高，將會有些誤導。如果在一個國家之內，實質GDP雖然增加了，但是如果人口的成長速度更快時，則每人的平均產出，事實上將會是減少的。為了將人口成長的問題列入考慮，經濟學家通常會利用人口改變數，來調整實質GDP之成長率。所以平均每人實質GDP所代表的正是以實質GDP除以總人口數後的數值。如果**我們定義經濟成長為平均每人實質GDP之成長時，一個國家在商品及勞務產出增加的速度上，必定要快於人口成長的速度，該國的經濟才算是有在成長。**

世界銀行 (World Bank) 以計算平均每人實質 GNP來當做是經濟發展的指標 (indicator), 而 GNP與 GDP之間的差異, 主要在於國外要素所得淨額（見第 20 章）。根據世界銀行所出版之 1994年《世界發展報告》中所刊載的, 在 1980年到 1992 年之間, 低所得的發展中國家, 平均每人實質 GNP之平均年成長率為 3.9%, 而工業國家之年平均每人實質 GNP之成長率則是 2.3%。使用平均每人實質 GNP成長率來比較發展中國家及工業化國家中成長率的差距, 發現二者之間差異較使用實質 GNP成長率之 6.1%與 2.9%之差異為小。主要原因是因為在發展中國家的人口成長率是遠大於工業化國家人口的成長率, 因此, 僅以實質 GNP成長率來看發展中國家老百姓之生活標準是否提高了, 將會產生錯誤的訊息。

三、與成長率定義相關的問題

經濟成長是一件好事, 因為它使得人們的生活標準提高, 也使得人們可以享用更多的商品及勞務。但是實質 GDP的上升或是平均每人實質 GDP之增加, 並無法告訴我們, 是否所有的老百姓的生活, 均過得較好了呢? 以上所討論到的這些衡量工具的主要問題之一, 在於並未告訴我們一個國家之內的所得如何來分配 (how income is distributed)。當全國經濟在成長時, 窮人階層可能仍然處於貧窮, 但有錢人可能反而會變得更為有錢（有關所得分配的相關課題, 請參閱上冊第 2 章）。

因此, 我們在使用平均每人實質 GDP來當做是衡量生活標準(living standard) 的指標時, 亦必需要非常小心。表 29.2 的數字則用來說明了為什麼。表 29.2 將斯里蘭卡的居民按所得大小分成五等份, 而後計算每一所得組之所得, 佔總所得之份額。在所得分配完全平均的國家當中, 每一所得組的所得佔總所得之份額應該都是 20% (1/5)。但由斯里蘭卡的歷史資料得知, 在 1969～1970年時, 最窮的 20%家戶之所得, 佔全國所得之 7.5%, 而第二階層為 11.7%, 第三階層則持有 15.7%, 第四階層則持有 21.7%之總所得, 而最有錢之 20%則佔有全國 43.4%之總所得。雖然斯里蘭卡在 1980～1992年之間平均每人實質 GNP平均成長了 2.6%, 但我們無法說, 在斯里蘭卡內的所有家戶單位會因為此一經濟的成長而受惠。由 1980～1981年所得分配資料看來, 最低所得佔有總所得之份額反而下降, 而在同一時間內, 最有錢之 20%, 佔有總所得之比重, 卻又愈來愈多。到 1990年時, 似乎窮人族群拜經濟成長之賜, 所得佔總所得之份額似乎又有逐漸回升之勢。

以上的例子告訴我們的道理非常簡單, 即使經濟成長了, 但亦有可能祇對經濟體系當中的某一組群的人較為有利，而且，在經濟成長過程當中，亦有可能出現某些組群人的所得，反而因為經濟成長的關係而變得更差了。很明顯的，透過使用實質GDP成長，或平均每人實質GDP之成長來當做是成長指標，並無法確切的描述在經濟體系當中每一個老百姓的生活標準。

表 29.2　斯里蘭卡之所得分配

家計部份所得佔總所得之份額

	最窮之 20%	其次窮之 20%	中間階層	次有錢之 20%	最有錢之 20%
1969～1970	7.5%	11.7%	15.7%	21.7%	43.4%
1980～1981	5.8%	10.1%	14.1%	20.3%	49.8%
1990	8.9%	13.1%	16.9%	21.7%	39.3%

資料來源：世界銀行，《世界發展報告》(Washington, D.C.)。

採用實質GDP或平均每人實質GDP的成長，是不恰當的另一個理由是，由於這些指標並無法反應出生活品質 (quality of life)：人們有一些非貨幣性需求（對個人自由與環境之關切，休閒時間等）的成長或提高。如果平均每人實質 GDP大幅成長，但生活環境卻遭受到嚴重污染與破壞，或是生活環境充斥著殺人放火之事件時，人們未必會覺得生活過得更好。

最後，再次提醒在使用平均每人實質GDP指標時必需要非常小心，千萬不可用於超過它所能解釋的現象。**平均每人實質GDP所代表的是實質GDP除以人口數，它雖可用來衡量一個國家的經濟活動，但卻無法衡量該國老百姓之生活標準及生活品質。**

第二節　決定成長的因素

長期總合需求曲線為位於潛在實質GDP (Y_0)，且具有垂直關係的直線。當經濟成長時，經濟體系的潛在產出亦會增加，如同在圖 29.2當中，潛在產出的增加，將使得長期總合供給曲線由 LAS_0 移到 LAS_1。若成長率愈高，長期總合供給曲線向右方移動的距離就會愈大。

既然經濟成長代表長期總合供給曲線之移動，那麼一些影響長期總合供給曲線之因素，亦將會是成為影響經濟成長的因素。在第 21 章當中，我們在討論總合供需模型時，亦討論到一些會影響總合供給之因素，如要素價格、技術及預期。預期的改變能夠使得總合供給曲線移動，但是預期的改變，並不是形成長期總合供給曲線持續向右方移動的主要因素。因此，長期經濟的成長仍完全取決於生產性資源（勞動力、土地、資本及企業家精神及技術）之持續成長。

圖 29.2 經濟成長

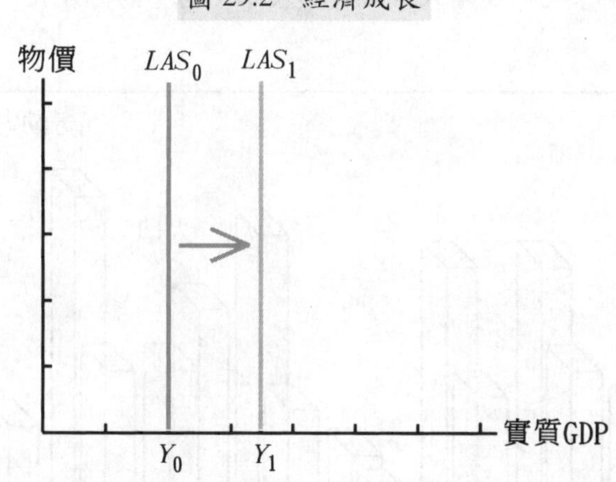

當經濟成長時，長期總合供給曲線將會向右方移動，此意味著潛在產出之增加。

1.勞動力

經濟成長取決於勞動力的大小 (size) **與品質** (quality)。而勞動力的大小，則是取決於工作年齡人口（十五歲及十五歲以上之人口），及勞動力佔總人口之百分比。勞動力在一些發展中國家大抵成長較工業化國家為快，因為在發展中國家的生育率較高的緣故。圖 29.3 正顯示勞動力與人口之間的關係。明顯的，在一些發展中國家的人口成長率，是較工業化國家成長為快。而發展中國家如韓國、中國大陸、香港及我國之勞動力的成長率亦是成長得很快。

如果祇是根據勞動力的成長率來看，似乎發展中國家的成長率遠大於工業化國家的勞動力成長率，但是勞動力的大小，並非是絕對的重要的。透過以下所要討論的生產力 (productivity) 的提升，亦能夠補償因勞動力成長較為緩慢，所造成的產出減少的問題。

2.資本

由於生產的過程當中是以勞動力來配合資本的一起使用，而生產出所要的商品及勞務。僅有勞動力的快速成長，並不能保證經濟的成長。工人需要機器設備、工具及工廠，方能從事於生產。如果一個國家擁有許多的勞動力，但卻祇有少許之機器設備時，那麼即使在這個國家之內，有再優秀的工人，亦無法有很好的生產力。在經濟成長的過程當中，資本為很重要的資源。

圖 29.3 一些國家之年平均人口成長率及年平均勞動力成長率(1980～1992 年)

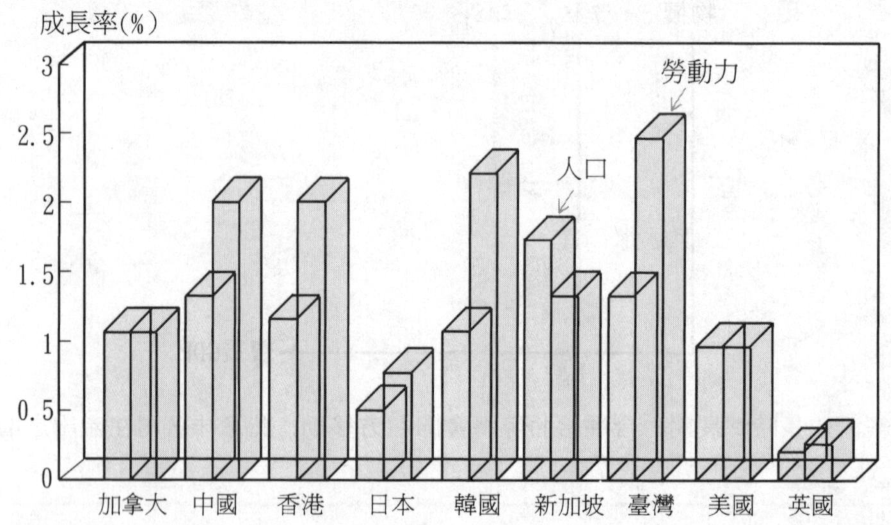

資料來源：除臺灣資料取自於行政院主計處所編印《人力資源統計年報》以外，其餘國家資料，均取自世界銀行編之《世界發展報告》(Washington D. C., 1994)。

一般而言，工業化國家的人口成長率，較發展中國家來得低；此外，在工業化國家當中，勞動力的成長率亦較發展中國家之勞動力的成長率來得低。

一個國家投資於資本財的能力與該國的儲蓄能力有很大關係。雖然目前缺乏儲蓄，但缺乏資金可以透過借貸 (borrowing) 的方式來彌補。然而今日的借貸，意味著在將來的儲蓄能力的減少。在今日產生一個債務，代表著該國在未來將無法完全消費所有的產出，因為有一部份的產出必需用於償還在今日所產生的一些債務。

一個國家的生活標準愈低，代表著該國國民愈難放棄在今日的消費，而來產生足夠的儲蓄。這也就解釋了何以在一些較為貧窮的國家當中，儲蓄率較低的現象。

3.土地

土地表面、水資源、森林、礦產及其他自然資源，在經濟學上統稱為土地 (Land)。土地可與勞動力及資本相互結合起來，用來生產商品及勞務。**豐富的自然資源，對於經濟成長有很大的助益，但僅使用自然資源並**

無法產生經濟成長。許多發展中國家，如巴西及阿根廷，雖然相對上具有較豐富的資源，但這些國家並未能充份有效利用這些資源來生產商品及勞務。另一方面，日本及亞洲四小龍，雖然相對上擁有較少的自然資源，但卻能在近十年當中，表現出快速的經濟成長。日本及亞洲四小龍的經驗清楚的表示，僅擁有豐富的自然資源，並不是經濟成長的必要條件。

4.技術

決定經濟成長的另一個重要因素為**技術**。**技術代表結合資源來生產商品及勞務的方法**。新的管理技術、科學發現以及其他創新，均可改善技術。技術進步代表著在同樣數量資源的使用之下，廠商能夠較以前生產更多的商品及勞務。換言之，在固定的勞動力及資本的成長率之下，技術進步加速了經濟的成長。

技術進步取決於優秀的科學環境。換言之，當老百姓接受愈好的教育時，技術進步的潛能愈大。一般而言，工業化國家的老百姓受教育的機會及教育的品質，均較發展中國家來得好。也由於較好的教育資源給予了工業化國家在創造及履行創新上較發展中國家有更大的優勢。除此之外，在富有的工業化國家當中，平均一年花費了 GNP之 2%～3%在研究 (research) 及發展 (development) 上，而愈多的研究發展之經費，將使得技術進步的機率愈大。

受到較低教育水準及缺乏研究發展經費的妨礙，發展中國家在發展及履行新的技術上，遠落後於工業化國家。典型上，發展中國家在技術上，遵循工業化國家之領導：在既有的勞動及資本資源之下，一旦新技術變得可實現且在經費上變得可支付得起的情況之下，這些國家便採用由一些先進工業化國家所發明出來的新技術來從事商品及勞務的生產。

第三節　生產力 (productivity)

在上一節當中，我們敘述了產出如何取決於資源的投入，如勞動及資本資源，評估資源投入對產出貢獻的方法之一就是**生產力**。**生產力代表投入要素數量與總產出的比率**。我們可以計算單一資源之生產力，或計算所有資源之生產力。**總要素生產力** (total factor productivity, TFP) **為經濟學家用來描述經濟體系之內總生產力的方式。總要素生產力為整體經濟之產出與所使用的資本及勞動存量之間的比率關係**。

一、生產力與經濟成長

經濟成長同時取決於資源的成長與技術的進步，而技術的進步允許資源變得更有生產力。如果資源的數量在成長而且每一種資源又變得更有生產力時，產出的成長速度將遠快於資源數量之成長。**經濟成長因此可定義為，總要素生產力的成長率，再加上資源的成長率如下：**

$$\text{經濟成長} = TFP\ \text{之成長率} + \text{資源的成長率}$$

由於勞動力成長所形成產出的成長數量，取決於勞動力對於產出貢獻的大小。同樣的，由於資本成長所形成產出之成長，亦取決於資本對於產出貢獻的大小。為了連結勞動力的成長與資本成長及產出成長的關係，必需要對勞動力及資本的成長率，分別乘上勞動與資本在總產出當中的相對貢獻才能計算而得。通常最直接的計算方式，就是採用以每種要素資源在實質 GDP中所佔的份額來代表每種資源之貢獻。例如，在美國，勞動收入約佔實質 GDP之 70%左右，而資本收入約佔實質 GDP之 30%左右。在我國這二個比率則分別約為 67%與33%左右。因此，我們可以定義我國產出成長率方程式為：

$$\%\Delta Y = \%\Delta TFP + 0.67(\%\Delta L) + 0.33(\%\Delta K)$$

$\%\Delta$代表變動百分比；Y 代表實質 GDP；TFP 代表總要素生產力；L代表勞動力之大小；K代表資本存量。

以上方程式表示了經濟成長如何取決於生產力的改變 ($\%\Delta TFP$) 及資源之改變 ($\%\Delta L$及 $\%\Delta K$)。**縱使在勞動力(L) 與資本存量(K) 固定不變的情況之下，透過技術進步對生產力的影響，經濟仍然會成長。**

例如，假設勞動力與資本存量均沒有成長，但是總要素生產力每年成長 3%時，經濟成長仍能維持每一年 3%之成長率。但如果資本與勞動力亦同時成長 3%時，則經濟成長為全體的加總，而在本例當中，將成為 $3\% + 0.67 \times 3\% + 0.33 \times 3\% = 6\%$，所以年經濟成長率為 6%。

如何來解釋不同國家之間，具有不同的經濟成長率呢？因為幾乎在所有國家當中，勞動的成長率均成長了。勞動力的成長一般而言均會使得經濟成長，但由於在工業化國家當中，資本的成長率通常已經穩定下來，因此工業化國家資本成長率會小於發展中國家的事實，可以用來解釋何以工業化國家的經濟成長率較發展中國家為低。然而資源成長率之不同，尚不能完全用來解釋何以國家之間的經濟成長率的不同。最近幾年以來一些研究發現，成長率的差異主要係來自於一些工業化國家生產力的成長亦有減緩的現象。而到底有那些因素會決定總要素的生產力呢？以下將繼續討論。

二、決定生產力之因素

生產力會因為勞動力的品質變差、技術創新減少、能源價格上升，及由製造業轉成服務業等因素而降低。

1.勞動力的品質

勞動生產力定義為每小時勞動力的產出。勞動生產力會受到教育水準、教育品質、人口因素、及工作態度等因素之改變而改變。

當教育水準及教育品質降低時，勞動生產力亦會降低。由於在人口因素中，如移民、婦女工作人數等一些因素將會影響人口素質，因此亦會對生產力有所衝擊，而工作態度的普遍不佳，亦可能導致生產力下降。

2.技術創新

新的技術可改變總要素的生產力。創新增加生產力，因此，當生產力下降時，可觀察是否因為技術發展出現瓶頸之故。然而技術創新的步調，很難予以預測。雖然研究發展經費的支出與發現新知識有很大關係，但真實技術進步與經費支出之間，並沒有非常一致的關係。經費支出與新技術發現之間，通常存在長時間的落差，雖然如此，研發經費支出的減少仍被視為對生產力的提升，具有負面的影響。

3.其他因素

(1)能源價格

較高的能源價格，可透過對資本財的影響，來改變生產力。當能源價格上升時，不具有能源效率性的資本財，變得過時了。與其他一些資本財價值的下降過程相同，此一改變將使得經濟成長減緩。

(2)製造業與服務業

經濟學家相信，服務業生產力的成長較製造業緩慢，主要原因是因為服務業使用較少的資本密集 (capital-intensive) 設備來提供服務。因此，產業結構若是由製造業移轉到服務業時，全體經濟之成長率將會下降。

三、成長與發展 (development)

經濟成長取決於生產力及資源的成長。由於生產力的成長步調並不一致，因此反應在經濟成長上，亦將呈現出步調不一致的成長率。雖然勞動力在發展中國家當中較工業化國家之成長來得快，但發展中國家較低的儲蓄率則限制了這些國家資本之成長。在沒有資本財的配合之下，工人的生產力將無法大幅提升。此一論點解釋了為什麼在一些發展中國家當中，雖然具有很高的勞動成長率，卻沒有很高的經濟成長率的現象。我們將在下一章當中，運用一些在本章當中所研習到的訊息，來討論發展中國家的一些用來增加產出與生活標準的策略。

重點彙整

1.經濟成長代表實質 GDP 的增加。

2.如果經濟成長率是維持在固定比率時，我們可以使用 "72" 法則來計算產出加倍時，所需要的時間。將 72除以成長率，即可以大概估計出產出加倍之時間。

3.我們定義經濟成長為平均每人實質 GDP之成長時，一個國家在商品及勞務產出增加的速度上，必定要快於人口成長的速度，該國的經濟才算是有在成長。

4.平均每人實質 GDP所代表的是實質 GDP除以人口數，它雖可用來衡量一個國家的經濟活動，但卻無法衡量該國老百姓之生活標準及生活品質。

5.經濟成長取決於勞動力的大小與品質。

6.一個國家投資於資本財的能力與該國的儲蓄能力有很大關係。

7.土地表面、水資源、森林、礦產及其他自然資源，在經濟學上統稱為土地。

8.豐富的自然資源，對於經濟成長有很大的助益，但僅使用自然資源並無法產生經濟成長。

9.技術代表結合資源來生產商品及勞務的方法。

10.生產力代表投入要素數量與總產出的比率。

11.總要素生產力為經濟學家用來描述經濟體系之內總生產力的方式。總要素生產力為整體經濟之產出與所使用的資本及勞動存量之間的比率關係。

12.經濟成長因此可定義為，總要素生產力的成長率，再加上資源的成長率如下：經濟成長 = TFP之成長率 + 資源的成長率。

13.縱使在勞動力 (L) 與資本存量 (K) 固定不變的情況之下，透過技術進步對生產力的影響，經濟仍然會成長。

14.生產力會因為勞動力的品質變差、技術創新減少、能源價格上升，及由製造業轉成服務業等因素而降低。

15.勞動生產力定義為每小時勞動力的產出。勞動生產力會受到教育水準、教育品質、人口因素、及工作態度等因素之改變而改變。

16.新的技術可改變總要素的生產力。創新增加生產力，因此，當生產力下降時，可觀察是否因為技術發展出現瓶頸之故。

17.較高的能源價格，可透過對資本財的影響，來改變生產力。

18.經濟學家相信，服務業生產力的成長較製造業緩慢，主要原因是因為服務業使用較少的資本密集設備來提供服務。

練習題

1.討論為什麼使用平均每人實質GDP的成長，較使用實質GDP成長來衡量經濟成長更好？

2.計算當一個國家的實質產出為1萬元，而每年經濟成長率為10%時，5年以後該國的實質產出水準將有多少？並計算該國實質產出達到2萬元時所需要的時間為多久？

3.假設勞動力占實質GDP中的65%，而資本占35%，而當實質GDP年成長率為4%，且勞動成長率為2%，資本成長率為3%時，決定總要素生產力的成長率？

4.討論以下的敘述是否正確？「豐富的資源為經濟成長的必要條件」。

5.討論以下的事件如何來影響我國的生產力:

(1)大學教育的品質提升了。

(2)今年商檢局核發的專利數下降了。

(3)由於石油輸出國減產石油，使得石油價格上漲。

(4)大批沒有特殊技能的大陸客偷渡上岸打工。

6.區別總要素生產力與勞動生產力的不同？依您的看法為什麼大多數國家在衡量生產力時，祇衡量勞動生產力而非總要素生產力。

第30章 經濟發展

前　言

世界上貧窮的國家與富有的國家，在生活標準上有很大的差異。在非洲莫三鼻克 (Mozambique)，人民平均壽命為 47 歲，此一數據與一些先進國家平均壽命相比較差了有近 30 歲左右。而在衣索匹亞 (Ethiopia)，大約僅有 18% 的百姓能使用安全的水源，而在先進國家則有近乎 100% 的百姓能使用安全的水源。在教育方面，中等教育在學率在工業國家多在 95% 以上，我國則為 96%，但在中國大陸則衹有 55% 左右。

發展中國家一些不良的環境與生活情況，將是本章討論的重點。我們將首先討論貧窮的範圍，以及定義如何來衡量不同國家的貧窮度。接下來，我們將談論發展中國家貧窮之理由，以及討論一些刺激經濟成長與發展的策略。貧窮的理由很多，但解決之道仍有許多需靠政治力量而非經濟力量，才能解決。雖然如此，對於如何來改善世界上貧窮百姓的生活標準，經濟學家仍有其一些看法。

第一節　發展中的世界

全世界當中有近四分之三的人口，居住在發展中國家 (developing countries)。這些國家經常被稱做第三世界國家 (Third World Countries)，或發展較少的國家 (less developed countries, LDCs)。**第一世界的國家為工業化國家，如西歐、北美國家及澳大利亞、日本及紐西蘭。而第二世界國家，則通常指的是一些東歐及前蘇聯等的共產國家，而第三世界國家，則是指一些非共產的發展中國家。**

發展中國家的一些共同特徵為：每人平均 GDP 較低，此意味著這些國家的老百姓過著較低的生活標準。除此之外，這些 LDCs 是非常多樣化的國家，在文化、政治、或地理上均有非常大的不同。雖然在先前一些章節當中，我們習慣使用 GDP 來衡量一國的產出，但由於在世界銀行出版的刊物當中，習慣使用 GNP 來衡量一個國家在經濟發展上的階段，因此，本章亦採用 GNP。而 GNP 與 GDP 之間的差異，根據第 20 章之說明，僅在於 GNP 當中多計算了國外要素所得淨額的部份。

發展中國家主要地處於南亞及東亞、非洲、中東及拉丁美洲。發展中國家的總人口數大約為 40 億人左右。在這些人口當中，以居住在中國大陸 27% 為最多，接下來為居住在印度的 20%，再其次為印尼的 4%，接下來依次為巴西、孟加拉、奈及利亞及巴基斯坦。除了在拉丁美洲國家當中約有 40% 的人居住在市區當中，多數發展中國家的人民是住在鄉下地區，且多數以農業為主。

一、貧窮之衡量

貧窮不是很容易衡量的。典型的貧窮可以以絕對意義來表示：例如一個家戶單位，如果所得低於某一水準時，則代表該家戶單位屬於貧窮的階層。**世界銀行使用平均每人 GNP 如果小於美金 675 元，來當做是低所得收入國家的定義。**

貧窮亦可以是一種相對的觀念，因此，使用某一程度的所得來區分貧窮與富有亦是極易引起爭論的。除了區分貧窮的界線到底應該訂在那裏為較明顯的問題以外，由於國家之間在幣值、風俗習慣及生活安排上的差異頗大，使得國與國之間在貧窮的比較上，變得更是困難。此外，在一些發展中國家當中，許多貧戶是居住在非常偏遠的地方，因而使得在實際資料的取得上，又受到很大的限制。以上種種問題，使得如何定義第三世界的典型貧窮家戶變得非常困難。

二、基本的人類需求

一些經濟學家及其他一些社會科學家由於體認到使用貧窮絕對定義（如每人平均 GNP）的缺陷，因而建議使用一些其他指標（如人類的一些基本需求如何被滿足）來代替。雖然這些科學家或經濟學家對什麼是**人類的基本需求**的真正定義並不完全同意，但基本的想法是，以一些如每日熱量攝取、健保、衣服及居住的一些基本水準來設定一個共同的指標。

此外，亦有一些人使用生活品質 (quality of life) 指標來評估生活的標準。這些指標已含了平均壽命、嬰兒死亡率及國民識字率。雖然在有時候這三個指標忽略了如何來衡量公平性、人身自由、環境品質及就業機會問題，但在理論上，這三個指標卻可以用來衡量社會之進步。此外，無論一國的社會或政治導向為何，這三個指標亦可提供一個合理的比較。

而一個國家生活品質指標的計算方式則是根據上述的一些指標的數據，而後觀察該國的某一項指標在世界上的排名來計算。如果該國的某一項指標表現為全世界最差的時候，該國該指標得分為 0，倘若該國的某一項指標為全世界上所有國家當中最好的時候，則該國該指標的得分為 100。最後將所有指標的得分予以加總平均，就可以得到生活品質指標。表 30.1 當中所列出來的是世界上一些國家的生活品質指標的衡量結果。

表 30.1 當中列入了各國平均每人 GNP、平均壽命、嬰兒死亡率、識字率指標，及最後由這些指標加總所計算而得之生活品質指標的結果。一般而言，每人平均 GNP 與生活品質指標之間有強烈的正向相關關係。但是亦有一些例子是例外的，如有一些國家雖然每人的平均 GNP 很高，但生活品質指標卻很低，例如薩爾瓦多及土耳其的每人平均 GNP 高於中國大陸及菲律賓，但在生活指標上，薩爾瓦多卻是低於中國大陸與菲律賓；而土耳其則是與中國大陸及菲律賓二國擁有相同的生活品質指標值。

每人的平均 GNP 及生活品質指標，並不是唯一可用來衡量一個國家經濟發展的指標。由於體認到沒有一種完善的指標可以用來衡量經濟的發展，經濟學家及社會學家通常會同時使用一些指標來評估經濟進步的過程。

表 30.1　一些國家之生活品質之衡量

國家	平均每人 GNP	平均壽命	嬰兒死亡率	識字率	生活品質指標
衣索匹亞	110	49	12.2%	50%	3
孟加拉	220	55	9.1	37	8
印度	310	61	7.9	50	20
中國大陸	470	69	3.1	80	48
菲律賓	770	65	4.0	90	48
薩爾瓦多	1170	66	4.0	75	40
土耳其	1980	67	5.4	82	48
墨西哥	3470	70	3.5	89	63
希臘	7290	77	0.8	94	88
臺灣	10470	75	N.A.	94	N.A.
美國	23240	77	0.9	99	95

資料來源：世界銀行：《世界發展報告》；聯合國：《人力發展報告》。

註：資料為1992年之數據，臺灣資料取自主計處所出版之刊物，N.A.表示數據不清楚。

第二節　成長之障礙

每一個國家均是具有一些唯一的特性。每一個國家本身的歷史、政治及文化特性，幫助經濟學家更進一步的瞭解一些貧窮國家何以未能充份發展，以及應該對這些國家提供什麼樣的政策才能協助這些國家的發展。一般而言，**妨礙發展的障礙主要是來自於政治或是社會的層面。政治因素包含缺乏管理的技能、政治不安定及特殊利益團體來阻礙經濟改變之能力，而社會障礙則包括缺乏企業家精神，及快速的人口成長。**

一、政治上的障礙

1.缺乏管理的技能

在經濟發展的過程當中，能得到政府的支持是非常重要的。政府是否支持意味著政府是否允許私人企業的興盛及發展，或是政府是否有積極的在管理資源的分配。一個不健全的組織機構或是貪污腐敗的政府，正是經濟成長之障礙。一些發展中國家經常會面對到一些用意良善 (well-meaning)

但卻不適合的政府管理。這一現象在被一些殖民較久的國家之內特別明顯。例如，當薩伊 (Zaire) 從比利時手中取得獨立以後，由於當時僅有少數本地居民具有大學畢業的學歷，因而在薩伊獨立以後，大量沒有經驗及工作技能之工人，因為政府的善意而進入政府一些重要的部門工作，使得初期的薩伊政府處在於一種邊做邊學的過程。

2.政治不安定及風險

政府刺激經濟發展的重要功能之一，在於能提供一個良好的政治環境來鼓勵企業的投資與人民的儲蓄。人們可不願在經常處於戰爭、示威或不確定的環境之下，來從事企業的經營。其中企業家最關心的一點就是私人財產權 (property rights)。一個國家如果能有效的保證私人財產權的存在，將可鼓勵私人的投資與發展。如果某一個國家因為政局改變或因為革命而使得財產所有權經常在改變時，那麼私人企業絕不會有任何誘因到該國去投資。人們可不希望在更換一個新的政府之後，目前所擁有的財產必需充公 (confiscation)，因而在一個新的政府之下必需重新開始另一個新的企業或建立新的工廠。

這些充公的過程有時被稱之為徵收 (expropriation)。長久以來，一些具有徵收外國人所擁有的財產，但卻從不補償財產所有者損失的國家，在鼓勵外國商人到該國投資的作為上，絕對是有很大的困難。1973年當烏干達的阿敏總統成功的發動政變取得政權之後，徵收了超過500家企業的財產（大部份為英屬公司），之後，在烏干達國內無論是來自於本國或是外國的投資金額便急速下降。

對發展中的國家而言，國外資金來源的減少，對於本國的經濟發展將會有很大的影響。由於本國老百姓多屬於貧窮階層，因此發展中國家本身的儲蓄已經很少，所以外資便成為發展中國家國內投資的主要資金來源。一旦一個國家當中新的投資減少了，未來的經濟是很難成長的。

3.利益團體阻礙經濟政策之能力

在其他條件不變之下，第三世界的政治家，希望最大化他們國家的經濟成長，但是條件並不一定是不變的。一些政治上的壓力常使得政府必需放棄長期經濟成長的目標而選擇一些短期較能立即出現成果的目標。

例如，最大化經濟成長可能意味著減小政府的規模，以期望由於減少政府支出而能減稅以增加投資。然而，在許多發展中國家當中，對目前政治領袖最支持的人民，通常是為政府部門工作的人。顯然的，要解僱這些人並不是很好的政治策略。由於政府繼續維持冗員過多且無效率的部門，因而使得潛在的經濟成長將會下降。

在這裏所要繼續強調的是，一些表面上看起來似乎是立意良好的經濟政策，可能對政治不利。因為在短期之內，有一些團體將會因為這一個經濟成長的政策而受到傷害，因此，這些利益團體就會一直反對政府的這一個經濟成長的政策。

二、社會上的障礙

一些文化傳統或是態度亦可能會形成經濟發展的障礙。在傳統的社會當中，孩子通常會去遵循父母的腳印 (footsteps)。如果你的父親是一位木匠，你成為一個木匠的機率便很大，而且生產的方式也是一代傳給一代，毫無太大改變，如果經濟要能快速的發展，一個國家就必需要有經常求變的心理。

1.缺乏企業家精神 (lack of entrepreneurs)

一個社會在回答「生產什麼？」「為誰生產？」的過程當中，如果仍是遵循前人的方法來做時，就是缺乏經濟成長的成份——企業家精神。**企業家精神為風險接受者**(risk-takers)；**他們使用新的技術與創新**。如果能瞭解何以在一些國家內具有較多企業家精神的人民的原因之後，便可以幫助我們充份去瞭解何以一些國家的經濟成長較快？而有一些國家仍處於較貧窮的階段？

企業家精神的理論可用來說明企業家為什麼通常會來自於一些受阻礙的少數團體 (blocked minorities)。在傳統社會之下，一些個人可能由於受到歧視而被限制不能從事於某些高貴的工作或從事政治工作。歧視可能是針對種族、宗教或是移民的狀態。因為歧視，使得這些人無法從事傳統的工作，因而導致這些少數團體的人，僅能透過發揮企業家精神來累積財富。東南亞的中國人，歐洲的猶太人及非洲的印第安人均屬於這種受阻礙的少數團體。

在發展中國家當中，由於外來移民具有一些當地居民所沒有的技能與經驗，因此企業家精神多集中在這些外來移民的身上。例如，在拉丁美洲中，許多產業的領袖為義大利、德國或阿拉伯裔。這些外來移民在這些國家之所以成功並非是偶然的，因為這些人擁有在發展中國家居民當中，所缺乏的商業技巧。

動機亦會影響到發展中國家當中企業家精神的水準。在某些國家當中，傳統的價值觀並不鼓勵有很高的成就，因而這些價值觀將會阻礙企業家精神之發展。

2.快速的人口成長

每人平均實質 GNP 定義為實質 GNP 除以總人口數。雖然勞動力為生產要素之一，而且勞動力的成長為產出增加的原因之一，但當人口成長率高於 GNP 的成長率時，平均每人的生活標準就無法改善。在許多發展中國家當中的真正問題，就在於人口的成長速度太快。目前成長中國家的人口成長率約在每 28 年人口就可以成長一倍。第三世界的人口成長率居高不下的主要原因之一，便是死亡率的下降。死亡率雖然下降了，但是生育率卻沒有下降，因而使得人口成長率上升。

在發展中國家婦女的結婚時間及生育率，與工業化國家之間有三點不同。首先，在發展中國家婦女結婚年齡較已發展（工業化）國家婦女結婚年齡為早。其次，在發展中國家婦女生下第一個小孩之後，再懷第二個小孩的間隔時間，較已開發國家婦女來得短，因此，在開發中國家的婦女一生當中生產較多小孩的機率就會比較高。最後，在發展國家當中，平均家戶大部份不會有超過 2 個以上的小孩，但在開發中國家當中，有 7 個小孩的家戶卻比比皆是。

社會科學家並不完全同意人口成長對經濟發展的影響。勞動力的成長可能是經濟快速成長的重要因子之一，但是**支持人口成長對經濟成長有負面影響的學者則認為，至少有三個理由，讓他們相信，人口成長是不利於經濟成長**:

⑴資本淺薄(capital shallowing)

快速的人口成長，將形成每人平均資本下降，造成勞動生產力下降。

⑵年齡依存(age dependency)

快速的人口成長，形成許多依賴父母的小孩，而這些小孩的消費，將使得經濟體系儲蓄的能力下降。

⑶投資轉向(investment diversion)

快速的人口成長使得政府的支出由基礎建設 (infrastructure) 如交通、電訊轉向教育及健保。

在許多國家當中人口成長對經濟發展可能會有負面的影響，但是影響的程度大小則是難以去評估的。在某一些情況之下，人口成長亦將刺激了經濟的發展，例如，討論由於小孩子的消費商品或勞務，因而降低了該國儲蓄之理由，卻是忽略了當小孩長大之後，變成一位具有生產力成人的事實。除外，任何的投資由基礎建設轉向教育與健保也未必是一種損失，教育與健保可以建立勞動力的生產力。當一個國家當中有用的土地與水源非常少時，人口的快速成長可能較會對經濟帶來負面的效果。雖然一些機構會訂定一些可以接受的人口成長率，但這一成長率的標準並不一定能滿足所有的情況，世界銀行則是以 2% 以下為可以接受的人口成長率。

GNP可以每年穩定的成長，但是如果人口成長太快時，則每人的平均生活標準將會下降。對於如何使人口成長率下降，最簡單方法就是透過教育：教導百姓如何實施家庭計劃或生育控制，但是生育率的控制，並不是祇是教育就可以改善的，社會習慣、經濟上的優點等等問題皆需予以妥善的考慮。

第三節　經濟發展策略

不同國家使用不同的經濟策略來刺激經濟發展。基本上，**有二類經濟發展的策略：向內導向** (inward-oriented) **策略及向外導向** (outward-oriented) **策略**。

一、向內導向策略

典型的發展中國家在生產某些初級產品 (primary product) 上，較其他國家具有**比較利益**(comparative advantage)。具有比較利益，意味著該國在生產該產品時，具有最小的機會成本。**初級產品通常指在生產過程的第一階段當中所使用的產品，初級產品通常被當做是生產其他產品的投入**。農產品與礦產品就是初級產品的典型例子。在缺乏非理性的政府政策來指導生產之下，我們預期一個國家將會專注在具有比較利益商品的生產上。例如，古巴專注於糖的生產，哥倫比亞專注於咖啡的生產，象牙海岸專注於可可亞的生產等。

今日，許多發展中國家已經將一些原本用於出口的初級產品生產上的資源轉移到一些用於內銷上的產品及勞務的生產過程上。**向內導向的發展策略就是強調將生產出來之商品及勞務，集中於內銷市場而非外銷市場上的策略**。對這些國家而言，發展意味著工業化。**向內導向策略的目標是進口替代** (import substitution)，**亦即以國內所製造出來之商品，來替代進口之製造財** (manufactured goods)。

進口替代策略為發展中國家的主要策略，其基本的想法是先認定出需要大量依賴進口商品的國內市場，而且這個市場所需要的技術水準是目前以該國的技術可以達到的水準時，該市場便是進口替代的目標市場。工業化的過程則是透過以進口限量 (quota) 等方式，來達到保護該國扶植國內目標市場的工業為目的。此一做法形成了生產及國際貿易並不是因為比較利益而發生，而是因為受到這些國家的進口替代政策的關係而產生。

由於本國的產業僅能在國內的保護政策下生存，因此進口替代政策通常會使得本國所生產出來商品及勞務的價格遠高於進口商品及勞務的價格。此外，產品的品質亦可能不如進口商品的品質。理想上，當本國產業成長而且變得有經驗時，價格與品質就能夠與國外商品來競爭。而一但這一天到來時，政府就不再需要以一些進口的障礙來保護本國產業，此外，本國的產業亦有可能成為出口的產業。然而不幸的是，這樣的理想從未實現過。在第三世界國家中，充斥著許多沒有效率的製造廠商，在沒有政府的保護政策保護之下，這些廠商多數是無法生存的。

二、向外導向政策

雖然多數發展中國家選擇了向內導向的經濟政策，但有一些國家如韓國、香港、新加坡及臺灣，在1960年代卻選擇以出口成長為導向的經濟政策。這些國家遵循向外導向的政策，使用他們最富有的資源來生產他們比別人能夠生產更好的產品。

在這些國家當中，最豐富的資源就是勞動力，而他們所生產的商品主要是勞力密集 (labor-intensive) 的商品。這一類的**向外導向政策又稱為出口替代 (export substitution) 政策，這些國家使用勞動力來生產用於出口的製造財上，而非用於內銷用的農產品的生產上**。

向外導向的發展策略係根據效率及低成本的生產。這個政策要能成功，必需取決於在這些國家當中，製造商所生產出來的商品及勞務要能與國外廠商所生產出來的商品及勞務來競爭。在這些國家中的政府，經常會嘗試以一些政策來刺激出口，這意味著在這些國家的政府可能透過使用補貼的方式來鼓勵廠商所生產出來的商品及勞務的出口，而不是用在國內消費上。由於國際性競爭比國內競爭更激烈（生產者將會面對價格、品質甚至行銷上劇烈的競爭），為了要使生產者願意到國際市場上與國外廠商來競爭，政府必需要有許多激勵的措施，這些措施可能包括國際行銷上的協助、減稅及低利貸款等措施。

此外，透過降低成本或去除國內關稅的方式，來使得同一商品在國內的價格與國外進口商品的價格之間的差異不大，當生產者在國內銷售的利潤下降以後，廠商就會傾向將生產出來的商品外銷。

三、策略的比較

當一個國家認為工業化為經濟發展的關鍵時，該國就會制訂進口替代政策。在1950到1960年代之間，**經濟學家曾經認為專注於生產且出口初級產品，並無法使得發展中國家的經濟快速成長，經濟學家的這一個見解，稱之為扭曲貿易條件 (deteriorating-terms-of-trade) 的見解**。此一見解主要是根據初級產品的真實價值在經過一段時間之後，會下降的假設而來。如果初級產品的價格相對於製造品的價格下降了，則出口初級品及進口製造品的國家，將發現進口製造財之成本上升了，因為此刻該國必需出口較多的初級品才能換得與以前相同數量之進口品。**以某一數量的出口品來交換某一數量進口品的比率關係稱之為貿易條件 (terms-of-trade)**。

在1950年代及1960年代的貿易條件扭曲之見解，使得一些發展中國家的政策執行者，害怕最終貿易條件將會變得不利。由於害怕貿易條件變得不利，使得這些國家選擇了向內導向的發展策略，強調國內產業的工業化，而非生產出口用的商品。

由於相信技術的改變將會減緩對初級產品的需求，因而形成了對初級產品出口悲觀看法的根源。然而這一個看法基本上忽略了，如果自然資源數量是固定的，在一段時間之後縱使需求減緩，這些資源仍將會變得更有價值的事實。而如果初級商品的真實價值下降了，亦並不意味著向內導向政策是必要的。批評向內導向的人認為，一個國家應該多利用他們的比較利益，亦即資源應該移轉到最有價值的用途上。

其他有一些經濟學家則相信，在發展中國家當中，有一些特別的問題使得政府會出面來干涉或管制經濟活動，這些經濟學家通常支持向內導向的策略。發展中國家將資源集中在某些產業上，使得在這些國家當中發展出一些非常不平均的產業結構，一些國家具有非常現代化且薪資水準較高的製造業，但同時在這個國家當中亦存在較低工資水準之傳統農業。**一個經濟體系之內，若存在不同發展程度的產業時，稱之為雙元經濟體 (dual economy)**。一些經濟學家堅信，在雙元經濟體之下，商品及要素的市場無法運作良好。如果要素資源能在不同產業之間自由進出時，那麼在發展中國家當中所觀察到的不同產業在工資上的巨大差異就不應該存在。在市場運作無法正常的經濟體系之下，一些經濟學家們支持政府應積極的監督整個經濟發展過程的論調。

世界銀行依貿易政策之不同，將發展中國家分成四大類：強烈 (strongly) 向外導向、適度 (moderately) 向外導向、適度向內導向、及強烈向內導向等四種。根據世界銀行之研究，採用向外導向的經濟體系的成長率，明顯高於採用向內導向政策之經濟體系。向外導向經濟體系由於儲蓄不斷的上升，因此，在未來將持續的成長。在1963年，採用強烈向外導向經濟體系的儲蓄率，大約佔 GDP之13%。經過大約20年的累積耕耘，這些國家的儲蓄率已高達GDP之30% 左右。由於高儲蓄率導致投資支出增加，而由於投資的增加，使得勞動生產力提高，因而更刺激了每人平均實質GDP的成長。

為什麼向外導向會較向內導向的策略更為成功呢？**採用向外導向政策的最大優點在於，充份且有效的使用資源。進口替代政策在資源的配置 (allocation) 上，並不是按照成本最低的方式來分配。除此之外，向外導向的策略允許經濟體系的成長，超越本國市場規模之外，因為國外的需求創造了本國市場以外的額外出口品市場。**

第四節　國外投資與國外援助(AID)

多數發展中國家需要依賴國外的儲蓄來融通他們本國之內的一些投資支出的需要。國外資金可能來自於工業化國家，或是其他一些來源。在本節當中，我們將討論儲蓄如何由工業化國家，移轉到發展中國家以及國外投資及國外援助對發展中國家的益處。

一、國外儲蓄的流出

由於貧窮國家無法有足夠的儲蓄用來投資到一些資本財上，因此必需依賴其他國家的儲蓄來幫助他們的經濟發展。國外儲蓄的來源可能是私人儲蓄或是國外政府的儲蓄。

國外私人儲蓄可採用直接投資 (direct investment)，資產組合投資 (portfolio investment)，商業銀行貸款 (commercial bank loans) 或商業信用 (trade credit) 等方式。**直接投資為採購一些有利於生產的單位如工廠，或是到該國直接投資生產超過10%以上之所有權。**而資產組合投資則是透過購買債券如公債或股票的方式進行投資。在直接投資上，外國人可以直接經營企業，但在資產組合投資上，僅是從財務上，來幫助當地公司取得所需資金，但公司的營運權，仍是由當地的經理人員來經營。商業銀行貸款則是依據市場利率水準的貸款，借款對象可能是當地的政府或私人企業。資金通常係由銀行團(bank syndicate) 所提供，目的在於分散風險。最後，出口商及商業銀行亦可以提供商業信用，允許進口商在一段時間之後，才來支付所購買的商品及勞務，因而提供資金上的一種協助的方式。

在1970年代初期時，發展中國家當中的直接投資金額遠大於銀行貸款金額。但到了1970年代末期及1980年代初期時，則是銀行貸款遠大於直接投資金額。由於銀行貸款給予借款國家較大的彈性來運用這筆資金，而直接投資則是牽扯到外國人對當地資源控制的問題，因此在1980年代，銀行貸款金額遠大於直接投資的金額。到了1990年代初期，由於強調自由市場的發展，直接投資遂又逐漸成為發展中國家的主要資金來源。

二、國外投資之益處

並非所有的發展中國家均會反對國外直接投資的資金來源。事實上，許多國家由直接投資上獲益不少。這些利益包括：新的工作，新的技術及外匯之取得。

1.新工作

來自於國外的投資應該可以刺激發展中國家的經濟成長及創造新的工作機會。但是所創造出來新的工作機會的多寡，則完全取決於當地政府是否存在一些對國外投資的限制。通常到國外投資多屬於一些資本密集產業，如化工業或採礦業。由於資本財通常是較昂貴而且需要較高的技術來操作，因此，國外企業能較發展中國家更快的建立一個資本密集的產業。然而過度強調資本密集的產業，使得國外投資對於發展中國家的就業機會，沒有太大的幫助。

2.技術移轉

在第29章當中，我們曾經探討到經濟成長決定於要素資源的成長與技術的改變。在全世界當中，大部份的研究發展經費的支出均是由工業化國家所付出的。而此正是工業化國家能發展出新的技術使得生產變得更有效率的原因。由於第三世界國家較缺乏科學的資源，因此工業國家就成為這些國家在資訊上、技術上及經驗上的一個重要來源。

3.外匯的取得

發展中國家期望以透過國外投資的方式來改善他們本國的國際收支帳 (balance of payment)。這些國家認為外國公司如果能在發展中國家成立多國籍企業，將可使得發展中國家的出口增加，因此，外國公司將能替這些國家賺取較多的外匯收入，使得這些國家得以使用這些外匯來購買進口商品或支付國外負債 (foreign debt)。但是如果外國公司投資的主要目的在於生產商品給當地的老百姓來消費時，那麼上述的想法便無法存在。事實上，一旦這些外國公司採行將營業利潤送回在工業化國家總公司的方式，而且送回去的利潤，遠超過出口所賺取的外匯所得時，由於外國公司的設立將會使得發展中國家的國際收支帳變得更為惡化。

三、國外援助(foreign aid)

官方的國外儲蓄經常會以公開的禮物，或低利率貸款的方式出現，這些基金稱之為國外援助。國外援助可以以現金、商品、或技術的移轉方式轉給發展中國家，而且並不要求接受援助的國家有任何實質上的回報。通常國外援助多是用來獎勵一些政治同盟國在一些政治上的或軍事上的協助，特別是這些同盟國位處於軍事戰略要地。例如，前蘇聯對古巴的援

圖 30.1 一些工業化國家及石油輸出國在國外援助上的支出金額

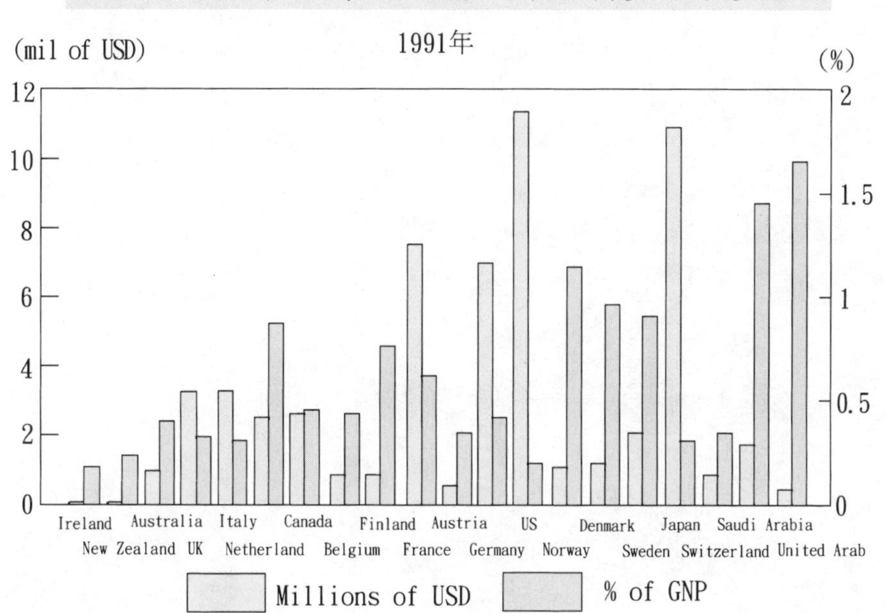

資料來源：世界銀行出版，《世界發展報告》，1994年，p.196～197

助，或美國對土耳其的援助，均屬於此種例子。

國外援助如果是由一個國家流出到另一個國家時，則稱為雙邊援助 (bilateral aid)。而如果國外援助是透過許多國家所支持的國際組織來提供時，則稱為多邊援助 (multilateral aid)。在圖 30.1中，顯示了一些主要工業化國家及石油輸出國家，在國外援助（1991年）上的金額及其佔該國的當年 GNP之百分比。毫無疑問的在外援金額上，以美國之援助支出的金額最大，其次為日本。但在佔 GNP之百分比上，則以阿拉伯聯合大公國及沙烏地阿拉伯之排名分佔第一及第二名為援助最多的二個國家。

重點彙整

1.第一世界的國家為工業化國家，如西歐、北美國家及澳大利亞、日本及紐西蘭。而第二世界國家，則通常指的是一些東歐及前蘇聯等的共產國家，而第三世界國家，則是指一些非共產的發展中國家。

2.發展中國家的一些共同特徵為：每人平均 GDP較低。

3.世界銀行使用平均每人 GNP如果小於美金 675元，來當做是低所得收入國家的定義。

4.妨礙發展的障礙主要是來自於政治或是社會的層面。政治因素包含缺乏管理的技能、政治不安定及特殊利益團體來阻礙經濟改變之能力，而社會障礙則包括缺乏企業家精神，及快速的人口成長。

5.企業家精神為風險接受者；他們使用新的技術與創新。

6.支持人口成長對經濟成長有負面影響的學者則認為，至少有三個理由，讓他們相信，人口成長是不利於經濟成長：⑴資本淺薄；⑵年齡依存；⑶投資轉向。

7.有二類經濟發展的策略：向內導向策略及向外導向策略。

8.初級產品通常指在生產過程的第一階段當中所使用的產品，初級產品通常被當做是生產其他產品的投入。

9.向內導向的發展策略就是強調將生產出來之商品及勞務，集中於內銷市場而非外銷市場上的策略。

10.向內導向策略的目標是進口替代，亦即以國內所製造出來之商品，來替代進口之製造財。

11.向外導向政策又稱為出口替代政策，這些國家使用勞動力來生產用於出口的製造財上，而非用於內銷用的農產品的生產上。

12.經濟學家曾經認為專注於生產且出口初級產品，並無法使得發展中國家的經濟快速成長，經濟學家的這一個見解，稱之為扭曲貿易條件的見解。

13.以某一數量的出口品來交換某一數量進口品的比率關係稱之為貿易條件。

14.在 1950年代及 1960年代的貿易條件扭曲之見解，使得一些發展中國家的政策執行者，害怕最終貿易條件將會變得不利。由於害怕貿易條件變得不利，使得這些國家選擇了向內導向的發展策略，強調國內產業的工業化，而非生產出口用的商品。

15.一個經濟體系之內，若存在不同發展程度的產業時，稱之為雙元經濟體。

16.世界銀行依貿易政策之不同，將發展中國家分成四大類：強烈向外導向、適度向外導向、適度向內導向、及強烈向內導向等四種。

17.採用向外導向政策的最大優點在於，充份且有效的使用資源。進口替代政策在資源的配置上，並不是按照成本最低的方式來分配。除此之外，向外導向的策略允許經濟體系的成長，超越本國市場規模之外，因為國外的需求創造了本國市場以外的額外出口品市場。

18.直接投資為採購一些有利於生產的單位如工廠，或是到該國直接投資生產超過10%以上之所有權。

19.資產組合投資則是透過購買債券如公債或股票的方式進行投資。

20.在直接投資上，外國人可以直接經營企業，但在資產組合投資上，僅是從財務上，來幫助當地公司取得所需資金，但公司的營運權，仍是由當地的經理人員來經營。

21.商業銀行貸款則是依據市場利率水準的貸款，借款對象可能是當地的政府或私人企業。

22.商業信用，允許進口商在一段時間之後，才來支付所購買的商品及勞務，因而提供資金上的一種協助的方式。

23.許多國家由直接投資上獲益不少。這些利益包括：新的工作，新的技術及外匯之取得。

24.官方的國外儲蓄經常會以公開的禮物，或低利率貸款的方式出現，這些基金稱之為國外援助。

25.國外援助如果是由一個國家流出到另一個國家時，則稱為雙邊援助。

26.如果國外援助是透過許多國家所支持的國際組織來提供時，則稱為多邊援助。

練習題

1.試述人口成長對經濟發展的影響。

2.為什麼多數發展中國家採行向內導向的政策？

3.為什麼向外導向的政策在資源配置的效率上優於向內導向的政策？

4.在進口替代策略中，那些人受益？又有那些人受害？

5.對發展中國家而言，那些為國外儲蓄的主要來源？為什麼發展中國家本身不自行儲蓄而必需依賴國外的儲蓄來本國投資？試說明之。

6.什麼是人類的基本需求？除了課本所列出的一些基本需求以外，您是否能自行列出其他一些基本需求呢？

7.每人平均GDP被用來當成是衡量貧窮的標準。

(1)使用每人平均GDP來衡量生活標準，有那些的缺點？

(2)倘若改用生活品質指標時，是否會與使用每人平均GDP時具有相同的缺點呢？申述之。

8.在經濟成長的過程當中，存在有那些的障礙？試討論。

第31章 國際金融與匯率

前　言

決策者在執行財政政策及貨幣政策時，通常亦必需要注意到國與國之間貿易的關係以及匯率的變化。例如，貨幣政策將會影響到利率，而利率的改變亦將會影響到匯率。事實上，出口與進口對匯率的敏感程度，決定了貨幣政策與財政政策對實質 GDP 影響的大小。到目前為止，我們多是從一個國家內的角度來看貨幣與財政政策的影響，在本章當中，我們將從較為寬廣的角度（全球的角度）來考慮貨幣及財政政策對全世界經濟的影響。從全球角度來看，政策的影響是必要的，因為，從其他國家進口商品到本國，若從其他國家的角度來看，這些商品即是其他國家的出口。此外，一個國家的匯率，亦會是另一個國家（通常是貿易對手國）的匯率。因此，如果實施財政政策的目的是用來減少進口到本國商品的數量時，此一政策將會對他國經濟有所影響。拜通訊、交通科技之進步，以及政府在貿易限制的減少之賜，世界各國得以相互連結而成為一個全球性的市場，而非是各自獨立的市場。在每天的任何時間之內，世界上任何的角落，均有外匯市場在營業運作。當東京市場休市時，正是倫敦市場開市之時，而當倫敦市場休市時，正是舊金山市場開市時，當舊金山市場休市時，亦大約是東京市場即將要開市的時間。現今，在外匯市場內的交易金額，大約是在商品及勞務市場內交易金額的40倍左右。外匯市場不是僅有的一個唯一的全球性的市場，多數的商品市場，如原油、鋼、小麥等，以及許多財務市場，如政府公債、公司股等，亦多已成為一種全球性的市場。

在本章當中，我們將從一些衡量進出口數據的方式討論起，接著我們將討論國與國之間的匯率如何來決定，以及在不同匯率制度之下，匯率如何來決定。

第一節　世界的貿易餘額 (balance of trade)

對任何一個國家而言，**淨出口** (net exports)，**為出口減去進口。淨出口的另一名辭，稱為貿易餘額**。如果**淨出口為負值時，稱之為貿易赤字** (trade deficit)，如果**淨出口為正值時，就稱有貿易盈餘** (trade surplus)。某些國家有貿易盈餘，而某些國家則是有貿易赤字，但是從全世界的角度來看，赤字與盈餘在相互抵消之後，全球貿易收支的總金額則既不會是貿易盈餘，也不會是貿易赤字。根據定義，**從全世界的角度來看，出口終將等於進口，而這將會是一個簡單事實，同學必需要謹記在心。有了這一個看法之後，自然而然我們就會有一個全球性的觀點**。

一、投資—儲蓄缺口 (Investment-Saving Gaps) 及貿易餘額

臺灣自 1981 年以來，貿易帳多處於一種盈餘的現象。貿易盈餘在 1986 年及 1987 年時達到最高峰，約有 5 仟 6 佰億元臺幣左右。由於從全世界角度來看，貿易的關係應該是平衡的，我國的貿易出現盈餘，代表著其他國家的貿易將出現赤字的現象。事實上，在這一段期間之內，與我們貿易往來最多的國家之一，美國，正是面臨到歷史上最嚴重的貿易赤字的問題。而我們的貿易帳一直到 1988 年及 1989 年時，由於美方強烈對我們的施壓，在經過匯率的大幅升值之後，我國的貿易盈餘才有逐漸縮小至 1 仟多億元臺幣左右的現象。

為什麼貿易帳會有如此大的變動呢？有什麼理由可以用來解釋貿易餘額之變動呢？總體經濟學的一些現象，特別是投資與儲蓄，可協助我們來瞭解貿易餘額變動的原因。在總體經濟學當中，從簡單的國民會計帳的關係得知:

$$Y = C + I + G + NX$$

Y 代表國內生產毛額，C 為私人消費支出，I 為私人投資支出，G 為政府部門支出，而 NX 則代表淨出口，定義為出口減去進口的部份。又定義國民儲蓄 (S) 為:

$$S = Y - C - G$$

由上面二式的關係可以得到，儲蓄等於投資加上淨出口，即

$$S = I + NX$$

再將投資移到式子的左邊，我們可得到

$$S - I = NX$$

換言之，將國民儲蓄減去投資，將會等於淨出口。這個關係直接告訴我們一個有趣的事實，那就是，**如果一個國家的國民儲蓄大於投資的支出時，該國的貿易就會有盈餘**。另一方面，如果該國國民的投資支出，大過於儲蓄時，該國就將會出現貿易赤字的現象。

表 31.1　臺灣的投資、儲蓄及淨出口

（百萬元臺幣）

	1987 年	1994 年
國民儲蓄	1228377	1643147
－ 投資	666934	1522094
＝ 淨出口	561443	121053

資料來源：行政院主計處編印：《國民經濟動向統計季報》(1995年 11月)。

表 31.1應用儲蓄、投資及淨出口的關係，來說明臺灣在 1987年與在 1994年的貿易收支關係。在 1987年時，當我國的貿易剩餘有 5仟 6佰億元左右時，國民的儲蓄有 1兆 2仟億元，而投資大約有 6仟 6佰億元，二者的差異正好等於貿易剩餘。而在 1994年時，當貿易剩餘下降到 1仟 2佰億元左右時，國民儲蓄及投資金額分別是 1仟 6佰億元與 1仟 5佰億元左右。

圖 31.1則是用來顯示臺灣自 1980年到 1994年之間，投資、國民儲蓄及貿易剩餘之間的關係。雖然在我國，投資與國民儲蓄的水準每年均在增加，但二者之間的缺口，自 1981年開始擴張之後，到 1986年及 1987年時此一缺口最大，但之後二者之間的缺口已有逐漸減小的趨勢。

而投資—儲蓄之間的缺口轉化成貿易餘額的結果，則顯示在圖 31.1的

下半部當中。明顯的，投資與儲蓄的缺口，可以用來表示貿易餘額的關係。由圖 31.1中可以看出，我國在1990年之後，由於投資逐漸上升，但儲蓄則逐漸減少，因而使得我國的貿易剩餘逐漸減少當中。

圖 31.1 投資、國民儲蓄及貿易剩餘

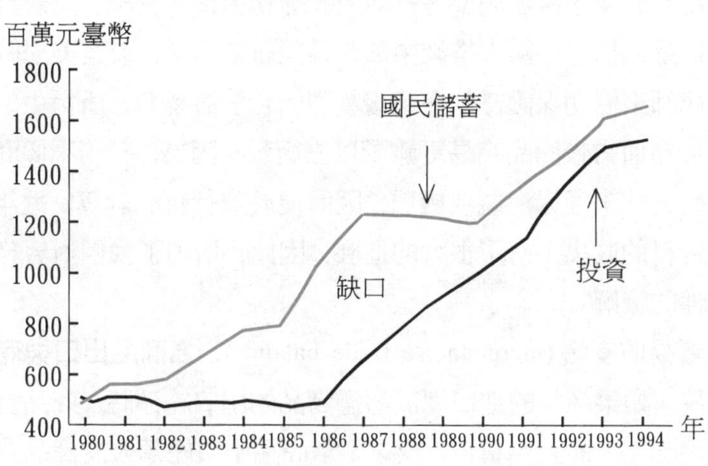

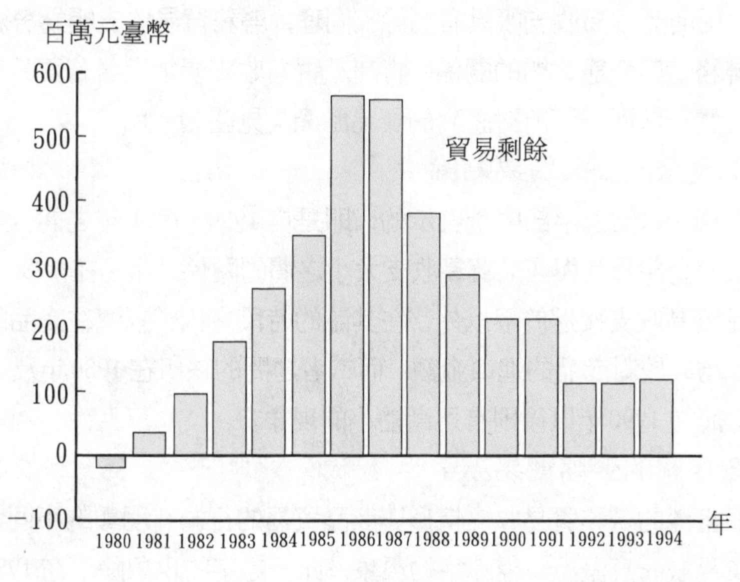

資料來源：行政院主計處編印：《國民經濟動向統計季報》(1995年11月)。

二、商品貿易 (merchandise trade) 及勞務貿易(services trade) 均重要

無論是出口或進口，均可以再細分為是商品或勞務的交易。**商品貿易包括實質的商品，如汽車、飛機、農作物之貿易往來，而勞務貿易則是指**

如法律服務、教育服務（留學）、搭飛機、電話服務、企業諮詢服務及觀光等。雖然商品與勞務貿易均同時包括了進口與出口，但一般人對於商品的進出口行為比較容易理解，而對於勞務之進出口在說明上則較為困難一些。例如，臺灣進口之勞務服務，包括由於臺灣留學生在美國攻讀經濟學學位所支付的相關房租及學費費用，或是美國的電訊諮詢公司到臺灣來指導如何使用新的空中導航設備等，均屬於勞務進口的例子。而臺灣之出口勞務服務則是包括了外國人搭乘中華或長榮航空公司，或是美國微軟公司僱用臺灣律師來協助保護微軟在臺灣軟體的合法版權時，所衍生的費用。

勞務交易通常較商品交易更難予以去衡量，因為，勞務不像商品，可以以**實體**的方式來通過海關或機場，因而便於進行統計計算。近年來，在有關勞務資料的收集上有了很大的進展，因此，增加了我們對勞務交易大小與重要性的瞭解。

商品貿易收支帳 (merchandise trade balance)，**為商品出口與商品進口之間的差異**。如果商品的進口總額超過商品的出口總額時，商品貿易收支帳將會出現赤字，而且為負值。反之，當商品出口總額大於商品的進口總額時，稱商品貿易收支帳具有剩餘。同理，**勞務貿易收支帳為勞務出口金額與勞務進口金額之間的關係**。將商品貿易收支帳加上勞務貿易收支帳，即是我們在前面一節所討論到的貿易餘額（見圖 31.1）。

1.臺灣的商品貿易剩餘

在圖 31.2的上半部中所表示的，即是自 1980～1994 年之間，臺灣商品進出口的金額及其與商品貿易收支大小之間的關係。除了在 1980年時，臺灣商品貿易收支接近於零以外，在其餘的時段之內，臺灣在商品的出口金額上，均大於對商品的進口金額，而二者之間的缺口在 1986年及 1987年時最大，而在 1990年以後則有逐漸縮小的現象。

2.臺灣的勞務貿易赤字

而臺灣的勞務貿易收支情形與商品貿易的行為有明顯的不同，臺灣的勞務貿易帳一直呈現一種赤字的現象。此一赤字的現象除了在 1988年有轉為正值的現象以外，在其餘時段均出現赤字。而自 1989年以來，赤字又有逐年增加的趨勢。為什麼臺灣的勞務貿易帳會出現赤字的現象呢？可能的解釋原因為，近年來，出國觀光的人口上升或赴國外留學的人數增加了。此外，從全球的觀點來看，勞務貿易最終將會是平衡的，此一論點表示，當一國勞務貿易若具有赤字時，另一個國家的勞務貿易帳就將有可能存

圖 31.2　臺灣的商品貿易及勞務貿易收支帳

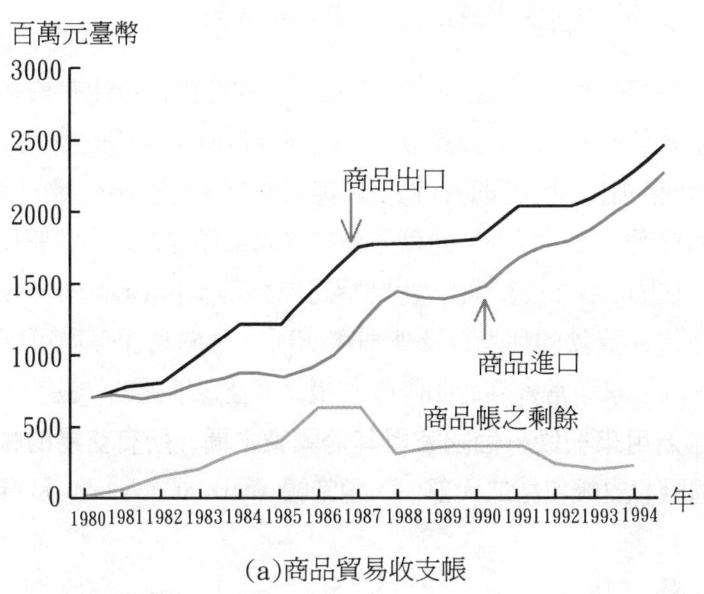

(a)商品貿易收支帳

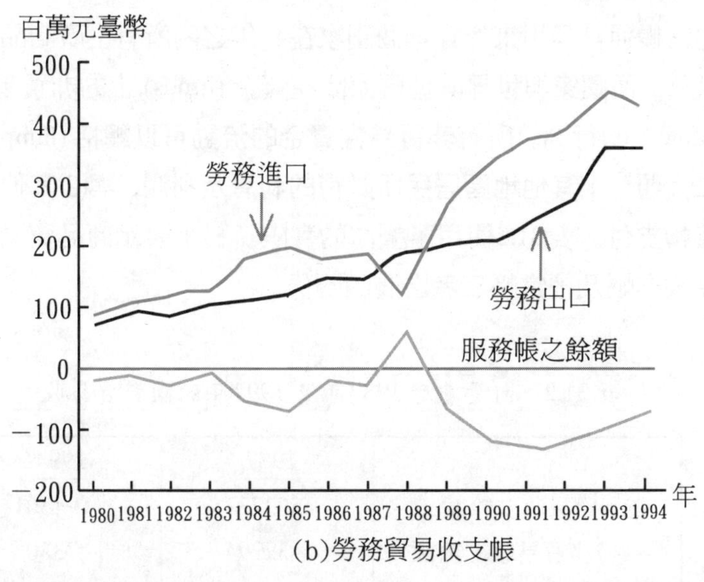

(b)勞務貿易收支帳

資料來源：經建會編印:《自由中國之工業》。

在剩餘。美國就是擁有勞務貿易收支帳剩餘的國家之一，由於美國在生產勞務上具有比較利益，因此不像在商品貿易帳上長期以來一直存在赤字現象，美國的勞務貿易餘額，從 1978年開始就呈現剩餘的現象，到了 1988年以後，勞務貿易的剩餘成長的更快。美國由於在服務業上具有較高的生產力，因此，許多勞務均由美國輸出到其他國家中，當中以通訊技術、銀行服務之相關顧問諮詢為最多。臺灣在 1988年以後勞務收支帳赤字上升的原因之一，應該亦是有一部份是來自於美國勞務進口的增加。

三、國際收支帳 (Balance of Payments)

一個國家付款給另外一個國家行為的產生，可能有許多的理由，例如，臺灣商人由美國進口商品時，就需要付款給美國的商人；或是當臺灣商人將商品出口到美國時，就需要美國的商人付款給臺灣的商人。但是除了商品買賣的支付以外，外籍勞工在臺灣工作之後，亦會將所賺得的錢寄回原居住國的家庭去，此一行為稱之為移轉支付 (transfer payment)。有關於支付國外貸款的利息，及外國廠商所支付的利潤等均可稱之為移轉支付。一個國家通常會透過國際收支帳，來登錄前述的一些交易行為，**國際收支帳為用來紀錄一個國家與其他國家之間，所有交易的帳戶。一般而言，國際收支帳包括二大部份：經常帳** (current account) **及資本帳** (capital account)。

1.經常帳

經常帳通常是用來登錄一個國家在今年之內所有生產商品及勞務的支付，以及一個國家與世界其他國家間在資金 (funds) 上的非貿易性流動(no-trade flows) 的行為。所有**非貿易性資金的流動可以總括** (lumped together) **分成二大類：⑴其他地區居民所賺得的利息及利潤，與⑵其他國居民所收到的移轉支付**。表 31.2使用了臺灣的實際資料來表示商品貿易收支帳、勞務貿易收支帳及經常帳三者之間的關係。

表 31.2　衡量臺灣 1987 年及 1994 年的國際貿易收支

	1987	1994
商品貿易收支餘額	593737	194361
＋勞務貿易收支餘額	−32294	−73308
＝總貿易收支餘額	561443	121053
＋國外要素淨收入	65980	78004
＋從國外移轉淨收入	−22190	−35906
＝經常帳餘額	605233	163151

資料來源：行政院主計處編印，《中華民國臺灣地區國民所得按季統計》及中央銀行，《中華民國臺灣地區金融統計月報》。

在非貿易性資金的流動當中，有一部份為國外要素淨收入。**國外要素淨收入為我國國民在其他國家營運企業的利潤及利息之收入**。例如，如果你個人目前居住在臺北，但正巧你個人亦在美國洛杉磯銀行有一筆存款，該銀行支付給你的利息如果是由美國移轉回到臺灣時，就是屬於此類的收入項目之一。本類之收入有時亦稱為要素所得 (factor income)，因為它代表生產用要素的收入。

臺灣的居民有可能付出或收到要素所得，如果臺灣的居民在越南設有工廠時，臺灣居民在當地因經營工廠所收到的利息收入，以及利潤的收入，均稱之為**要素所得的收入**。如果美國公司在臺灣設立分支公司，而在臺灣的分支公司支付給美國居民的利息與利潤支出，則稱為**要素所得之支付**。**將要素所得收入減去要素所得之支付，二者之間的差異稱之為國外淨要素所得收入**。如同在表 31.2當中所看到的，在 1987年及 1994年的二年之間，臺灣從國外所收到的要素所得多於它所支付的要素所得，因此表示了臺灣的公司在國外設廠所賺得的利潤及利息收入，似乎多於外商在臺設廠所賺得的利潤與利息收入。

非貿易流動的第二個項目是國際的移轉支付 (international transfer payments)。**國際性的移轉支付為對外國的人道或軍事上的援助，國際性移轉支付亦是雙方面的，而國外的淨移轉支付則代表由臺灣所收到的國際性移轉收入與臺灣所付出的國際性援助之間的差異**。在 1987年及 1994年之間，臺灣的國外淨移轉支付為負值，代表臺灣給予國外的人道或軍事上的援助，還多於從國外所收到的援助金額。

如果**將貿易餘額加上國外淨要素所得，再加上國外淨移轉支付，我們就可得到經常帳餘額** (current account balance)。當經常帳為負的時候，表示我國經常帳正處於赤字狀態，反之，則稱經常帳具有盈餘現象，正如表 31.2 中的資料所表示的關係。在 1987年及 1994年二年，我國的經常帳均有剩餘的現象，然而在 1994年時，經常帳盈餘有較 1989年金額為小的趨勢。圖 31.3則是用來表示自 1980 年到 1994 年之間，我國歷年以來的貿易餘額與經常帳餘額之間的關係。大體上而言，我國經常帳餘額與貿易餘額之走勢大致相同，在 1987年及 1988年二個帳目的餘額均達到最高峰，在 1990年之後二個帳的餘額均逐漸減少，且二者之間的差異也逐漸變小。

2.資本帳

臺灣歷年的經常帳出現了剩餘現象，意味著臺灣百姓的收入較支出為多的事實。這些收入包括了出口的商品及勞務的所得，國外的要素所得收入及由國外移轉支付之收入。而在支出的部份，則是包括了進口商品及勞務的支出，外國人在本國投資之利息及利潤之收入，及移轉至國外的支出等。如果臺灣人民收入少於支出時，臺灣就必需向外國借錢，或者是外國

圖 31.3 貿易帳餘額與經常帳餘額

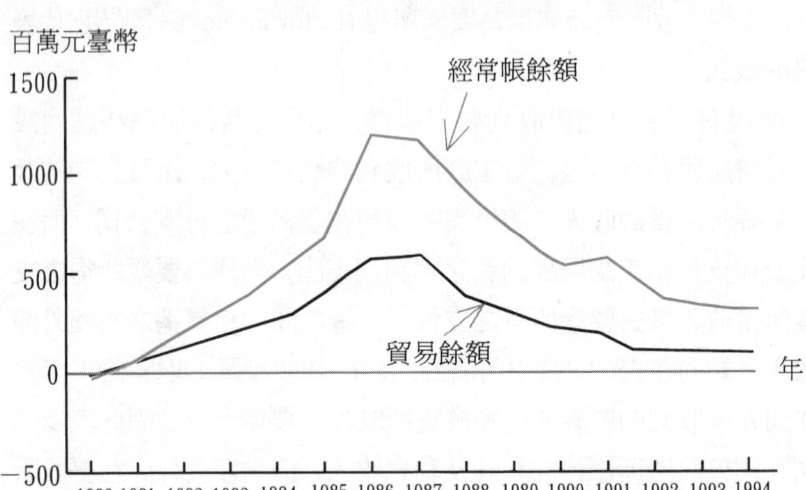

貿易帳餘額與經常帳餘額之間的差異為二項「非貿易」流動項：國外淨要素支出與國外淨移轉支付。近年來，臺灣在經常帳與貿易帳上均存在剩餘的現象，此外二個帳目的走勢也有愈來愈接近的趨勢，究其主要原因，可能是淨要素所得及移轉支付變得相對較小之緣故。

資料來源：行政院主計處編印：《國民所得年刊》(1995 年 9 月)。

人必需增加他們在臺灣的資產持有。反之，當臺灣的收入大於支出時，代表臺灣人可將多餘的錢借給國外，或者是臺灣人在國外持有資產數量會增加。換言之，如果經常帳具有 1 仟 6 佰億元之剩餘時，臺灣的人民在國外所購買的土地或其他資產的淨總值，亦將會是 1 仟 6 佰億元（根據會計帳收支平衡的道理）。

在國際收支帳當中，以資本帳來表示一個國家在資產及貸款 (loans) 上的變動情形。例如，如果臺灣的經常帳有 1 仟億元的盈餘時，在臺灣的資本帳上將會顯示國外資產減少 1 仟億元的現象。因此，如果資本帳的計算是正確的話，在資本帳當中國外貸款或國外擁有的資產所減少（或臺灣在國外的資產將增加）的金額，將與經常帳剩餘的金額相同。

在圖 31.4 當中，顯示了自 1980 年以來臺灣地區的國際收支帳當中，經常帳與資本帳的關係。由於一個在商品及勞務買賣上有所剩餘的國家，所表示的關係為，該國老百姓的國際收入大於國際支出，因此，該國老百姓所具有的多餘儲蓄，便可以借給國外其他國家的人民來使用。換言之，該國百姓到國外購買土地、投資廠房、或購買有價證券的情況將會增加。由於到國外購買這些資產需要將資金由國內匯出到國外去，因而，使得在資本帳當中資本出現流出的現象（負值）。如同在前面所提到的，如果資本帳的登錄是正確的話，該國的資本帳赤字（剩餘），應該等於經常帳之剩餘（赤字）。一般而言，在統計數字上有時會出現誤差的現象，然而如果根據會計帳當中的收支平衡的觀念，資本帳與經常帳的歷年走勢的關係，應該會出現如同鏡子倒影一般的關係。在圖 31.4 中我們可以看到，臺灣地區的資本帳與經常帳之間的歷年走勢，就非常接近於這種倒影的關係。

圖 31.4　臺灣資本帳與經常帳的關係

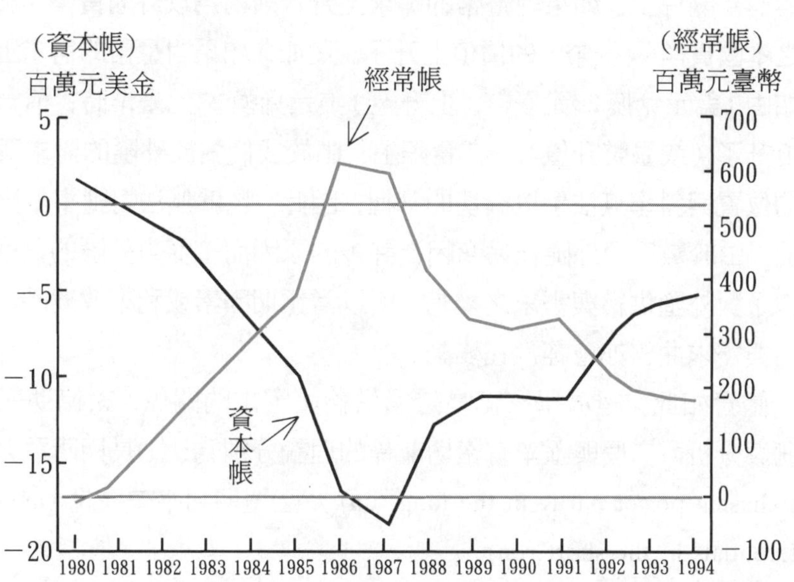

資料來源：經常帳資料來源同圖 31.3，資本帳資料來源則取自中央銀行所編印的《臺灣地區金融統計月報》。

在上圖當中，左邊座標為資本帳金額之座標，而右邊的座標所表示的為經常帳金額之座標。經常帳若出現盈餘時，代表該國收入大於支出，因此有多餘的錢可以借給國外，因而導致資本的流出，使得資本帳出現赤字現象。歷年臺灣地區資本帳與經常帳之間的關係，正反應了二者之間的倒影關係。

第二節　匯率的決定

當國與國之間互相交換商品及勞務時，買方必需先將當地的貨幣轉換成為進口商品國家的貨幣之後，才能向該國購買商品及勞務。例如，為了向美國波音公司購買 767 型飛機，長榮必需以美金來支付，而美國波音公司的員工，亦希望長榮以美金來支付，因為這些員工在他們所居住的國家（美國）中，是以美元來購買日常生活用品。因此，為了完成這筆交易，長榮必需先將臺幣轉成美金之後，交易才能完成。**匯率代表兌換一個單位的外國貨幣所需要支付的本國貨幣的數量**。例如，在1994年年底，1美元可以兌換26.24元臺幣，但是，是否祇是因為要進行商品及勞務的買賣才需要外匯呢？如果您想要將一些錢存在美國的銀行當中，或購買美國的有價證券時，您也需要先將臺幣轉成美元以後，才能在美國的銀行開戶存款，或購買有價證券。到底有那些因素會影響匯率呢？

就好像任何商品及勞務的價格一樣，二個貨幣之間的價格亦取決於供給與需求關係上。**如果對臺幣的需求上升，則稱為以外國貨幣**（美元）**計算之本國貨幣**（臺幣）**的價值上升了**。例如，如果對臺幣的需求上升了，例如由1美元兌換28元臺幣，上升至1美元兌換27元臺幣時，稱為臺幣價值上升了（或臺幣升值）。在實際上，由於我們對於外匯的需求與供給曲線的位置與斜率無法予以確切的掌握，因此，也就無法對匯率做出正確的預測。由於數千個外匯交易商因為許多的原因而來從事外匯的買賣，因而影響了對外匯供給與需求之變動。所以當預期因素或利率改變時，匯市的供給與需求曲線亦會經常在變動。

儘管如此，經濟學家仍是透過供給與需求的關係，來協助對匯率的預測與分析。二個與匯率有密切關係的理論分別為：(1)長期購買力平價說 (purchasing power parity in the long run) 及(2)短期利率差異說 (interest rate differentials in the short run)。

一、購買力平價說

假設運輸的成本是非常的低，而且亦沒有法令禁止人們去購買任何想要購買的東西時，同樣商品在不同的國家內的價格應大致相同，此稱之為單一價格法則 (law of one price)。**由於匯率的調整，使得在世界上不同國家當中的同一種商品，將會具有相同價格的這種想法，稱之為購買力平價說**。購買力平價說，提供了何以匯率會調整的一個理由。

1.貿易財 (tradable goods)

如果運送商品的成本，相對於商品本身的價值為非常低時，該商品稱之為貿易財。換言之，**貿易財定義為，可不必以非常昂貴** (prohibitive) **的運送成本，來交易的商品及勞務稱之**。例如，法國名酒 (1978 Chateau Lafite-Rothschild) 一打在舊金山價值約為美金825元，同樣品牌的酒，在倫敦價值約為482英鎊，又假設在此時，1英鎊可兌換1.7美元，如果你想要知道在倫敦需要花上多少美元，才能買到一打法國名酒時，你僅需要以1.7美元/鎊乘上482英鎊，得到美金819元即可。然而在這一個例子當中，同樣的一打法國名酒，無論是在美國或在倫敦，大致上具有相同的價格。二者之間的價差，大致小於可能的運輸成本（大約20美元）。在本例當中，由於酒是屬於一種貿易財，因此購買力平價說似乎頗可以用來解釋二地同一商品，在經匯率轉換之後應具有同一價格的現象。對任何貿易財而言，如果以購買力平價說仍無法有效來解釋何以同樣商品在不同國家之內具有不同價格時，任何人均可在倫敦買或賣酒，而後再運送到舊金山來賣或買酒，以賺取之間價格的差距來當做為利潤。此種套利的現象，將會使得英美雙邊在對酒的供給與需求上均會產生改變，一直到購買力平價說再度成立時，此種套利的行為才會停止。因此，匯率就是扮演一種能使得不同國家之間，相同商品價格相等角色的工具。

2.非貿易財 (nontradable goods)

當商品及勞務是屬於一種非貿易財時，嘗試以購買力平價說來解釋同一商品在不同國家內的不同價格時，將會發現購買力平價說較難用來解釋同一商品在不同國家當中價格不同的現象。例如，當你發現麥香堡 (Big Mac) 在國外似乎較在國內便宜，而嘗試將麥當勞的麥香堡由國外運回到國內來套利。然而當麥香堡由國外運到國內時，恐怕早已腐敗了。即使你嘗試以空運的方式將麥香堡運回來，但隨著時間愈接近目的地時，麥香堡的香味亦逐漸衰退中，而且亦將逐漸腐敗。在麥香堡的例子當中，由於運輸成本將會是非常昂貴的，因而即使麥香堡的國外價格在經過匯率調整之後，明顯低於國內價格，但人們亦無法透過由國外進口到國內來進行套利。由於非貿易財的某些特性，使得購買力平價說通常無法有效去解釋一些非貿易財何以在不同國家之內會具有不同價格的現象。

3.以購買力平價說來解釋匯率

如果我們同時探討貿易財與非貿易財的價格水準時，換句話說，如果我們所使用的是物價水準時，以購買力平價說到底能多有效的解釋匯率的變動呢？根據一些經濟學家所做的研究指出，在短期之內，由於價格變動較少，因此購買力平價說的解釋能力比較差。但在長期或價格波動比較大的情況之下，購買力平價說的解釋能力就非常好。為什麼購買力平價說在長期時的解釋能力較好呢？假設，令 P 代表本國的物價水準，而 P^* 表示國外物價水準，因此代表購買力之匯率 (E) 為 $E \times P^* = P$。例如，如果商品價格在臺灣為50元新臺幣，而同樣的商品若在美國為美金2元時，則購買力平價說所決定的匯率為1美元兌25元臺幣，因為$E=\frac{P}{P^*}=\frac{50}{2}=25$。現假設，在臺灣的物價水準較在美國為低，換言之，如果臺灣商品價格下降至40元，而美國商品價格仍維持不變時，購買力平價說所決定的匯率為1美元兌換20元臺幣。此刻，代表著臺幣處於一種升值 (appreciation) 的現象。因此，國內的物價若較低時，臺幣應該要升值。反之，當國內通貨膨脹率較高的時候，根據購買力平價說臺幣應該要貶值 (depreciation)。**而考慮了通貨膨脹率的匯率，稱之為實質匯率** (real exchange rate)。**實質匯率之變動，等於名目匯率的變動減去雙邊匯率中二個國家的通貨膨脹率間的差異**。因而，如果二個國家之間在通貨膨脹率上有較大的不同時，具有較高通貨膨脹率國家的貨幣相對於較低通貨膨脹率國家之貨幣，有較強的貶值傾向，因此，在這樣的一個理由之下，購買力平價說就較傾向能夠成立。

4.利率差異——短期匯率偏離購買力平價說的原因

短期使得匯率偏離購買力平價說的最重要原因是利率。國際投資者在國際外匯市場上操作，這些投資者通常必需決定應該將手上的資金投資到那個市場中，以得到最高的報酬收入。這些投資者用來投資的資本的移動性是非常的高，將資金移動到全世界各地去，以取得最高的報酬，創造了匯率與利率之間的連結關係，而此種關係，正好可以用來解釋匯率偏離 (deviation) 了購買力平價說之事實。

例如，如果美國國內的利率相對於國外市場的利率為高時，對國際投資者而言，美元將會變得更具有吸引力。因為，對一個國際投資者而言，在尚未決定將資金投入美國或日本的市場時，如果美國市場的利率上揚而日本市場的利率仍維持不變時，將會使得國際投資者將金錢投資到美國市場內，以賺取利息收入，由於對美元的需求將會上升，因而使得美元的價格將上升。美元在1980 年代大幅升值的原因之一，即是因為在1980年代時，美國與國外的利差加大的關係。到了1980年代末期，美元大幅貶值的主要原因則是因為，美國與他國之間的利差縮小的緣故（見圖31.5）。

圖31.5顯示美元與日圓的關係。在1970年代左右，工業化國家開始採行浮動的匯率制度（見下一節討論），使得各國匯率在這一段期間的波動幅度較大。而美元兌日圓的大幅度貶值，大抵從1986 年開始，在1986 年以前1 美元大抵可以兌換200~250日圓，但在1986 年以後，1 美元僅能兌換130~150日圓左右。

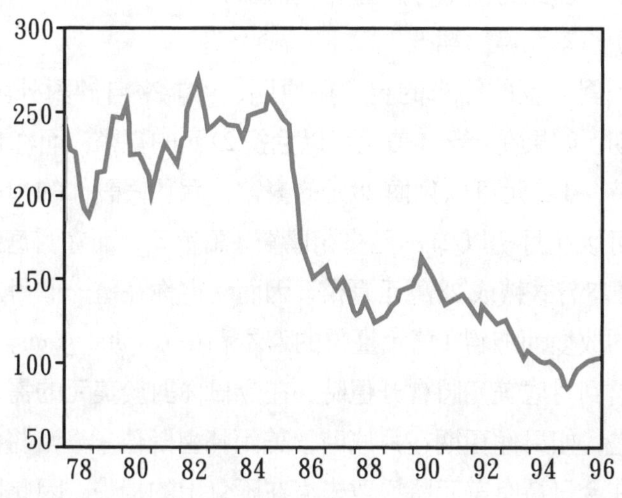

資料來源：AREMOS系統中FOREX資料庫。

二、匯率的供給與需求

如同商品及勞務或生產投入要素一般，匯率的決定亦取決於市場上對匯率的供給與需求的關係。由於匯率一般定義為一元外匯（通常指美元）可以兌換多少本國貨幣，因此對匯率的供給與需求就完全取決於對外國貨幣的供給與需求的關係。到底有那些因素將會決定對外幣的供給與需求呢？

1.對外匯的需求

對外匯的需求正如同對其他商品的需求關係，完全是根據需求法則來運作；亦即當商品的價格愈高時，人們對於該商品的需求數量就會愈少。**當外匯的價值下降了（臺幣升值），人們對外幣的需求就會增加，而當外匯的價值上升了（臺幣貶值），人們對外匯的需求數量就會減少。**顯然的，當我們將外匯可兌換本國貨幣的關係（匯率）變成是 Y 座標，而外匯數量當成是 X 座標時，對外匯的需求曲線，將會是一條由左上方向右下方具有負斜率關係的曲線。**有二個不同的理由可用來解釋對外匯的需求具有負斜率的原因：**

⑴商品及勞務交易需要

當本國商人要由國外進口商品進來時，由於需要以外匯來支付商品的價值，因此對外匯將會產生需求。當臺灣人民要到國外觀光或留學時，由於赴國外觀光或留學均需要以當地貨幣來支付一切的費用支出，因此對外匯亦將會有所需求。

(2)預期資本利得的需要

人們對外匯的需求的另一個原因，可能來自於對外匯未來價值的預期。如果在今天1美元可以兌換27元的臺幣，而你預期在本月月底時，1美元可以兌換28元的臺幣，而且假設你的預期是正確時，你可以在月初以27萬元臺幣購買1萬美元，而在月底將1萬美元以1比28方式轉成28萬元臺幣，因而使得你在這一個月之間，因為匯率的改變而取得1萬元臺幣的資本利得 (capital gains)。如果你非常確信到月底美元將會升值時，在今日你對於美元的需求就會增加，反之，如果你預期在月底時，美元將會貶值（臺幣將會升值），由於在今日持有美元將導致未來在匯兌上的損失，因此你在今日將會減少對美元（外匯）持有。假設外匯未來預期的價值固定不變，而目前外匯的價值愈低時，由於預期未來可以獲得愈多的資本利得，因此在今日對外匯的需求數量就會愈多。顯然的對外匯未來預期的資本利得所引申的今日對外匯數量需要與外匯價格之間，亦呈現一種負向的關係。

2.外匯的供給

外匯供給產生的原因正好與對外匯需求相反。當廠商出口商品到國外賺取外匯以後，透過外匯市場將外匯轉換成本國貨幣，即可以在本國市場上購買所需的商品或要素。同樣的，國外觀光客到我國來旅遊時，亦必需將所屬的外幣在外匯市場轉換成為新臺幣之後，才能應付在臺灣消費及觀光的支出。

當外匯價值下降（臺幣升值）時，代表我國的貨幣價值上升了，換句話說，在其他條件不變之下，我國出口到國外商品的相對價格上升了，因此形成外國人對我國所生產出來商品的需求變小了（出口減少）。由於出口量減少了，使得我國廠商所賺得的外匯亦減少了，因此外匯供給的價格與數量之間呈現一種正向關係。

一般而言，外匯供給與外匯價格之間呈現一種正向關係，然而由於對外匯的供給是屬於一種存量 (stock) 而非流量的觀念，因此外匯供給曲線的形狀亦受到不同匯率制度的影響。**在固定匯率制度之下，由於外匯匯率是固定的，因此外匯供給曲線為一種水平曲線**，如圖 31.6當中的(a)圖所示的關係。**在完全浮動的匯率制度之下，由於匯率必需充份移動來調整市場失衡現象，因此外匯供給基本上是固定的，即央行完全不介入外匯市場的買賣，換句話說，外匯供給曲線是一條垂直線**如圖 31.6(b)所示。由於完全浮動的匯率制度，任由匯率的調整以調整市場失衡的現象，通常會導致匯率的波動太大，**波動過度的匯率對廠商形成某種程度的不確定性，造成廠商對未來預期的不確定，因此目前多數國家的央行多半會適度的介入外匯市場的買賣，以控制匯率在某一適當水準之內的方式，稱之為管理浮動的匯率制度**。由於央行會適度介入市場買賣，且匯率並非固定在某一水準之下，因此在管理浮動匯率制度之下的外匯供給曲線，具有傳統的正向斜率關係如圖 31.6(c)的關係所示。

圖 31.6　三種匯率制度之下的外匯市場供需情形

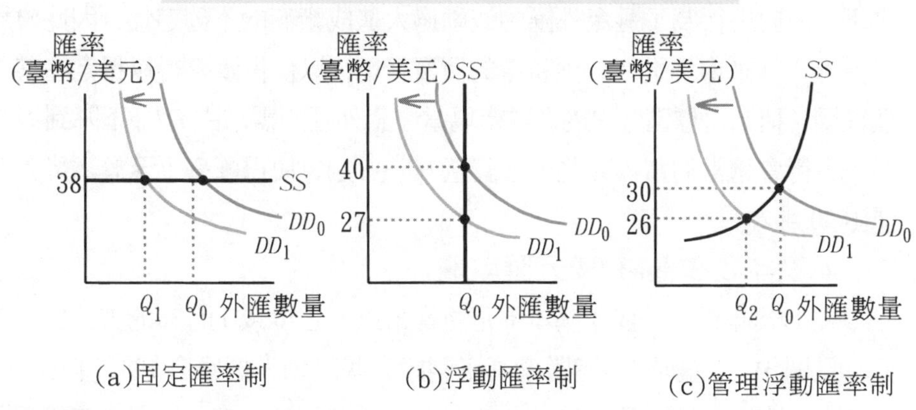

在固定匯率制度之下，如圖(a)，央行為了將匯率固定在某一水準，例如，1美元兌38元臺幣時，得視市場需要隨時增加或減少外匯的供給，因此在固定匯率制度之下，外匯的供給曲線為水平曲線關係。如果市場當中對外匯的需求由 DD_0 減少到 DD_1 時，外匯資產的數量將會由 Q_0 減少到 Q_1，但匯率維持不變。在完全浮動的匯率制度之下，如圖(b)，由於外匯資產數量是固定不變，因此外匯的供給曲線為一條垂直線的關係。如果對外匯資產的需求數量由 DD_0 減少到 DD_1 時，將導致外匯價格下降（臺幣升值，外幣貶值），例如匯率由1美元兌40元臺幣，下降到1美元兌換27元臺幣。而在管理浮動匯率制度之下，如圖(c)，央行得視市場需要，隨時介入外匯市場買賣外匯以將匯率維持在某一目標水準之內，因此外匯供給曲線具有正斜率關係。如果對外匯需求由 DD_0 下降到 DD_1 時，外匯將貶值，臺幣將會升值，且市場上外匯數量亦會由 Q_0 減少到 Q_2。由於在這一個制度之下，外匯供給數量亦會同時減少，因而緩和了外匯下降的幅度。

3.外匯市場的均衡

外匯市場的均衡亦如同其他市場的均衡一樣，決定於對外匯的需求等於外匯供給的時候。由於在不同匯率制度之下，有不同的外匯供給曲線，因此三種不同外匯制度之下的外匯市場均衡關係如圖 31.6關係所示。

在固定匯率制度之下，當對外匯的需求減少使得外匯需求曲線由 DD_0 減少到 DD_1，而央行為了將匯率固定在 38元的水準時，勢必要由市場當中買回 $(Q_0 - Q_1)$ 數量的外匯資產，才能將匯率穩定在 38元的水準，見圖 31.6(a)。在完全浮動的外匯市場之下，當市場的需求曲線由 DD_0 下降到 DD_1 時，由於此時央行並不會介入外匯市場進行外匯資產數量上的買賣，因此在市場之內，完全必需依賴匯率（價格）本身的向下調整，才能消除市場當中的失衡現象。因而在完全浮動匯率的市場之下，當對外匯的需求減少，將會導致外匯的價格下降（本國幣值上升）。在管理浮動匯率制度之下，由於央行為了避免外匯的波動過大造成廠商的不確定性，因此會視需要進入外匯市場進行外匯資產的買賣行為，以使得匯率得以穩定在某一個區間（稱為目標區）之內。當市場當中對外匯的需求由 DD_0 下降到 DD_1 時，央行會適當的買入一些外匯資產 $(Q_0 - Q_2)$，使得匯率不至於下降太多（由 30到 26）。

4.歷年我國臺幣 /美元匯率關係

在 1978年以前，我國基本上是將臺幣以 1比 40 或 1比 38的方式釘住美元，見圖 31.7。臺幣 /美元匯率真正開始有些變動大抵應自 1981 年起，在 1981 年臺幣 /美元曾經自 37元左右上升回到 40元的水準，以因應這段期間貿易收支剩餘不大的事實（見圖 31.2）。然而由於長期以來，臺幣 /美元的關係一直在 1比 40左右變動，而我國的經濟實力已非如早期一般的弱勢，因此 1比 38或 1比 40的匯率，似乎有點低估我們的經濟實力，特別是在 1985年之後，我國的貿易經常帳更是呈現巨額的剩餘。而長期與美方的貿易收支不平衡的關係，終於導致美方強烈要求臺幣升值的壓力。在 1985年到 1988年之間，臺幣由 1985年的 1比 40上升至 1988年的 1比 25左右。之後，臺幣與美元的關係在央行適度的介入之下，大多維持在 26～28之間波動。而 1985～1988年之間匯率大幅升值的事實，似乎已經對我國貿易收支的減少起了某種程度的作用，因為根據圖 31.3來看，我國的貿易餘額在 1989年之後，似乎已有逐漸減少的趨勢。

圖 31.7　臺幣/美元匯率走勢圖

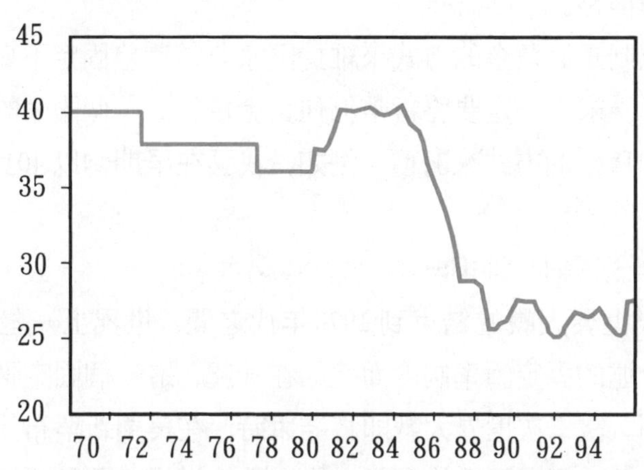

資料來源: AREMOS系統之下，FSM資料庫。

第三節　固定匯率制度

縱觀全球的經濟歷史，各國政府曾經多次透過經濟政策來改變匯率。在 19 世紀初期，當英國採用金本位制度時，在金本位制之下英國政府將英鎊釘住 (pegged) 金價，以每盎斯 (ounce) 來換取 4 英鎊的水準。美國在 1879 年以後，加入了金本位制度，同意以每盎斯 20 美元的價格來買賣黃金。由於美元與英鎊均釘住黃金，因此二國貨幣的關係亦是非常緊密的，換言之，大約每一英鎊等於 5 美元的價值。如果雙方的匯率由 5 美元 /英鎊改變至一英鎊僅值 4 美元時，金商能夠在倫敦以 16 美元的價值購買一盎斯之黃金，而後運到美國以 20 美元賣出，當然這種利潤將不會持久，因為套利行為將導致雙邊的供給與需求的改變，使得匯率將會很快的又回升到每英鎊 5 美元之水準。

1.國際金本位制

當二個或二個以上的國家遵循著金本位制時，這些國家之間的匯率就會是固定的。**當政府採用一些措施來防止本國幣值的變動，如同前面所討論的國際金本位制時，稱之為固定匯率制 (fixed exchange rate system)**。在**金本位制度之下，匯率已隱含是固定了，因為每一個國家已經儘量將該國幣值以一定價格來釘住黃金**。當政府固定金價時，並非以法令的方式來設定金價，此時，人們仍可以自由買賣黃金，而透過黃金商品市場當中的供需關係的運作，來決定均衡的金價，政府則是透過調整黃金的供給來調整政府的採購價格。

金本位制是以黃金的方式來維持國家貨幣價格固定不變，而在固定匯率制度之下，未必一定要將貨幣釘住黃金價格。一個國家的貨幣，亦可以以釘住他國貨幣的方式來訂價，例如，我國在早期均以 40比 1的方式來釘住美金。

2.布列敦森林制 (Bretton Wood System)

從二次世界大戰的結束到 1970年代之間，世界上一些主要的經濟體均是透過上述的固定匯率制度而連結在一起，這一個固定匯率制稱之為布列敦森林制。當二次世界大戰即將結束時，在美國新罕布什爾州的布列敦森林，正舉行一個國際性的會議來決定戰後世界各國所要採行的良好匯率制度，凱因斯亦為當時參加會議的經濟學家之一。這一個系統的重要元素之一，即是匯率是固定的。在某些不尋常的情況之下，各國政府可隨時準備減少匯率的價值 (devaluations，貶值) 或增加匯率的價值 (revaluation，升值)。

布列敦森林制度在實施了 25年之後，一直到 1970年代才瓦解，而取而代之的則是**浮動匯率制**(flexible exchange rate system)。在浮動匯率制度之下，政府並沒有嘗試以任何方式將匯率固定在某一水準。**在浮動匯率制度之下，由於匯率的決定完全由市場供需關係來決定，因此，匯率的波動幅度也較大**。由於匯率波動性較大所形成的不確定性也較大，因而最近各國的中央銀行則是改採行有適度管制的**管理浮動匯率制** (managed exchange rate system) 來替代。**在管理浮動的匯率制度之下，中央銀行會適度的干涉外匯市場，但不會刻意將匯率維持在某一事先宣佈的水準上。**

在全球採用完全浮動或管理浮動制度之下，歐洲國家則是嘗試將歐洲國家之間的匯率維持固定不變，然而，這些歐洲國家則是同意對外一致採用完全浮動匯率制，歐洲國家的此種固定匯率制，稱之為歐洲貨幣制 (European monetary system)。此外，歐洲國家期望在 1990年代末期時，能夠達到歐洲各國之內僅存在單一貨幣 (single currency) 的境界。然而由於在 1992年時，英國、義大利及瑞典等國的貨幣相對於德國馬克匯率之大幅貶值，使得人們開始重新思考歐洲貨幣制是否能夠成立的可能性。

第四節　貨幣政策與固定匯率制

固定匯率制與貨幣政策之間有某種程度的關連，在本節當中，我們將首先指出在固定匯率制度之下，各國貨幣政策並無法完全的獨立。接下來，我們將探討何以一些國家選擇固定匯率制。**採用固定匯率制之一些理由如下:**

1.國際貨幣獨立性之喪失

假設美國同意與日本及德國來共同採行固定匯率制，在實施固定匯率制度以後，美國的聯邦儲備銀行（美國的央行），決定以降低利率的方式來協助美國的經濟體系從衰退缺口中復甦。根據匯率理論，聯邦儲備銀行降低利息的政策將導致美元的貶值，但是在固定匯率制度之下，美元必需釘住其他國家的貨幣，因此，在固定匯率制度之下，美元貶值的情況將不會發生。因此，在固定匯率之下，央行無法以降低利率的方式來改善衰退的經濟。除非其他採行固定匯率制度國家的中央銀行，亦同意同時降低利率，本國的央行才有可能以調降利率的方式來刺激景氣。因而，在固定匯率制之下，中央銀行將喪失其國際貨幣的獨立性。

同樣問題亦可能出現在，當央行準備以提高利率的方式來控制物價時。例如，在1980年代末期，無論從日本銀行 (Bank of Japan) 的角度或是其他研究機構的分析結果均指出，日本銀行應該要調升日本的利率，但是在這同時，防止日幣過度升值，亦成為日本政府主要的目標，因為，日本政府認為，在日幣已升值60%左右的同時，日圓若再度升值，將會使得日本的出口商無法在國際市場上與其他國家來競爭。由於這一個原因，日本銀行延遲了調升利率的政策，主要目的在於避免日圓的升值，但從現在的角度來回顧，由於日本銀行當時延遲調高利率的行為，導致日本國內景氣過於繁榮，終於導致日本在1990年代初期的嚴重景氣衰退現象。

2.外匯市場之干涉

外匯市場的干涉為政府進入外匯市場購買或拋售外匯，以達到影響外匯之意圖。政府的干涉在短期之內足以影響匯率，但由於全球外匯市場的規模是如此的龐大，即使是多麼富有的政府，長期而言，亦沒有足夠的資金來影響外匯市場的供需。

假設某一個國家的利率有上升的趨勢時，資金將會流向該國，而使得該國的貨幣價值持續的上升，而政府對外匯市場的干涉是無法達到這樣的境界。由許多在經濟學上的實證研究結果發現，對外匯市場之干涉多數僅能收到對匯率小幅的影響效果。

3.信用度 (credibility)

如果採用固定匯率制度將會使得國際貨幣獨立性喪失，那麼為什麼有些國家仍是採用固定匯率制度呢？理由為，在某些情況之下，獨立性的喪失對該國是一件好事。假設在一個國家的中央銀行，以往在對通貨膨脹的控制上，一向有不良的紀錄，而該國為了能取得維持低通貨膨脹的信用度時，可藉由加入由一些一向具有低通貨膨脹且信用優良的國家所支配的固定匯率制度中，以增強該國的信用度。如果能夠以放棄一些強勢央行的獨立性，而取得有關於降低通貨膨脹率計劃之信用度時，那麼一部份降低通貨膨脹率的成本將可降低。

事實上，英國銀行曾經想要透過加入歐洲貨幣制與德國的 Bundesbank（央行）合作，以取得控制通貨膨脹之信用度。這個想法是這樣的，由於德國的中央銀行在控制通貨膨脹上有極高的信用度，因此，透過英鎊與馬克之間的固定匯率，可使得英格蘭銀行（英國中央銀行）取得同樣信用度。孰料當英國政府有此種想法時，由於德國經濟體系正好進入一種繁榮期，因而使得德國央行採行提高利率的政策，但在固定匯率制度之下，英國的利率亦必需要緊隨著德國央行的利率政策，但當時英國的經濟情況，並不需要較高的利率，但為了取得較低通貨膨脹的信用度，英國仍採用固定匯率制，而這也就說明何以英國在 1992年仍未放棄固定匯率制度的原因。

4.降低外匯風險 (reducing exchange rate risk)

採用固定匯率制度的另一個理由為，因為匯率的波動會干擾到貿易，而此正為歐洲國家設立歐洲貨幣制的重要理由之一。**企業如果擔心匯率在未來會有很大的變化時，就不會與外界建立較長期的關係或與外界有較頻繁的接觸。**

財務市場在 1970年代及 1980年代的一些商品創新，使得公司在規避 (hedge) 外匯波動的風險上變得更為容易了。在芝加哥商品交易市場當中的外匯期貨市場 (futures market) 便是此一金融創新的典型例子。在期貨市場當中，人們購買或賣出未來到期之商品。

5.在固定匯率制之下，財政政策的角色變得更重要

一般而言，在固定匯率制度之下，財政政策的角色將會變得更為重要

了，因為貨幣政策會變得較為沒有用。例如，在固定匯率制度之下，德國如果採行高利率政策時，將造成法國利率的上升，但法國政府可以採行具擴張性的財政政策如減稅來調整可能因為利率上升所導致的經濟緊縮的現象。因而，在歐洲貨幣制度之下，訂定不同國家之間實行財政政策的法則是非常重要的。

6.貨幣政策的協調 (Coordination of Monetary Policy)

在固定匯率制度之下，當一個國家採行提高利率的政策時，其他國家亦有可能同時提高利率，因此，準備提高利率國家的中央銀行必需告知其他國家，他們有提高利率的意圖。如此一來，可使得其他國家可以透過財政政策的改變來予以因應。但不幸的是，中央銀行通常很少知道利率未來的走勢。如果德國的中央銀行能夠事先告知在 1991年及1992年時，德國的利率將要上升，英國或許就不會加入歐洲貨幣系統之內。在英國加入歐洲貨幣系統的當時，完全沒有任何跡象可以預知德國的利率將會上升。然而，政策上的協調，特別是在不同國家之間在貨幣政策上的決策協調，仍將會是非常有用的。

重點彙整

1.淨出口，為出口減去進口。淨出口的另一名辭，稱為貿易餘額。
2.淨出口為負值時，稱之為貿易赤字。
3.淨出口為正值時，就稱有貿易盈餘。
4.從全世界的角度來看出口終將等於進口，而這將會是一個簡單事實，同學必需要謹記在心。有了這一個看法之後，自然而然我們就會有一個全球性的觀點。
5.如果一個國家的國民儲蓄大於投資的支出時，該國的貿易就會有盈餘。
6.商品貿易包括實質的商品，如汽車、飛機、農作物之貿易往來。
7.勞務貿易則是指如法律服務、教育服務（留學）、搭飛機、電話服務、企業諮詢服務及觀光等。
8.商品貿易收支帳，為商品出口與商品進口之間的差異。
9.勞務貿易收支帳為勞務出口金額與勞務進口金額之間的關係。
10.國際收支帳為用來紀錄一個國家與其他國家之間，所有交易的帳戶。
11.一般而言，國際收支帳包括二大部份：經常帳及資本帳。
12.非貿易性資金的流動可以總括分成二大類：(1)其他地區居民所賺得的利息及利潤，與(2)其他國居民所收到的移轉支付。
13.國外要素淨收入為我國國民在其他國家營運企業的利潤及利息之收入。
14.將要素所得收入減去要素所得之支付，二者之間的差異稱之為國外淨要素所得收入。
15.國際性的移轉支付為對外國的人道或軍事上的援助，國際性移轉支付亦是雙方面的，而國外的淨移轉支付則代表由臺灣所收到的國際性移轉收入與臺灣所付出的國際性援助之間的差異。
16.將貿易餘額加上國外淨要素所得，再加上國外淨移轉支付，我們就可得到經常帳餘額。
17.在國際收支帳當中，以資本帳來表示一個國家在資產及貸款上的變動情形。
18.匯率代表兌換一個單位的外國貨幣所需要支付的本國貨幣的數量。
19.如果對臺幣的需求上升，則稱為以外國貨幣（美元）計算之本國貨幣（臺幣）的價值上升了。

20.假設運輸的成本是非常的低，而且亦沒有法令禁止人們去購買任何想要購買的東西時，同樣商品在不同的國家內的價格應大致相同，此稱之為單一價格法則。由於匯率的調整，使得在世界上不同國家當中的同一種商品，將會具有相同價格的這種想法，稱之為購買力平價說。

21.貿易財定義為，可不必以非常昂貴的運送成本，來交易的商品及勞務稱之。

22.考慮了通貨膨脹率的匯率，稱之為實質匯率。

23.實質匯率之變動，等於名目匯率的變動減去雙邊匯率中二個國家的通貨膨脹率間的差異。

24.短期使得匯率偏離購買力平價說的最重要原因是利率。

25.當外匯的價值下降了（臺幣升值），人們對外幣的需求就會增加，而當外匯的價值上升了（臺幣貶值），人們對外匯的需求數量就會減少。

26.有二個不同的理由可用來解釋對外匯的需求具有負斜率的原因:

(1)商品及勞務交易需要

(2)預期資本利得的需要

27.在固定匯率制度之下，由於外匯匯率是固定的，因此外匯供給曲線為一種水平曲線。

28.在完全浮動的匯率制度之下，由於匯率必需充份移動來調整市場失衡現象，因此外匯供給基本上是固定的，即央行完全不介入外匯市場的買賣，換句話說，外匯供給曲線是一條垂直線。

29.波動過度的匯率對廠商形成某種程度的不確定性，造成廠商對未來預期的不確定，因此目前多數國家的央行多半會適度的介入外匯市場的買賣，以控制匯率在某一適當水準之內的方式，稱之為管理浮動的匯率制度。

30.當政府採用一些措施來防止本國幣值的變動，如同前面所討論的國際金本位制時，稱之為固定匯率制。在金本位制度之下，匯率已隱含是固定了，因為每一個國家已經儘量將該國幣值以一定價格來釘住黃金。

31.在浮動匯率制度之下，由於匯率的決定完全由市場供需關係來決定，因此，匯率的波動幅度也較大。

32.在管理浮動的匯率制度之下，中央銀行會適度的干涉外匯市場，但不會刻意將匯率維持在某一事先宣佈的水準上。

33.採用固定匯率制之一些理由如下: ⑴國際貨幣獨立性之喪失; ⑵外匯市場之干涉; ⑶信用度; ⑷降低外匯風險; ⑸在固定匯率制之下, 財政政策的角色變得更重要; ⑹貨幣政策的協調。

34.外匯市場的干涉為政府進入外匯市場購買或拋售外匯, 以達到影響外匯之意圖。

35.企業如果擔心匯率在未來會有很大的變化時, 就不會與外界建立較長期的關係或與外界有較頻繁的接觸。

練習題

1.如果臺幣相對於日圓貶值時, 是否會影響到您購買豐田汽車的價格呢? 討論此一現象將對國內百姓在未來對豐田汽車需求的一些可能影響。

2.在1980年年初, 德國通貨膨脹率低於美國的通貨膨脹率, 根據購買力平價說的理論預測, 您認為在1980~1985年之間, 美元與馬克的關係應該是如何? 使用實際的資料來討論根據購買力平價說的預測是否正確?

3.使用外匯的供需模型根據以下的一些情況來分析臺幣與美元之間的匯兌關係:

⑴美國政府的預算赤字上升。

⑵中東戰爭爆發, 導致美國國防支出上升。

⑶美國經濟景氣上升。

⑷臺灣的央行調降利率。

⑸美國通貨膨脹率高於臺灣通貨膨脹率。

⑹美國本土發現大量石油礦源。

4.試討論以下一些行為對我國國際收支帳的影響:

⑴今年暑假, 您到美西觀光。

⑵您在美國的叔叔寄了美金100元來鼓勵您順利由學校畢業。

⑶您買了一部克萊斯勒 neon。

⑷您在美國加州銀行開立一個戶頭, 並存入1萬美元。

5.試使用以下的資料來計算臺灣的國際收支帳(必需區分經常帳與資本帳):

國外淨要素收入	1000
國外移轉收入	250
國外移轉支出	500
商品出口總值	7500
商品進口總值	500
臺灣觀光客在國外支出	500
我國國民在國外的直接投資	800
外國人民在我國的直接投資	600

⑴我國國際收支帳為盈餘或具有赤字？

⑵在浮動匯率制度之下，匯率將會如何調整以因應目前的國際收支狀況？

中文索引

九劃

十劃

十一劃

十二劃

十三劃

十四劃

十五劃

十六劃

十七劃

十八劃

十九劃

二十劃

二十二劃

英文索引

A

B

C

N

O

P

Q

U

V

W

Y

三民大專用書書目——經濟・財政

書名	作者		單位
經濟學新辭典	高叔康	編	
經濟學通典	林華德	著	國際票券公司
經濟思想史	史考特	著	
西洋經濟思想史	林鐘雄	著	臺灣大學
歐洲經濟發展史	林鐘雄	著	臺灣大學
近代經濟學說	安格爾	著	
比較經濟制度	孫殿柏	著	前政治大學
通俗經濟講話	邢慕寰	著	香港大學
經濟學原理	歐陽勛	著	前政治大學
經濟學導論（增訂新版）	徐育珠	著	南康乃狄克州立大學
經濟學概要	趙鳳培	著	前政治大學
經濟學	歐陽勛 黃仁德	著	政治大學
經濟學（上）、（下）	陸民仁	編著	前政治大學
經濟學（上）、（下）	陸民仁	著	前政治大學
經濟學（上）、（下）（增訂新版）	黃柏農	著	中正大學
經濟學概論	陸民仁	著	前政治大學
國際經濟學	白俊男	著	東吳大學
國際經濟學	黃智輝	著	東吳大學
個體經濟學	劉盛男	著	臺北商專
個體經濟分析	趙鳳培	著	前政治大學
總體經濟分析	趙鳳培	著	前政治大學
總體經濟學	鍾甦生	著	西雅圖銀行
總體經濟學	張慶輝	著	政治大學
總體經濟理論	孫震	著	工研院
數理經濟分析	林大侯	著	臺灣綜合研究院
計量經濟學導論	林華德	著	國際票券公司
計量經濟學	陳正澄	著	臺灣大學
經濟政策	湯俊湘	著	前中興大學
平均地權	王全祿	著	考試委員
運銷合作	湯俊湘	著	前中興大學
合作經濟概論	尹樹生	著	中興大學
農業經濟學	尹樹生	著	中興大學

凱因斯經濟學	趙鳳培	譯	前政治大學
工程經濟	陳寬仁	著	中正理工學院
銀行法	金桐林	著	中興銀行
銀行法釋義	楊承厚	編著	銘傳大學
銀行學概要	林葭蕃	著	
銀行實務	邱潤容	著	台中商專
商業銀行之經營及實務	文大熙	著	
商業銀行實務	解宏賓	編著	中興大學
貨幣銀行學	何偉成	著	中正理工學院
貨幣銀行學	白俊男	著	東吳大學
貨幣銀行學	楊樹森	著	文化大學
貨幣銀行學	李穎吾	著	前臺灣大學
貨幣銀行學	趙鳳培	著	前政治大學
貨幣銀行學	謝德宗	著	臺灣大學
貨幣銀行學	楊雅惠	編著	中華經濟研究院
貨幣銀行學 ——理論與實際	謝德宗	著	臺灣大學
現代貨幣銀行學（上）（下）（合）	柳復起	著	澳洲新南 威爾斯大學
貨幣學概要	楊承厚	著	銘傳大學
貨幣銀行學概要	劉盛男	著	臺北商專
金融市場概要	何顯重	著	
金融市場	謝劍平	著	政治大學
現代國際金融	柳復起	著	
國際金融 ——匯率理論與實務	黃仁德 蔡文雄	著	政治大學
國際金融理論與實際	康信鴻	著	成功大學
國際金融理論與制度（革新版）	歐陽勛 黃仁德	編著	政治大學
金融交換實務	李麗	著	中央銀行
衍生性金融商品	李麗	著	中央銀行
財政學	徐育珠	著	南康乃狄克 州立大學
財政學	李厚高	著	國策顧問
財政學	顧書桂	著	
財政學	林華德	著	國際票券公司
財政學	吳家聲	著	財政部
財政學原理	魏萼	著	中山大學
財政學概要	張則堯	著	前政治大學

書名	作者	學校
財政學表解	顧書桂 著	
財務行政（含財務會審法規）	莊義雄 著	成功大學
商用英文	張錦源 著	政治大學
商用英文	程振粵 著	前臺灣大學
商用英文	黃正興 著	實踐大學
實用商業美語Ｉ──實況模擬	杉田敏 著 張錦源 校譯	政治大學
實用商業美語Ｉ──實況模擬（錄音帶）	杉田敏 著 張錦源 校譯	政治大學
實用商業美語II──實況模擬	杉田敏 著 張錦源 校譯	政治大學
實用商業美語II──實況模擬（錄音帶）	杉田敏 著 張錦源 校譯	政治大學
實用商業美語III──實況模擬	杉田敏 著 張錦源 校譯	政治大學
實用商業美語III──實況模擬（錄音帶）	杉田敏 著 張錦源 校譯	政治大學
國際商務契約──實用中英對照範例集	陳春山 著	中興大學
貿易契約理論與實務	張錦源 著	政治大學
貿易英文實務	張錦源 著	政治大學
貿易英文實務習題	張錦源 著	政治大學
貿易英文實務題解	張錦源 著	政治大學
信用狀理論與實務	蕭啟賢 著	輔仁大學
信用狀理論與實務──國際商業信用證實務	張錦源 著	政治大學
國際貿易	李穎吾 著	前臺灣大學
國際貿易	陳正順 著	臺灣大學
國際貿易概要	何顯重 著	
國際貿易實務詳論（精）	張錦源 著	政治大學
國際貿易實務（增訂新版）	羅慶龍 著	逢甲大學
國際貿易實務新論	張錦源 康蕙芬 著	政治大學
國際貿易實務新論題解	張錦源 康蕙芬 著	政治大學
國際貿易理論與政策（增訂新版）	歐陽勛 黃仁德 編著	政治大學
國際貿易原理與政策	黃仁德 著	政治大學
國際貿易原理與政策	康信鴻 著	成功大學
國際貿易政策概論	余德培 著	東吳大學
國際貿易論	李厚高 著	國策顧問

書名	作者	單位
國際商品買賣契約法	鄧越今編著	外貿協會
國際貿易法概要（修訂版）	于政長編著	東吳大學
國際貿易法	張錦源著	政治大學
現代國際政治經濟學——富強新論	戴鴻超著	底特律大學
外匯、貿易辭典	于政長編著 張錦源校訂	東吳大學 政治大學
貿易實務辭典	張錦源編著	政治大學
貿易貨物保險	周詠棠著	前中央信託局
貿易慣例——FCA、FOB、CIF、CIP等條件解說（修訂版）	張錦源著	政治大學
貿易法規	張錦源 白允宜 編著	政治大學 中華徵信所
保險學	陳彩稚著	政治大學
保險學	湯俊湘著	前中興大學
保險學概要	袁宗蔚著	前政治大學
人壽保險學	宋明哲著	銘傳大學
人壽保險的理論與實務（再增訂版）	陳雲中編著	臺灣大學
火災保險及海上保險	吳榮清著	文化大學
保險實務（增訂新版）	胡宜仁主編	景文工商
關稅實務	張俊雄主編	淡江大學
保險數學	許秀麗著	成功大學
意外保險	蘇文斌著	成功大學
商業心理學	陳家聲著	臺灣大學
商業概論	張鴻章著	臺灣大學
營業預算概念與實務	汪承運著	會計師
財產保險概要	吳榮清著	文化大學
稅務法規概要	劉代洋 林長友 著	臺灣科技大學 臺北商專
證券交易法論	吳光明著	中興大學
證券投資分析——會計資訊之應用	張仲岳著	中興大學

三民大專用書書目——會計・審計・統計

會計制度設計之方法	趙仁達	著	
銀行會計	文大熙	著	
銀行會計（上）（下）（革新版）	金桐林	著	中興銀行
銀行會計實務	趙仁達	著	
初級會計學（上）（下）	洪國賜	著	前淡水工商管理學院
中級會計學（上）（下）	洪國賜	著	前淡水工商管理學院
中級會計學題解	洪國賜	著	前淡水工商管理學院
中等會計（上）（下）	薛光圻 張鴻春	著	西東大學
會計學（上）（下）（修訂版）	幸世間	著	前臺灣大學
會計學題解	幸世間	著	前臺灣大學
會計學概要	李兆萱	著	前臺灣大學
會計學概要習題	李兆萱	著	前臺灣大學
會計學㈠	林宜勉	著	中興大學
成本會計	張昌齡	著	成功大學
成本會計（上）（下）（增訂新版）	洪國賜	著	前淡水工商管理學院
成本會計題解（上）（下）（增訂新版）	洪國賜	著	前淡水工商管理學院
成本會計	盛禮約	著	淡水工商管理學院
成本會計習題	盛禮約	著	淡水工商管理學院
成本會計概要	童綷	著	
成本會計（上）（下）	費鴻泰 王怡心	著	中興大學
成本會計習題與解答（上）（下）	費鴻泰 王怡心	著	中興大學
管理會計	王怡心	著	中興大學
管理會計習題與解答	王怡心	著	中興大學
政府會計	李增榮	著	政治大學
政府會計	張鴻春	著	臺灣大學
政府會計題解	張鴻春	著	臺灣大學
財務報表分析	洪國賜 盧聯生	著	前淡水工商管理學院 輔仁大學
財務報表分析題解	洪國賜	著	前淡水工商管理學院
財務報表分析（增訂新版）	李祖培	著	中興大學

財務報表分析題解	李祖培 著	中興大學
稅務會計（最新版）	卓敏枝 盧聯生 莊傳成 著	臺灣大學 輔仁大學 文化大學
珠算學（上）（下）	邱英祧 著	
珠算學（上）（下）	楊渠弘 著	臺中商專
商業簿記（上）（下）	盛禮約 著	淡水工商管理學院
審計學	殷文俊 金世朋 著	政治大學
商用統計學	顏月珠 著	臺灣大學
商用統計學題解	顏月珠 著	臺灣大學
商用統計學	劉一忠 著	舊金山州立大學
統計學	成灝然 著	臺中商專
統計學	柴松林 著	交通大學
統計學	劉南溟 著	臺灣大學
統計學	張浩鈞 著	臺灣大學
統計學	楊維哲 著	臺灣大學
統計學	張健邦 著	政治大學
統計學（上）（下）	張素梅 著	臺灣大學
統計學題解	蔡淑女 著 張健邦 校訂	政治大學
現代統計學	顏月珠 著	臺灣大學
現代統計學題解	顏月珠 著	臺灣大學
統計學	顏月珠 著	臺灣大學
統計學題解	顏月珠 著	臺灣大學
推理統計學	張碧波 著	銘傳大學
應用數理統計學	顏月珠 著	臺灣大學
統計製圖學	宋汝濬 著	臺中商專
統計概念與方法	戴久永 著	交通大學
統計概念與方法題解	戴久永 著	交通大學
迴歸分析	吳宗正 著	成功大學
變異數分析	呂金河 著	成功大學
多變量分析	張健邦 著	政治大學
抽樣方法	儲全滋 著	成功大學
抽樣方法 ——理論與實務	鄭光甫 韋端 著	中央大學 主計處
商情預測	鄭碧娥 著	成功大學

三民大專用書書目——行政・管理

行政學（修訂版）	張潤書	著	政治大學
行政學	左潞生	著	前中興大學
行政學	吳瓊恩	著	政治大學
行政學新論	張金鑑	著	前政治大學
行政學概要	左潞生	著	前中興大學
行政管理學	傅肅良	著	前中興大學
行政生態學	彭文賢	著	中央研究院
人事行政學	張金鑑	著	前政治大學
人事行政學	傅肅良	著	前中興大學
各國人事制度	傅肅良	著	前中興大學
人事行政的守與變	傅肅良	著	前中興大學
各國人事制度概要	張金鑑	著	前政治大學
現行考銓制度	陳鑑波	著	
考銓制度	傅肅良	著	前中興大學
員工考選學	傅肅良	著	前中興大學
員工訓練學	傅肅良	著	前中興大學
員工激勵學	傅肅良	著	前中興大學
交通行政	劉承漢	著	前成功大學
陸空運輸法概要	劉承漢	著	前成功大學
運輸學概要	程振粵	著	前臺灣大學
兵役理論與實務	顧傳型	著	
行為管理論	林安弘	著	德明商專
組織行為學	高尚仁 伍錫康	著	香港大學
組織行為學	藍采風 廖榮利	著	美國印第安那大學 臺灣大學
組織原理	彭文賢	著	中央研究院
組織結構	彭文賢	著	中央研究院
組織行為管理	龔平邦	著	前逢甲大學
行為科學概論	龔平邦	著	前逢甲大學
行為科學概論	徐道鄰	著	
行為科學與管理	徐木蘭	著	臺灣大學
實用企業管理學	解宏賓	著	中興大學
企業管理	蔣靜一	著	逢甲大學

企業管理	陳 定 國	著	前臺灣大學
企業管理辭典	Bengt Karlöf 廖文志、樂 斌	著 譯	臺灣科技大學
國際企業論	李 蘭 甫	著	東 吳 大 學
企業政策	陳 光 華	著	交 通 大 學
企業概論	陳 定 國	著	臺 灣 大 學
管理新論	謝 長 宏	著	交 通 大 學
管理概論	郭 崑 謨	著	中 興 大 學
企業組織與管理	郭 崑 謨	著	中 興 大 學
企業組織與管理（工商管理）	盧 宗 漢	著	中 興 大 學
企業管理概要	張 振 宇	著	中 興 大 學
現代企業管理	龔 平 邦	著	前逢甲大學
現代管理學	龔 平 邦	著	前逢甲大學
管理學	龔 平 邦	著	前逢甲大學
管理數學	謝 志 雄	著	東 吳 大 學
管理數學	戴 久 永	著	交 通 大 學
管理數學題解	戴 久 永	著	交 通 大 學
文檔管理	張 翊	著	郵政研究所
資料處理	呂 執 中 李 明 章	著	成 功 大 學
事務管理手冊	行政院新聞局	編	
現代生產管理學	劉 一 忠	著	舊金山州立大學
生產管理	劉 漢 容	著	成 功 大 學
生產與作業管理（修訂版）	潘 俊 明	著	臺灣科技大學
生產與作業管理	黃 峯 蕙 施 勵 行 林 秉 山	著	中 正 大 學
管理心理學	湯 淑 貞	著	成 功 大 學
品質管制（合）	柯 阿 銀	譯	中 興 大 學
品質管理	戴 久 永	著	交 通 大 學
品質管理	徐 世 輝	著	臺灣科技大學
品質管理	鄭 春 生	著	元 智 大 學
可靠度導論	戴 久 永	著	交 通 大 學
人事管理（修訂版）	傅 肅 良	著	前中興大學
人力資源策略管理	何 永 福 楊 國 安	著	政 治 大 學
作業研究	林 照 雄	著	輔 仁 大 學
作業研究	楊 超 然	著	臺 灣 大 學
作業研究	劉 一 忠	著	舊金山州立大學

書名	作者		單位
作業研究	廖慶榮	著	臺灣科技大學
作業研究題解	廖慶榮 廖麗滿	著	臺灣科技大學
數量方法	葉桂珍	著	成功大學
系統分析	陳進	著	聖瑪利大學
系統分析與設計	吳宗成	著	臺灣科技大學
決策支援系統	范懿文 季延平 王存國	著	中央大學
秘書實務	黃正興	編著	實踐大學
市場調查	方世榮	著	雲林科技大學
國際匯兌	林邦充	著	長榮管理學院
國際匯兌	于政長	著	東吳大學
國際行銷管理	許士軍	著	高雄企銀
國際行銷	郭崑謨	著	中興大學
國際行銷（五專）	郭崑謨	著	中興大學
行銷學通論	龔平邦	著	前逢甲大學
行銷學（增訂新版）	江顯新	著	中興大學
行銷學	方世榮	著	雲林科技大學
行銷學	曾光華	著	中正大學
行銷管理	郭崑謨	著	中興大學
行銷管理	郭振鶴	著	東吳大學
關稅實務	張俊雄	著	淡江大學
實用國際行銷學	江顯新	著	中興大學
市場學	王德馨 江顯新	著	中興大學
市場學概要	蘇在山	著	
投資學	龔平邦	著	前逢甲大學
投資學	白俊男 吳麗瑩	著	東吳大學
投資學	徐燕山	著	政治大學
海外投資的知識	日本輸出入銀行 海外投資研究所	編	
國際投資之技術移轉	鍾瑞江	著	東吳大學
外匯投資理財與風險（增訂新版） ——外匯操作的理論與實務	李麗	著	中央銀行
財務報表分析	洪國賜 盧聯生	著	淡水工商管理學院
財務報表分析題解	洪國賜	編	淡水工商管理學院

財務報表分析	李祖培 著	中興大學
財務管理	張春雄 林烱垚 著	政治大學
財務管理	黃柱權 著	前政治大學
公司理財	黃柱權 著	前政治大學
公司理財	文大熙 著	
商業自動化	王士峯 王士紘 編著	中國工商專校 淡江大學